JN039245

ジャーナリズムの倫理

Ethics of Journalism

勁草書房

Yamada Kenta
山田健太

序にかえて

　言いたいことが言える社会を維持・発展させるには、言論の自由を保障する社会制度と、その制度の護り手である健全なジャーナリズム活動が不可欠だ。どんなに制度が立派でも、市民社会の中で豊かで自由闊達な情報流通が行われる「場」が存在しなくては、宝の持ち腐れといえるだろう。

　国民の安全・安心を維持する上でも国家安全保障は重要であるが、同時に市民一人ひとりの自由や権利の保障も大切であって、それらはケース・バイ・ケースで比較衡量され、バランスよく社会選択がなされてきた。しかし残念ながら、今日の世界的状況をみると、その自由の保障制度とジャーナリズムの双方が危機に瀕している。

　テロや戦争によって、国家安全保障が声高に叫ばれ、そうした声が社会全体を覆うことで、常に国益が優先され、個人の人権は追いやられる状況がある。さらに新型コロナウイルス感染症のパンデミック等で、言論表現の自由を含めた私権の制限が当然視される事態が生じた。人権の制約は「例外」であったはずなのが、その例外が一般化し、原則と例外の逆転現象がそこここで起きている。

　一方でジャーナリズムも、伝統的マスメディアの衰退によって、継続的安定的な権力監視機能が社会の中で弱体化しているといわれる。あるいはインターネットによって個々人からの不特定多数向けの情報発信が容易となり、プロフェッショナルとアマチュアの境界線がどんどん低くなってきた。そうした中で、職業専門家としてのジャーナリストの希薄化が進んでいる。

　そういった時代状況にあるからこそ、あらためて「ジャーナリズム」とは何かを問いなおすことに意味があろう。

　とりわけ現代社会において、ジャーナリズムの必要性が認識されてきたのは、民主主義社会の成立・発展と強い連関性がある。近代ジャーナリズムは「デモクラシー・ジャーナリズム」という言い方もされることがあるが、民主主義を機能させるためには、ジャーナリズムが為政者（統治機構）から可能な限り距離をおき、従来は権力者に独占・寡占されていた情報や知識を、市民に広く伝達することが必要とされたからである。

　逆に言えば、中立・独立の立場から多様な情報を伝えることができる職務と

して、ジャーナリズムが社会的に必要とされたということだ。なぜなら、民主主義とは、市民が自分たちの判断で社会の進むべき方向を決めるということであり、その時の前提は、必要十分な情報を手に入れられることにほかならない。

　同時に、そうであるならば、ジャーナリズムが自ら守るべき姿勢も問われることになる。権力からの独立はもちろんであるが、正しいことを包み隠さず伝えることも大切だし、なにより、民主主義社会を維持するためには、戦争や憎しみを喧伝しないこと、独裁や専制を忌避することは必須だ。あるいは少数意見を尊重することや、市民の信頼を損なう行為を慎むことも当然だろう。

　こうした行動規範を、本書では「倫理」としていくつかの章に分けて解説している。現実には、マスメディアの姿勢が厳しく問われているのが実態だ。一方では政権に阿っていると批判され、もう一方では政権批判が過ぎて偏向しているといわれる。また別の局面では、メディアの取材・報道が市民の人権侵害として社会的に大きくクローズアップされる時代にある。

　いったい何が問題でその解決の可能性はあるのか。現場の記者や企業経営者にはどのような選択肢が用意されており、法的・倫理的に何が求められているのか。市民の誰もが情報を発信することが可能となったいま、その情報発信における社会ルールを考える上でも、ジャーナリズム（ジャーナリスト）のビヘイビアを検証・検討することが有効である。

　当然こうした行動規範と並行して、ジャーナリズムのありようを考えることも必要だ。「こうあるべき」という、理想としてのジャーナリズムあるいはジャーナリスト像である。それらとジャーナリズム倫理は密接に関係しているが、実際の報道がどうあるべきかについては、実践者であるジャーナリストに委ねたいと思う。ただし一方で、読者・視聴者・ユーザーである私たち市民は、個別の取材態様や報道内容を「辛口のサポーター」として、倫理上の観点からチェックしていくことは大切だ。

　本書の執筆にあたっては、現場でいま活躍されているジャーナリストを強く意識した。ジャーナリズムの現場で直面するであろう数々の問題への処方箋を示すものになれたら幸いである。同時に、インターネット時代において私たち誰もが情報の受け手であると同時に送り手であることから、プロのジャーナリストのみならず、すべての市民がスマートフォンで情報を発信する時に、知っ

ておいてほしいことにも気を遣った。

　スマホ利用者はすなわち、言論法やジャーナリズムを学ぶ学生であり、一般市民そのものでもあって、報道倫理を知ることは、日々の生活の中での情報発信のリテラシーを高めることでもあるはずだ。メディアを学ぶ学生に限らず、とりわけ多くの若い人たちにとっての学びの書に加えてもらえることを期待する。

　また、いまだに日本においては「学」として確立しえていないとか、確立する前に消滅したとすら囁（ささや）かれるジャーナリズムを、1つの研究学問領域としての「ジャーナリズム学」にするために、少しでも役立ちたいという強い思いがあることを、あえて書き記しておきたい。それはまた、日本社会に成熟した民主主義を根付かせるために、必要不可欠な一過程だと考えるからだ。

　なお、本書は『法とジャーナリズム　第4版』（勁草書房）と対をなすものであり、法と倫理は、表現の自由あるいはジャーナリズムを考える上で表裏の関係にある。したがって、本書のそれぞれの項目は内容的にも前著『法ジャ』と密接なつながりがあり、それを本文中ではたとえば、「法ジャ298参照」と表記している。これは『法とジャーナリズム　第4版』の298頁を参照してほしい、という意味であることをあらかじめお断りしておきたい。

　前著『法ジャ』同様、左右ページ割とした。左ページにおいて、基本的な事項を解説し、右ページはそれに関する具体的な事例、詳細な実態、倫理綱領など、より理解を深めるための「資料」を掲載している。個別具体的な事例を知ることで、抽象的な議論になりがちな倫理問題を具体的にイメージしてほしい。

　また、各講の最終ページごとに関連する参考文献リストをつけている。ここに掲載したもの以外にも、多くの「ジャーナリズム」関連書籍はあるし、むしろ書籍以上に有益な論文も数多くあるが、ここでは単行本に限定している。また、倫理のありようについては当然のことながら、さまざま考え方があり、紹介した著書と必ずしも筆者の見解が一致しているわけではない。それも含め掲載した文献を手掛かりに、多様な見方・考え方を知っていただければと思う。

目　次

ジャーナリズムの倫理

第1講 何をどう守るか

Ⅰ　自由のための倫理〜倫理の本質

1　言論の自由への脅威

　現代社会において、言論の自由には大きく分けて3つの〈脅威〉がある。1つは、いうまでもなく公権力を筆頭とする自由への抑圧行為だ。独裁政権や軍による言論弾圧はその最もわかりやすいかたちだが、日本社会においても、陰に陽にさまざまなかたちで政府や政治家からの報道圧力が存在する。そしてあとの2つは、遠慮がない自由な言論と、何となく言いづらい不自由な社会の空気だ。

　たとえば、会社でも学校でも、直接的な暴力行為以外に、言葉によるいじめが多発している。これは「言葉の暴力」で、最近ではハラスメント（威迫）として法による取り締まりの対象にもなってきた（パワーハラスメント、セクシャルハラスメント、アカデミックハラスメントなど）。あるいは最近は、日本に住むいわゆる外国人・外国籍の人に対する誹謗中傷・罵詈雑言も増え、しかもそうした行為が公然と行われるようになった。特に中国や韓国にルーツがある人がその対象になることが多く、2016年にはこれらの特定集団に対する憎悪表現行為を総称したヘイトスピーチへの対処法も成立するに至っている（**法ジャ284** 参照）。

　このように行き過ぎた表現行為は、社会の中での身勝手な表現行為をする人を政府に取り締まってもらおうとする傾向を生み出し、結果として社会全体の表現の自由の可動域を狭めることになる。とりわけ刑事罰による表現規制は、社会の平穏を維持するために必要な側面がある一方で、治安立法として必要以上の言論活動に対する抑制・萎縮効果をもたらす場合が少なくないことに注意が必要だ。

　もちろんこうした行き過ぎや攻撃的表現行為は、特別の人々の特殊な行為ではなく、私たちも日常的に経験するところである。SNSや電子メールで、直接会っている時には使わないような激しい書き込みや汚い言葉が飛び交う場面に遭遇することがあるだろう。

　そして「行き過ぎ」を止めるのは、私たち一人ひとりしかいない。これがまさに自由には責任が伴うということであり、その表現行為の自制は「倫理」と呼ばれる範疇の問題である。すなわち、表現の自由にはその限界を自らが自覚

　鎌倉市の 2018 年憲法記念日における憲法集会で、実行委員会で決定した候補者に対し、市が「憲法記念日の集いで憲法学者が講演すると憲法 9 条にも言及する懸念があり……行政の中立性を損なう」可能性があるとして講師を認めなかった事例が報告されている（東京新聞 2021 年 4 月 30 日付朝刊）。実際、多くの自治体では「政治的中立性」を理由として、デモや集会の開催や行事の後援を取りやめたり、公的機関での貸し出し条件に、非政治条項を加えるようになった。こうした動きはさらに大学にも広がるなど、社会全体の風潮になっている。政治的な議論を避けることは、民主主義の前提となる多様な情報の流通を否定することであり、むしろ偏った情報に左右されることにつながりかねない。しかも公的機関が萎縮を市民社会に押しつけることは、情報や知識の歪みを後押しすることにもなる。

　表現活動を「暴力」で止める動きもなくならない。かつても天皇（制）を題材とした映画、慰安婦を扱った写真展等が上映・開催中止や延期に追い込まれた事例があったが、2021 年春公開の映画「狼をさがして」についても、「反日的」との街宣活動が続き、一部の映画館での上映が中止された（具体的な事例は山田健太『愚かな風』（田畑書店、2020 年）参照）。前者は行き過ぎた「（官製）自主規制」で、後者は「暴力による言論妨害」（過剰な「自由な言動」）であり、いずれも市民社会にものが言いづらい空気を醸成するという点で共通する。

2019 年に開催された「あいちトリエンナーレ」中展示「表現の不自由展・その後」の閉鎖された会場入り口（写真左の奥）と再開後の会場内風景（写真右）。

　あいちトリエンナーレを中止に追い込んだのは、脅迫を含む電凸と呼ばれる一般市民からの電話やメールの類だ。こうした匿名による表現行為（その一部は、明らかな犯罪行為であるし、少なくない数が不当な言動である）が、結果として表現発表の場を奪い、表現の自由を狭める結果を引き起こしていることになる。こうして市民の言動が時に凶器となるわけだが、一方で、2021 年のピューリツァー賞（特別賞）には 2020 年 5 月の黒人男性フロイドさんの警察による暴行死事件を撮影、SNS に投稿した地元住民の 17 歳少女ダルネラ・フレーザーさんが選出された。授賞理由として「真実と正義の追求における市民の重要な役割を示した」とあるように、まさにジャーナリスティックな市民の表現行動が評価の対象となったということだ。SNS に投稿する、メールをする、電話をかけるという一人ひとりの市民の「小さな」行動が、社会をどちらの方向にも「大きく」動かしうるという点からは、ジャーナリストではない一般市民にとってもネット時代における「ジャーナリズム倫理」は、情報リテラシーの持ちようとして重要であることがわかる。

しきちんと守る、ということが含まれている。憲法21条で保障する「言論、出版その他一切の表現の自由」が、法的にはまったく但書きのない絶対的な自由である一方で、その自由には「内在的制約」が含意されていると解釈されているのは、そういうことである。

　しかし残念ながら現実はそう簡単ではない。自分と異なる意見を徹底的に攻撃するのが流行ったり、インターネット上でその家族を含めて個人攻撃をしたり脅迫状を送る人まで現れている。しかも面倒なことに、社会全体としてはこうした行為がやまないばかりか、面白がって応援する声すら出てきた。あるいは表現の過激さでアクセス数を稼ぐことが、ネットビジネスとして成立する要因となっている側面も否定できない。一部メディアも売らんかなの商業主義的理由から、それを後押ししている状況にあり、その結果こうした雰囲気がますます強まっているといえるだろう。

　そうすると、違った意見を言うことや紹介することが面倒くさくなったり、気が重くなったりしてしまう状況が生まれやすくなる。しかし、自分が言いたいことを我慢することは当然ストレスにもなり、それが前述のように、社会的弱者に対して自分の不満の捌け口として、言葉の暴力を浴びせかけるという悪循環も生んでしまっている。メディアも同様で、強き者には刃向かわず、弱き者をより叩くといった傾向がみられる。

　さらにはこうした状況が続くと、他者に対して必要以上に攻撃的になったり、自分と気の合う仲間とのみ付き合うということにもつながる傾向にある。これでは自分を高めることも、社会における最善の選択をすることにもならず、社会における表現の自由の意義を全うできなくなる。大きな声ばかりがまかり通れば、社会全体は一面的な考え方に覆われ、ますます次の発言をしづらい雰囲気を作っていく。

　その結果、立場の弱い人の声は無視されることになるだろう。さらに、こうした状況を利用しようとする者も現れかねない。時の為政者がその立場になった場合はますます、時の政府の考えと違うことを言うと、考えが偏っているとして問題にされがちだ。たとえば、テレビで法案に反対することが、新聞で政府を批判することが、そして国会前でデモをすることが「偏向している」とされるということだ。

　政治的公平さを欠くことはよくないとされ、いまの日本社会ではどんどん「政治」を語ることができなくなっている。あるいは、歌や絵画・彫刻といった、

◆ 私権制限

2020年には政府発の市民に向けた「自粛の要請」がコロナ禍で一般化した。新型インフルエンザ等対策特別措置法（コロナ特措法）に基づく緊急事態宣言という法的根拠はあるものの、以来、日本全土で私権の制限が進んでいる。移動の自由、集会の自由、営業の自由など、多くの日常的活動が制限を受けるが、社会の雰囲気は、自粛要請を受け入れるとともに、むしろより強い制限を政府に求める状況にある。美術館・博物館や映画館・演芸場等の施設が、休業要請を受けたことに関し、非科学的な判断で合理性に欠くとして疑問の声があがったのは当然だろう。こうした「表現の場」が閉じられることは、一般市民の見る自由や知る権利を奪うもので、直接的な表現の自由の問題でもある。

政府の指示に従わない者に対し、「自粛警察」「帰省狩り」といった"民間警察"が取り締まる（嫌がらせをする）事態も頻発している。公権力による規制は、それが強制力を有しないものであったとしても強い拘束性を有し、市民社会を縛り強い萎縮効果を及ぼす。また多くの市民においては、こうした制約が慢性化することによる慣れで、「原則と例外の逆転」が生まれてしまうことになりやすい。あるいは、規制に対する抵抗感が薄まり容易に公的規制を受けやすい状況が生じるといった、大きな副作用に対する議論も不足したままだ。全体として「自主規制」全般が容認され、表現規制が受け入れられる状況が進んだ。

人通りが消えた最初の緊急事態宣言時の、新宿駅東口駅前（左）と南口駅前（右）の様子（2020年4月16日正午ころ）

緊急事態宣言で一斉に立ち入りが禁止された公共施設（川崎市内の児童公園）（2020年4月16日）

芸術の分野においても、政治性を忌避し「中立」を要請されるような事態が生まれている。それは、政治を語る人は怪しい人で危ないと後ろ指をさすような状況でもある（詳しくは第7講参照）。

2　ジャーナリズムの役割

　「国が決めたことにみな従いましょう」という世の中は、表現の自由がない国と呼ぶことができよう。国境なき記者団の「報道の自由度ランキング」が2010年を境に30ポイント以上急降下し、さらに3年連続で右肩下がりになった結果、2016年度には72位まで落ち込んだ（2021年は67位と低迷が続いている）。あるいは国連の「表現の自由」特別報告者（デビット・ケイ意見及び表現の自由に対する権利の促進と保護に関する国連特別報告者）が、2016年4月に日本を調査対象にする事態になっている。

　これはまさに、日本の言論・表現の自由が危機的な状況になっていることを象徴する「事件」であり、その大きな要因として、ここに述べてきたような表現の自由を支える「倫理」の欠如あるいは低下の問題がある。ただし重要なのは、倫理は表現を制約するためのものではないということだ。あくまでも、倫理の実践が自由の拡大に寄与する必要があるし、〈自由のための倫理〉でなくてはならない。

　しかもジャーナリズム活動たるもの、市民的自由としての表現活動における自制とは異なる、より高度の倫理観が求められている。よくジャーナリズムの使命・役割として、社会正義を実現（社会の不正義を追及）することや、権力を監視する機能が挙げられる。いわば民主主義の維持装置としてのジャーナリズムの存在である。「社会の木鐸」とか「知る権利」の代行者という言葉は、これらをさすものであろうし、「第四の権力」という場合のプラスの側面も公権力に対抗する番犬（ウォッチドック）でないと意味がなくなる。

　しかし、それらとともに大きな意味を持つのが、社会を代表して表現の自由を守る社会的責務である。すなわち、自らが表現の自由の行使者であるとともに、とりわけ対権力との関係で、そして場合によっては大衆を敵に回してでも、大局的にみて市民社会にとって重要な表現の自由の原則を守り抜く、覚悟と実効性が必要である。それをプロフェッショナルとしての経験と高い倫理観によって実践できるかどうかが問われている。

　ここからも明らかなのは、ジャーナリズム活動における倫理とは、自らの活

　5月3日はユネスコが提唱する「世界・報道の自由の日（Press Freedom DAY）」で、国際NGOが報道の自由のランキングを発表するのが恒例化している。1つが、国境なき記者団（フランス）の「報道の自由度ランキング」で、もう1つがフリーダムハウス（アメリカ）の「言論表現の自由指数」だ。いずれも、日本の自由度が、近年大きく低下し、低迷している。

国境なき記者団

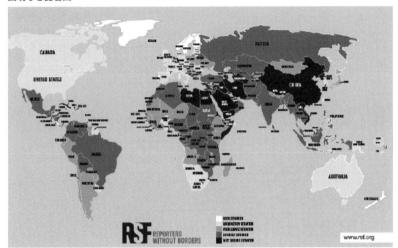

日本は「目立った問題がある国」と分類され、ハンガリーやポーランドなど、報道の自由が激しく弾圧を受けている国々と同じレベルだ。日本の状況は、ジャーナリストが逮捕されてはいないものの、自由度では同じとみなされていることを客観視する必要がある（2021年版）。

フリーダムハウス

2019年版（左）と2017年版を比べただけでも、報道の自由の後退状況がわかる。この傾向は2021年版でもさらに進み、民間機を国がハイジャックして政敵を捕まえること（2021年6月）まで起きているベラルーシが、特に大きく自由度指数を下げている。

動を制約するものではなく、その活動域をより広げるためのものであるということである。それからすると、メディア活動において謳われる「コンプライアンス」は、通常の企業活動における法令遵守と同義であってはならない。なぜなら、ジャーナリズム活動は時に法を超えて実行されるものであるし、そのためにこそ「倫理」が活用されなくてはならないからだ（詳しくは第2講参照）。

　その時に、法律を盾に「してはならない」ことだけを厳格に守るのであれば、その瞬間にジャーナリスト個々人も、組織としての言論報道機関も思考停止となり、それは表現の自由の主体としては後ろ向きの行動しか許されなくなる。こうした表現者のトップランナーとしての負の行為は、そのまま社会に反映され、社会全体の可動域はどんどん狭まってしまうだろう。

Ⅱ　社会的責務としての倫理〜倫理の意味

1　自主規制の意義と歴史

　倫理の発露として、最も典型的なかたちは「自主規制」である。自主規制には権力介入（公的な表現規制）を事前に回避するための自助努力という側面もあり、表現の自由を守るためには必要不可欠であるばかりか、大きな影響力をもつメディアにとっては義務ですらある。

　別の言い方をするならば、従来のマスメディアを代表とする言論報道活動は、その甚大な社会的影響力を自己認識した上での、市民に対するディーセンシー（節度、慎み深さ）を発揮しなくてはいけないということになる。責任あるメディアとして恣意的あるいは好ましからざる取材・報道に対する自己抑制が求められる。

　わかりやすい例として、媒体である新聞・放送といったマスメディアの自主規制をあげることができよう。また、今日において大きな社会的影響力を有するインターネットの場合は、旧来の「マス」という定義とは異なるかたちで、コミュニティ全体にも個々人に対しても、甚大な影響力を与える。そのコミュニケーションツールの1つであるSNS、それを包含するプラットフォーム事業者が、まさに情報発信に決定的な力を有するとすれば、その倫理が問われることになる。

　あるいはまた、そうしたネット社会の場合はとりわけ、表現発露の場である

　ジャーナリストをあえて漢字表記すると「記者（あるいは編集者）」になるだろうが、こうした表記が、インターネット上での情報発信を行う多くのジャーナリスト（フォト／ビデオのビジュアルジャーナリストを含む）を包含しているようにはみえづらい。20世紀以来の日本の記者の特徴は、企業ジャーナリスト（あるいは社員ジャーナリスト）であることだ。典型的ライフスタイルでいえば、ジャーナリズム教育を受けることなく大学を卒業し、すぐに新聞社等に就職、社内で異動を繰り返し定年まで勤めあげ、退職金をもらって退職するという、まさに一般的な会社人スタイルである（それゆえ「サラリーマン記者」などという言い方もされてきた）。

　一方で日本標準職業分類によると、ジャーナリストは「専門的・技術的職業従事者」（大分類）の中の「著述業、記者、編集者」に位置付けられている。同様に、国際標準職業分類でも「作家、ジャーナリスト、翻訳者」は「専門職」に分類される。これらからすると、会社員というより専門職（プロフェッショナル）ということになる。もともと専門職として社会的に認知されてきた職業は、医者、弁護士、聖職者である。その名残は、多くの国において法廷における証言拒否権を認めている職業と合致しており、日本の民事・刑事の訴訟法にも同様の規定がみられる。そして民事裁判において最高裁が近時、新聞・放送（NHK）・雑誌（月刊誌）の記者に前述の職業と同様の拒否権を認めたことからも、ジャーナリストは専門的職業の1つであるとみなすこともできよう（**法ジャ 48** 参照）。

　ジャーナリズムについては「報道」「言論報道活動」が漢字表記としては近いと思われるが、その中身について普遍的な定義はないし、国や時代によっても変化している。以前には清水幾太郎を引いて「一般の大衆に向かって、定期刊行物を通じて、時事的諸問題の報道及び解説を提供する活動」と紹介されることが多かった。これに対してその役割に着目し、元共同通信記者でジャーナリズム研究者の新井直之は、「いま伝えなければならないことを、いま、伝える。いま言わなければならないことを、いま、言う」ことこそがジャーナリズムの責務であるとした。著作のほか、講演会や勉強会で繰り返し強調していた言葉である。

　ただしこうした活動と直接、専門的知識や技術は結びつかないのであって、多義的にならざるをえない。それゆえにたとえば爆笑問題が司会を務める情報バラエティー番組「サンデージャポン」（TBS、日曜）では、「サンジャポ・ジャーナリスト」が登場するが、その実際は、若手芸人や社員アナウンサーの現場レポートである。ジャーナリストと称することで、報道番組＝ジャーナリズム活動の体裁を装っているものともいえよう。

　表現活動形態の中で、ビラ・チラシやデモ・集会とは異なり、一般にメディア媒体を介し不特定多数に向けて情報発信をすることが一般的であるため、ジャーナリズムは「マスコミ」とりわけ「マスメディア」と同義で使われることもある。しかし、媒体そのものあるいは媒体を通じたメディア活動を総称するものではなく、より社会的効果に着目した理念的な概念である点で異なるとされる。

　日本の場合はとりわけ組織的な報道活動がイメージされがちであるが、その基本は「個」の存在である一人ひとりの活動である点でもマスメディアとは異なる。清沢洌『暗黒日記』、むのたけじ「たいまつ」は、まさに1人でジャーナリズム活動を実践した例といえる。この点について、武田徹は「1人ジャーナリズム」を提唱する（『現代ジャーナリズム事典』三省堂、2014年）。

メディアではなく、個々人が情報の発信者として直接的に表現内容に責任を負うことが必要な状況にある。かつて、多くの場合、とりわけマスメディアにおける表現行為は、表現者はメディアの殻に守られて表現をしていたものが、ここにきて受け手と送り手が直接交わる関係になってきたといえる。

　そうなると当然、ここで議論している倫理、あるいは自主規制も、媒体を運営する組織の責任ではなく、ジャーナリスト（情報発信者）個人の責任に帰すことになる。しかしこれは、本来すべての表現活動は、個々人に由来するものであることを思えば、原点に戻っただけ、ということもできるだろう。

　しかし一方で、過剰な自主規制や恣意的な流通コントロールは、読者の知る権利を奪い、メディアの社会的責任を放棄するものでもある。見たくない人の自由を守るがために見たい人の知る権利までも侵害しているのではないか、自己保身を図るがために必要以上に規制を強め、結果的に表現者の自由を奪っているのではないかとの逆批判である。

　また、過剰な自主規制は「タブー」と裏腹の関係にあることが多い。かつては、菊＝天皇、鶴＝公明党、星＝米軍（米国）といった、目に見える権威に対するタブーが問題になったが、今日では広告主や有力広告会社といった目に見えにくい権威に対するタブーの存在が指摘されている。さらには、記者クラブ等を通じた政治家・官僚と記者の癒着構造の中で、政治指南役を任ずる「書かない大記者」が評価される風潮や、記者会見で「聞かない記者」の登場が問題になっている。

　こうした状況が生まれる背景には、新聞を例にすれば、メディアの商業主義（大部数維持のための事なかれ主義）や横並び意識（突出を避ける記事作り）があるとともに、権力の間接的コントロールが影響していることも少なくない。放送免許交付権や税制を笠に着た、政治家や官僚組織からの形に残らないプレッシャーがそのわかりやすい例である。

　メディアの、最も重要で、社会制度上でも強く期待されている役割は、「権力監視」であることに鑑みれば、その監視対象から牙を抜かれるがごとき扱いを受けることは絶対に避けねばならない。だからこそ、権力側に取材報道ルールを一方的に押しつけられたのでは監視機能を発揮できなくなることは明らかであって、メディア側が自らの意思と意図をもって自主規制を行う意味がそこに生じる。

　だからこそ、自主規制が誰のための、何のためのものかを問い直す作業が、

◆ ジャーナリストの定義

　仕事の中身が多義的であるからこそ、その職業に携わる者をさす「ジャーナリスト」の定義も同様に難しい。最も教科書的な定義として有名なものは、フランスの1935年3月29日法および労働法2章761条L項「良心条項」で法定された次の定義であるが、これとて普遍的な定義といえるかといえば心もとない（その後、対象は視聴覚メディアに拡張されている）。

　　　職業的ジャーナリストとは、主要で定期的、かつ報酬ある仕事として、この職業を1つないし複数の日刊あるいは定期刊行物またはニュース機関で実践して、そこから主たる収入源を得ている者

　ほぼ同様に、ドイツでは「マスメディアを介して情報、意見、娯楽を伝達することに関する主要な職業についている人」とか、イギリスでは「編集制作に携わる者、あるいは新聞ないし視聴覚メディアによって伝達されたニュースの紹介に携わる者」をジャーナリストと定義したりした。なお、ドイツでは「テレメディア（Telemedien）」として、インターネットを利用して提供されるほぼすべての情報サービスを包含し、制度化している（ストリーミングで同時に500人以上に提供されるインターネット・ラジオは「放送」に区分）。

　こうして定型的な定義がされないがために、ユネスコ（国連教育科学文化機関）はじめ国際機関においても、明確な定義は「あえて」しないまま統計が示されている（現在は実施していないが、以前はユネスコ統計があった）。1990年報告書では、世界に約85万人のジャーナリストが存在するという。その約4割は欧州、アジアは15万人の2割弱だ。ただし、国によっては企業の広報・PR担当や、政府機関の広報担当官（プレス・アタッシェ）を入れているケースもみられる。同様のことはILO（国際労働機関）の統計にもあてはまる。

　たとえばユネスコは原則として毎年、世界で殺害されたジャーナリストの数を発表している（11月2日を「ジャーナリストへの犯罪不処罰をなくす国際デー」と定める）が、ここでもどのような職域をジャーナリストとして認定するかは、すべて報告国に委ねられているとされる。同じことは、表現の自由に関わるNGO団体にもいえる。

　ちなみに、自由権規約人権委員会一般勧告34（CCPR/C/GC/34 para44）では「インターネットやその他の方法で自ら情報発信を行うブロガーなどの者」もジャーナリストとしてみなす。このほか戦闘地域におけるジャーナリスト（報道関係者）の保護が国際機関ではたびたび議論されており、たとえば「武力紛争地域における危険な任務に就くジャーナリストの保護」（1970年12月20日）決議がなされている。その後、1977年第1議定書79条では、「ジャーナリストのための保護措置」を謳い、ジャーナリストは国籍を有する国などから身分証明書を取得することで、その地位を証明することが定められた。

　日本でも外務省が「ジュネーブ諸条約第1議定書第79条3に基づく報道関係者に係る身分証明書の発行の申請に当たっての留意事項」を公表している。その記載（提出）事項では、「申請日より起算して過去3ヶ月以内の日付が入った報道機関等との契約関係を証明する文書の原本、定期的に送稿していることを証明し得るもの（原則として申請日より起算して3ヶ月以内に執筆した署名入りの複数の記事（ペン記者の場合）、または氏名付きで新聞・雑誌に掲載された撮影写真（カメラマンの場合））、ただし、エンジニア・アシスタント等の補助的活動に従事されている方については、主たる活動に従事されている方（ペン記者等）と同時に申請するか、同時に申請することができない場合は、主たる活動に従事する者との連関性を示すもの（主たる活動に従事する方のサイン入りレター等）」とされている。類似のものとしては、日本新聞協会が発行する「海外特派員証」がある。

常に継続的にされる必要があり、また、意識的か無意識的かにかかわりなく、記者、編集者が、個人または組織として過剰に抑制的になることによって、萎縮効果（チリング・イフェクト）が生まれていないかをチェックしていくことが必要である。

　なお、一口に自主的な規制といっても、マスメディア全体に広く共通するものから、特定の業界にのみ通用するもの、あるいは一企業の従業員をのみ拘束するものまでさまざまである。また、日本においてはあまり議論されていないが、ジャーナリスト個々人の内面の問題として「良心の自由」を問題にすることもある。

　日本の代表的な自主規制制度に、国内で上映される映画の自主的な事前チェックシステムである映倫（映画倫理機構）がある。映画界は戦後、公権力の介入を避けるとともに「観客の倫理水準を低下させるような映画の提供をきびしく抑制する」ことを目的に、自主規制機関として映倫管理委員会を発足させ、今日に至るまで活動を行ってきた。そこでは、映画会社が自主的に資金を拠出し、独立採算によって運営を確立するとともに、完全な第三者による審査機構を作り上げた点で出色である。

　こうした自主規制活動に対し、裁判所がいくつかの判断を下している。裁判は、映画における猥褻表現をめぐって、自主規制（映倫審査）と法規制（刑法の猥褻規定）の関係を問うものであった。映画「黒い雪」事件は映倫審査を通過した映画が摘発された事例であり、また、日活ロマンポルノ映画事件は審査を担当した映倫審査委員も摘発された事例である。

　黒い雪事件で裁判所は、映倫審査は当該映画の猥褻性を判断する際の「一つの有力な基準」であるとし、日活ロマンポルノ映画事件では「映倫の審査の結果をできるだけ尊重するという見地に立って判断するのが妥当」と判示し（いずれも地裁判決）、自主規制機関としての映倫の社会的役割を認めている。このほかにも、各業界の倫理規定が裁判上の判断材料として使用された事例として、日本コーポ事件や「原発バイバイ」テロップCM放映打ち切り事件、近年では毎日放送喫茶店報道事件がある（**法ジャ183**参照）。

　映倫が事前チェックによる流通規制の代表であるのに対し、歴史は浅いが放送界で制度化された放送倫理・番組向上機構（BPO、前身は「放送と人権等権利に関する委員会機構＝BRO」）は、事後的で自主的な権利救済制度の代表例である（第8講参照）。発足のきっかけは政治家や行政機関（監督官庁である総務省

　かつて（現行では情報発信の場が広がることで有名無実化している場合が多い）いくつかの国では、ジャーナリストを制度上定義していた。大雑把にいえば、南欧においてその傾向が強い。あるいは、ジャーナリスト・ユニオン（以下「ユニオン」と略）への加盟資格をもって、ジャーナリスト資格としている国も少なくない。後述するが、プレスカウンシルの主要な構成員としてユニオンが関与している場合が多い。これについても大雑把にいえば、北欧から中欧に多い傾向といえるだろう。いわば、ジャーナリストの活動の場（メディア媒体）が限定されていて、専門的職業のギルドが成立していたからこその定義ともいえよう。

【ギリシア】ライセンス制。その後、現場経験３年を経て、報道機関への就職が可能。

【イタリア】ライセンス制。ALBO（事業者登録名簿）への登録が義務で、ジャーナリストを名乗ることが許される（ALBOは事業者一般に適用される制度）。職業的ジャーナリストと広告ジャーナリスト（ほかに収入源がある）に分かれ、フリーランスは存在しない。18か月のインターン期間の後、国家試験があり、合格すると就業が可能になる。就業時には共通の労働協約の締結が求められ、ジャーナリストの権利を保護している。取材源の保護が認められる。

【スペイン】ジャーナリスト台帳への登録制。情報科学学士号もしくは２～５年の現場経験が必須。国籍条項あり。

【ポルトガル】法規定があり、ライセンスはユニオンが発行し、肩書は保護。大学入学資格が必要。

【フランス】良心条項において身分を規定。ライセンス発行の委員会が存在し、収入条件などをチェック。

【ベルギー】1963年法で、一定の条件（収入源の大部分を占めること、他の商業的活動と兼業でないこと、など）のもと、内務省がライセンスを発行。著作者としての権利が付与される。

【ルクセンブルク】プレスカウンシルがライセンスを付与。肩書の乱用は違反。

【デンマーク】ユニオン発行のライセンスが必要。取材源秘匿の権利が付与される。

【ドイツ】報道活動には、ユニオンと行政が共同で与える「プレス・カード（ID証）」が必要。著作物には著作権上の保護がある。記者職の場合、一般には１～２年のインターン期間を経て正式採用される仕組み。

【イギリス】オン・ザ・ジョブ・トレーニング（OJT）.がベースで、報道機関でのインターンが一般的。

　以前からよく使われたたとえとしては、情報をいわれた通りにとってきて原稿にするのは「ポーター」、こうしたストレートニュースに、いくばくかの状況判断を加えるのが「リポーター」、さらに独自のスタンスで価値付けをして、そのニュースを扱うのが「ジャーナリスト」という種別である。アメリカでも、データマン、リポーター、ジャーナリストは職種として区分されるし、給与面でも違いがある。あるいは職種として、リポーター（取材）、ライター（執筆）、サブエディター（整理）、エディター（編集）といった切り分けもされてきた。

　しかし一方でこうした違いは、第二次世界大戦後の現代民主主義国家の中で成立したともいわれる。世界を見渡すと、ジャーナリストが公務員の国もあるし、日本の明治時代の新聞萌芽期、新聞の作り手は絵師であったり、貿易商人であったりさまざまだった。さらに政論新聞では、政治的野心を持つ者が新聞の発行・編集者であったことを思えば、ジャーナリスト≒政治家ともいえたであろう。

など）からの干渉を回避するためであったにせよ、着実な活動により社会的認知が高まり、人権擁護法案や放送法改正等のメディア規制色のある立法作業過程に対しても一定の歯止め効果を発揮したとされている。

　出版界の「有害」図書に対する取り組みや、メディア横断的なマスコミ倫理懇談会全国協議会（マス倫）の活動、あるいは広告の事前・事後の審査制度も、すでに長い歴史のなかで一定の社会的評価を得るに至っている。

　これらはいずれも、歴史の長短、内容の濃淡はあるにせよ、その活動が一定の社会的評価を得ている。もちろんこうした業界としての制度以外にも、企業、個人レベルの自主規制も数多く存在するが、重要な点は、これらが社会的評価を得ることで、予防や救済にそれなりの実効性をもっている点である。このことによって、自律的な倫理活動それ自体に存在価値があるとともに、法規制や行政の介入を防ぐことはもちろん、司法による事前差止め等の表現の自由規制の抑止力にもなりうるのである。

2　社会的評価と自律

　こうした自律した規程で最もわかりやすく、また社会的にも知られているのは図書館の取り組みであろう。有川浩の小説『図書館戦争』でも有名になった「図書館の自由に関する宣言」だ。「戦争の最初の犠牲者は真実だ」という言葉があるが（ハイラム・ジョンソン米上院議員、1918 年）、書籍もまた戦争の犠牲者であることは間違いなく、戦禍によって多くの書物や私たちの学ぶ機会が失われた。しかしそうした「危機」は、こうした有事に限らず「平時」においても起こりうる。

　公権力が好ましくないと思った文書を破棄・改竄・隠蔽することを、2010年以来、私たちは嫌というほど見せつけられてきたが、放っておけば同じことは図書館において起きても不思議ではない。実際、法務省は国立国会図書館が収集した文献を非公開とするよう求め、館長がそれに応じて開示を拒否したために訴訟にもなった（**法ジャ 161** 参照）。

　あるいは、オウム真理教の事件に関連し、サリン製造者を探索するために、警視庁は国立国会図書館の利用者情報の提出を求め、押収した。これは、私たちがだれに気兼ねもなく好きな本を読むことができるという「当たり前の日常」を奪い、国家が図書館利用者の読書履歴を把握することで、思想傾向や行動予測をすることは、紛れもない「監視社会」の入り口である。

　日本のジャーナリストの身分は、あえていえばドイツ型に近いともいえよう。国会記者証が
それに該当し、主要報道機関（実質的には日本新聞協会加盟社）で組織する国会記者会の申請
で、衆議院・参議院が発行する。同時に各行政官庁の入館パスとしても機能する、いわば記者
にとってのお墨付きカードである。

　こうした発行形態は戦時中の日本新聞記者会が定めた記者資格に影響を受けているとの見方
も可能だ。同記者規定は 1942 年に制定され、「記者ハ左ノ条件ヲ具フル者ニシテ記者資格銓衡
ニ合格シタル者タルコトヲ要ス」として「政治的又ハ思想的結社ニ加入シ在ラザルコト」とと
もに、高等教育を受けていることや営利事業に携わっていないといった、海外での国家資格制
度との共通点が見られる。

　国会記者証に似たものに、日本新聞協会が発行する海外特派員証があり、純粋に民間発行で
あるが公的機関にも一定の効力を有する。正社員でなくても、契約、一時雇用（アルバイト）
を問わず取得可能である。ほかには、日本記者クラブ会員証などがあるが、こちらはそうした
公的機関へのフリーパスの効能はない。一般企業の社員や弁護士等でも資格審査を通れば所持
できる。同様に、JCJ（日本ジャーナリスト会議）や日本ペンクラブは、いわばジャーナリス
ト・表現者の職能団体であるが、同様に社会的な効力は一般には発揮しない。

　一方で、誰でも「記者」登録は可能な社会であり、たとえば東京 2020 オリンピックの取材
記者申請（プレス登録）は、活動実績をもとに組織委員会が判断をするため、政府を含め何ら
かの組織のお墨付きは原則必要ない。首相会見におけるフリーランスの判断基準も、原則とし
て活動実績だ。

国会記者証：1980 年代
のもの

海外特派員証：2000 年代のもの

JCJ 会員証

日本記者クラブ会員証

日本ペンクラブ会員証

　ジャーナリストと近似の用語としては、レポーター、ライター、あるいは評論家があろうが、
一般社会における用法はもっと大雑把である。

ほかにも、「ちびくろサンボ」や「ハックルベリー・フィンの冒険」といっ
た昔から読み継がれてきた児童文学が差別的であると批判を浴びた際、図書館
がその閲覧を停止したり蔵書を破棄したことも話題になった。これらは大変わ
かりやすく、表現物が目の前から消える事態であり、日ごろ何不自由のない表
現の自由の「不自由さ」が可視化される瞬間でもある。

　そうした際に一義的にその姿勢や具体的な行動が問われるのが、まさにメ
ディアとしての図書館の「専門職」である、図書館司書（ライブラリアン）で
ある。日本においても司書は国家資格であり、身分としても確立された専門職
である。その意味では、日本国内において数少ない、確固たる専門職として表
現活動に携わる者あるいはメディア関係者で、広義のジャーナリストという言
い方も可能だ。

　図書館界はさまざまな「図書館の自由」が侵害される経験を踏まえ、とりわ
け戦争中の検閲の歴史の反省から1945年に前述「図書館の自由に関する宣言」
を制定、さらに戦後、憲法で表現の自由が保障されたのちに起きた問題事例も
踏まえて、現在の宣言を策定した。

　『図書館戦争』で出てくる言い回しと多少異なるものの（また、武器をもっ
て自由を守るということがよいかどうかはさておき）、4つの基本原則は崇高だ。
そしてこれは、ジャーナリストの倫理にも共通する。

　　①図書館は資料収集の自由を有する
　　②図書館は資料提供の自由を有する
　　③図書館は利用者の秘密を守る
　　④図書館はすべての検閲に反対する

　図書館はメディアであり、その活動はジャーナリズム活動にそのまま置き換
えることも可能であろうが、ここであえて宣言中の図書館をジャーナリストと
読み替えて考えてみよう。

　第1に、取材の自由が完全に保障されていることが大切であり、情報流通過
程の「収集・発表・頒布」の中の第1段階である収集＝取材であることを思え
ば、その自由を自律的に守ることは必須である。たとえば取材先との癒着や、
記者会見で聞くべきことを聞かない姿勢は、「自由の放棄」であって倫理的に
許されないということである。

　第2は、発表段階で報道の自由を守ることをさしている。政府に忖度して報
じないことが倫理にもとる行為であることはいうまでもなかろう。NHKの政

図書館の自由に関する宣言（日本図書館協会、19545 年採択・1979 年 5 月 30 日改訂）

　図書館は、基本的人権のひとつとして知る自由をもつ国民に、資料と施設を提供することをもっとも重要な任務とする。

１．日本国憲法は主権が国民に存するとの原理にもとづいており、この国民主権の原理を維持し発展させるためには、国民ひとりひとりが思想・意見を自由に発表し交換すること、すなわち表現の自由の保障が不可欠である。

　知る自由は、表現の送り手に対して保障されるべき自由と表裏一体をなすものであり、知る自由の保障があってこそ表現の自由は成立する。

　知る自由は、また、思想・良心の自由をはじめとして、いっさいの基本的人権と密接にかかわり、それらの保障を実現するための基礎的な要件である。それは、憲法が示すように、国民の不断の努力によって保持されなければならない。

２．すべての国民は、いつでもその必要とする資料を入手し利用する権利を有する。この権利を社会的に保障することは、すなわち知る自由を保障することである。図書館は、まさにこのことに責任を負う機関である。

３．図書館は、権力の介入または社会的圧力に左右されることなく、自らの責任にもとづき、図書館間の相互協力をふくむ図書館の総力をあげて、収集した資料と整備された施設を国民の利用に供するものである。

４．わが国においては、図書館が国民の知る自由を保障するのではなく、国民に対する「思想善導」の機関として、国民の知る自由を妨げる役割さえ果たした歴史的事実があることを忘れてはならない。図書館は、この反省の上に、国民の知る自由を守り、ひろげていく責任を果たすことが必要である。

５．すべての国民は、図書館利用に公平な権利をもっており、人種、信条、性別、年齢やそのおかれている条件等によっていかなる差別もあってはならない。

　外国人も、その権利は保障される。

６．ここに掲げる「図書館の自由」に関する原則は、国民の知る自由を保障するためであって、すべての図書館に基本的に妥当するものである。

　この任務を果たすため、図書館は次のことを確認し実践する。

第１　図書館は資料収集の自由を有する

１．図書館は、国民の知る自由を保障する機関として、国民のあらゆる資料要求にこたえなければならない。

２．図書館は、自らの責任において作成した収集方針にもとづき資料の選択および収集を行う。その際、

　　(1) 多様な、対立する意見のある問題については、それぞれの観点に立つ資料を幅広く収集する。

　　(2) 著者の思想的、宗教的、党派的立場にとらわれて、その著作を排除することはしない。

　　(3) 図書館員の個人的な関心や好みによって選択をしない。

　　(4) 個人・組織・団体からの圧力や干渉によって収集の自由を放棄したり、紛争をおそれて自己規制したりはしない。

　　(5) 寄贈資料の受入にあたっても同様である。図書館の収集した資料がどのような思想や主張をもっていようとも、それを図書館および図書館員が支持することを意味するものでは

治ニュースは、「国益に反するニュースは流さない」「株価が下がるような
ニュースは控える」という〈了解〉があるとされるが、こうした報道基準が倫
理的にどうかは議論の対象だろう。

　第3は、取材・報道の場面でいえば「取材源の秘匿」にあたると考えられる。
これが別項で立てられることの重要性を私たちは理解する必要がある。なぜな
ら、私たち一般市民との関係において、ジャーナリスト（この場合は図書館）
の信頼こそが基盤だからである。この関係性が維持されなければ、ジャーナリ
ズム活動は成立しないことになる。

　そして第4の、表現の自由を守る決意である。すでに述べてきたように、
ジャーナリストは表現の自由の担い手であり、守り手である。そして、その自
由が脅かされる時には、社会の先頭に立ってそれを守る倫理的義務があるし、
覚悟が必要である。侵す側に立つことはもちろん、傍観することも許されない。
それは後述するように、「積極的煽動」だけではなく「消極的加担」も倫理的
には問題がある行為であろう。

　この図書館と同じような位置付けにあるのが、博物館・美術館であるともい
える。まだ記憶に新しい事例として、2019年のあいちトリエンナーレの展示
中止事件があるが、社会における表現の場の確保という点で重要であるし、そ
の担い手は司書同様、国家資格としての専門職である学芸員やキュレーターだ
からだ（実際には、職域として両者には違いがあるとされるが、ここでは立ち入ら
ない）。

　とりわけ、2010年代以降、美術館における展示の中止や差替え事例が社会
的に話題になり、「博物館（美術館）の自由」が議論される状況にある。そう
した中で、美術館が担う社会的な使命を実践するために、望ましい美術館のあ
り方と美術館に携わる者が取るべき行動指針を、あらためて自らが示すことが
求められていた。

　そこで、市民社会一般に対し広く美術館への理解を図ることを目的とし、全
国の美術館が加盟する全国美術館会議が策定し、2017年に提示したのが「美
術館の原則と美術館関係者の行動指針」である。「図書館の自由に関する宣言」
のような倫理規範が美術館になかったことが長らく問題視され、国際博物館会
議（ICOM）の「職業倫理規程」に準拠した、日本博物館協会による「博物館
の原則」（日本博物館協会、2012年7月1日制定）と「博物館関係者の行動規範」
（日本博物館協会、2012年7月1日制定）を参照しつつ策定された。

ない。

3．図書館は、成文化された収集方針を公開して、広く社会からの批判と協力を得るようにつとめる。

第2　図書館は資料提供の自由を有する

1．国民の知る自由を保障するため、すべての図書館資料は、原則として国民の自由な利用に供されるべきである。

　図書館は、正当な理由がないかぎり、ある種の資料を特別扱いしたり、資料の内容に手を加えたり、書架から撤去したり、廃棄したりはしない。

　提供の自由は、次の場合にかぎって制限されることがある。これらの制限は、極力限定して適用し、時期を経て再検討されるべきものである。

　(1)　人権またはプライバシーを侵害するもの

　(2)　わいせつ出版物であるとの判決が確定したもの

　(3)　寄贈または寄託資料のうち、寄贈者または寄託者が公開を否とする非公刊資料

2．図書館は、将来にわたる利用に備えるため、資料を保存する責任を負う。図書館の保存する資料は、一時的な社会的要請、個人・組織・団体からの圧力や干渉によって廃棄されることはない。

3．図書館の集会室等は、国民の自主的な学習や創造を援助するために、身近にいつでも利用できる豊富な資料が組織されている場にあるという特徴を持っている。

　図書館は、集会室等の施設を、営利を目的とする場合を除いて、個人、団体を問わず公平な利用に供する。

4．図書館の企画する集会や行事等が、個人・組織・団体からの圧力や干渉によってゆがめられてはならない。

第3　図書館は利用者の秘密を守る

1．読者が何を読むかはその人のプライバシーに属することであり、図書館は、利用者の読書事実を外部に漏らさない。ただし、憲法第35条にもとづく令状を確認した場合は例外とする。

2．図書館は、読書記録以外の図書館の利用事実に関しても、利用者のプライバシーを侵さない。

3．利用者の読書事実、利用事実は、図書館が業務上知り得た秘密であって、図書館活動に従事するすべての人びとは、この秘密を守らなければならない。

第4　図書館はすべての検閲に反対する

1．検閲は、権力が国民の思想・言論の自由を抑圧する手段として常用してきたものであって、国民の知る自由を基盤とする民主主義とは相容れない。

　検閲が、図書館における資料収集を事前に制約し、さらに、収集した資料の書架からの撤去、廃棄に及ぶことは、内外の苦渋にみちた歴史と経験により明らかである。

　したがって、図書館はすべての検閲に反対する。

2．検閲と同様の結果をもたらすものとして、個人・組織・団体からの圧力や干渉がある。図書館は、これらの思想・言論の抑圧に対しても反対する。

3．それらの抑圧は、図書館における自己規制を生みやすい。しかし図書館は、そうした自己規制におちいることなく、国民の知る自由を守る。

博物館と美術館の原則・指針は共通点が多いが、美術館の指針は11項目の「原則」と、それに応じた「行動指針」があり、①社会への貢献、②多様な価値と価値観の尊重、③設置の責任、④自由の尊重と確保、⑤経営の安定、⑥収集・保存の責務、⑦調査研究、⑧展示・教育普及、⑨研鑽（けんさん）の必要、⑩発信と連携、⑪法令・規範・倫理の遵守、からなる。従来からの博物館の4大機能（収集、保存、調査研究、展示・教育普及）の延長線上といえよう。原則4では、「自らを律しつつ、人々の表現の自由、知る自由を保障し支えるために、活動の自由を持つ」と、博物館の原則ではなかった「知る自由」に言及した。

Ⅲ　ジャーナリストの倫理

1　個人と組織

　特定の企業に所属するか、あるいはニュースメディア等に従事するか否かに関わりなく、プロフェッショナルとしてのジャーナリストである限り、そこには専門職業人としての職業倫理や意識・姿勢が求められる。それは、法の要請ではなく、個人レベルでの自らの存在意義であり、職業的責務である。

　世界共通の基本的態様・姿勢（ビヘイビア）としてたとえば、取材源の秘匿が有名であるが、それ以外にも、社会や媒体によって異なるものから、いかなる場合でもジャーナリズム活動において常に持つべき行動原理まで、さまざまな規範が存在する。

　スウェーデンのジャーナリズムスクールでは、「ジャーナリスト倫理は教わるものではなく、訓練・仕事の中で自分で身につける、ジャーナリストの背骨である」と説明されている。ルール化された倫理だけではなく、ジャーナリストである限り必ず身につけるべき作法であり矜持（きょうじ）である、と捉えることもできる。

　剽窃（ひょうせつ）や改竄（かいざん）が許されないのは当たり前であるが、身分を隠したり偽っての取材、慎み・節度あるいは誠実さのない取材・報道も最近では厳しく叱責される。取材先等からの金銭・物品の提供や便宜供与、政府が主催する各種委員会への参加、あるいは国家勲章（叙勲）の授与のありようも議論の対象だ。

　なによりも、企業内ジャーナリストから脱皮して、会社のためではなく、自らの信念で取材・報道することがその基本であるが、これが日本では案外難し

　図書館の自由が侵されるとき、われわれは団結して、あくまで自由を守る。

１．図書館の自由の状況は、一国の民主主義の進展をはかる重要な指標である。図書館の自由が侵されようとするとき、われわれ図書館にかかわるものは、その侵害を排除する行動を起こす。このためには、図書館の民主的な運営と図書館員の連帯の強化を欠かすことができない。

２．図書館の自由を守る行動は、自由と人権を守る国民のたたかいの一環である。われわれは、図書館の自由を守ることで共通の立場に立つ団体・機関・人びとと提携して、図書館の自由を守りぬく責任をもつ。

３．図書館の自由に対する国民の支持と協力は、国民が、図書館活動を通じて図書館の自由の尊さを体験している場合にのみ得られる。われわれは、図書館の自由を守る努力を不断に続けるものである。

４．図書館の自由を守る行動において、これにかかわった図書館員が不利益をうけることがあってはならない。これを未然に防止し、万一そのような事態が生じた場合にその救済につとめることは、日本図書館協会の重要な責務である。

図書館員の倫理綱領（日本図書館協会、1980 年 6 月 4 日総会決議）

　この倫理綱領は、「図書館の自由に関する宣言」によって示された図書館の社会的責任を自覚し、自らの職責を遂行していくための図書館員としての自律的規範である。

（図書館員の基本的態度）

第 1　図書館員は、社会の期待と利用者の要求を基本的なよりどころとして職務を遂行する。

（利用者に対する責任）

第 2　図書館員は利用者を差別しない。

第 3　図書館員は利用者の秘密を漏らさない。

（資料に関する責任）

第 4　図書館員は図書館の自由を守り、資料の収集、保存および提供につとめる。

第 5　図書館員は常に資料を知ることにつとめる。

（研修につとめる責任）

第 6　図書館員は個人的、集団的に、不断の研修につとめる。

（組織体の一員として）

第 7　図書館員は、自館の運営方針や奉仕計画の策定に積極的に参画する。

第 8　図書館員は、相互の協力を密にして、集団としての専門的能力の向上につとめる。

第 9　図書館員は、図書館奉仕のため適正な労働条件の確保につとめる。

（図書館間の協力）

第 10　図書館員は図書館間の理解と協力につとめる。

（文化の創造への寄与）

第 11　図書館員は住民や他団体とも協力して、社会の文化環境の醸成につとめる。

第 12　図書館員は、読者の立場に立って出版文化の発展に寄与するようつとめる。

い。一方では企業という硬い殻に守られているのだが、別の見方からすると、個々のジャーナリストに覚悟と責任が不足しているということにもなりかねない。

またもう1つ大切なことは、ジャーナリストが踏み外した時（そのもっている力を濫用した時）、それをチェックするのは一義的には自分しかいない、という点である。いかに自分を律しきれるかが問われる理由である。

日本でこの種の性格を持つ倫理綱領として、少し古いが労働組合が作成・発表する2つが挙げられる。新聞労連の「新聞人のための良心宣言」（1997年9月）と民放労連の「視聴者のための放送をめざす民放労連の提案」（1991年7月）である。前者の策定に関与した立場からすると、めざすべきジャーナリスト像とともに具体的な行動規範を定める、現場発の規範として日本で唯一のものであるといえる（ただし残念ながら、現場で機能している状況ではない）。

新聞やテレビといったマスメディアが「社会正義の味方である」との錦の御旗に対する疑いの目がすでに強まっており、プレスの自由と責任に相応しい振る舞いの必要性が叫ばれている。すでに述べてきたように、政府の検閲に代表される言論弾圧を跳ねのけるといった、「国家 vs. 言論（報道機関）」が表現の自由の中心課題だった時代から、言論の自由の〈敵〉は多様化している。

発行部数や視聴率といった数字に支配されるメディア、娯楽に耽ける全体状況（"楽しくなければテレビじゃない"）の中で、"集団的凡庸"の危険も指摘されている。言論報道機関が、スタンピード現象のような読者・視聴者の移り気な嗜好にあわせざるをえず、多様性・独自性・自律性を確立することが困難であることをさす言葉といえよう。

しかしこういう時代だからこそ、最後の一線は、ジャーナリスト個人の力、受け手との間の1対1の信頼性に頼らざるをえないのではないだろうか。これまで日本は、どちらかというと「個人」の倫理をあまり問題にしてこなかった。企業倫理、業界倫理の議論が中心であり、制度もそうした点を中心に整備されてきた。現在の議論も、その側面は否定しきれない。しかしそうした制度論もすべて個人にかえってくる話であることに注意が必要である。

インターネット上の、企業に固定的に属さないジャーナリストの活動が爆発的に増大し、また社会的影響力を有する中で、それは当然のことである。あるいは逆にいえば、こうしたより自由な立場のジャーナリストが、いつ、どのようなタイミングで、どのような「倫理」を会得し実践するかによって、今後の

　新聞労連は 1990 年代以降、記者クラブ改革宣言、新聞人の良心宣言、報道評議会提言を行い、一連の報道批判とりわけ人権侵害への新聞界の対応の甘さに対する批判への回答を模索するとともに、改善のための実践的活動を行っている。オーストラリアでもメディア関連労働組合の一部門が、表現の自由の擁護やジャーナリストと倫理の向上ための活動を行っているが、日本の場合も職能団体が存在しない中で、各種労働組合の活動が意味を持つ場面が多いと思われる。

新聞人の良心宣言（日本新聞労働組合連合、1997 年）〈抜粋〉

　新聞人は良心にもとづき、真実を報道する。憲法で保障された言論・報道の自由は市民の知る権利に応えるためにあり、その目的は平和と民主主義の確立、公正な社会の実現、人権の擁護、地球環境の保全など人類共通の課題の達成に寄与することにある。

①市民生活に必要な情報は積極的に提供する。

②社会的弱者・少数者の意見を尊重し、市民に対して常に開かれた姿勢を堅持する。

③十分な裏付けのない情報を真実であるかのように報道しない。

④言論・報道の自由を守るためにあらゆる努力をするとともに、多様な価値観を尊重し、記事の相互批判も行う。

Ｉ　［権力・圧力からの独立］

　新聞人は政府や自治体などの公的機関、大資本などの権力を監視し、またその圧力から独立し、いかなる干渉も拒否する。権力との癒着と疑われるような行為はしない。

①公的機関や大資本からの利益供与や接待を受けない。

②公的機関の審議会、調査会などの諮問機関に参加しない。

③情報源の秘匿を約束した場合はその義務を負う。

④取材活動によって収集した情報を権力のために提供しない。

⑤政治家など公人の「オフレコ発言」は、市民の知る権利が損なわれると判断される場合は認めない。

⑥自らの良心に反する取材・報道の指示を受けた場合、拒否する権利がある。

Ⅱ　［市民への責任］

　新聞人は市民に対して誠実であるべきだ。記事の最終責任はこれを掲載・配信した社にあるが、記者にも重い道義的責任がある。

①記事は原則として署名記事にする。

②公共の利益に反し、特定の団体や党派のために世論を誘導する報道はしない。

③情報源は取材先との秘匿の約束がない限り、記事の中で明示する。

④記事への批判や反論には常に謙虚に耳を傾け、根拠のある反論は紙面に掲載する。

⑤誤報は迅速に訂正し、掲載時の記事に対応した扱いにする。

⑥誤報により重大な人権侵害が起きた場合は、紙面で被害者に謝罪し、誤報に至った検証記事を掲載、再発防止策を明らかにする。

Ⅲ　［批判精神］

　新聞人は健全で旺盛な批判精神を持ち続ける。

Ⅳ　［公正な取材］

　新聞人は公正な取材を行う。

ジャーナリズムのありようは大きく変わり、それが民主主義社会の成熟度にも直結するだろう。

　報道による被害は報道によって救済することが基本であり、取材・報道は本来的にプライバシー侵害の側面が常にあることに心するならば、自らの努力で上からの（権威的な、強制的な）解決の無力性を証明し、自主規制は社会的責務であり表現の自由の裏返しであることを示さなくてはなるまい。まさに、自主自律のコントロールである。

　憲法における強力な自由の保障という強いアクセルを与えられているからこそ、あるいはマスメディアやインターネットの絶大な社会的影響力があるからこそ、それらをメディア組織とともに個々のジャーナリストが十分に自己認識し、ディーセンシー（誠実さ）の発揮、恣意的な取材・報道に対する自己抑制といった、性能のよいブレーキを自らのシステムの中に組み入れることが必要である。逆に言えば、性能がよいブレーキがあってこそ思い切りアクセルを踏み込んで、安心してスピードが出せる、と肝に銘じなければならない。

2　編集（編集権）の独立

　ジャーナリスト個人と、その表現物・成果物を発表する媒体、あるいは社員として所属する報道機関との間での「ずれ」が問題になることがある。組織内部での言論表現の自由のありようと言い換えることができる場合もあろう。一般にこれらは、内部的自由あるいは編集権の問題として語られてきた。前者の「内部的自由」とは、編集方針決定への参加等によって確保されるメディア企業内ジャーナリストの精神的自由であり、経営側による編集権の独占を防ぐために必要であるとされている（第2講参照）。

　一方で「編集権」とは、「経営管理者及びその委託を受けた編集管理者」の行使する「新聞の編集方針を決定施行し報道の真実、評論の公正並びに公表の方法の適正を維持するなど新聞編集に必要な一切の管理を行う権能」（編集権声明）とされてきた。ここでいう新聞は、放送・出版媒体に広く拡張して考えることができる（編集権声明当時の「報道」を意味する用語して「新聞」が使用されている）。

　編集権声明は、歴史的にも戦後、報道機関の "共産化" を防ぐため、GHQの後押しがあって制定された側面があり、労働者解雇の際の強力な武器、経営側の編集介入の根拠とされ、経営にとって極めて有益な論理的根拠であったと

V ［公私のけじめ］
　新聞人は会社や個人の利益を真実の報道に優先させない。

VI ［犯罪報道］
　新聞人は被害者・被疑者の人権に配慮し、捜査当局の情報に過度に依拠しない。何をどのように報道するか、被害者・被疑者を顕名とするか匿名とするかについては常に良識と責任を持って判断し、報道による人権侵害を引き起こさないよう努める。
①横並び意識を排し、センセーショナリズムに陥らない報道をする。
②被疑者に関する報道は「推定無罪の原則」を踏まえ、慎重を期す。被疑者側の声にも耳を傾ける。
③被害者・被疑者の家族や周辺の人物には節度を持って取材する。
④被害者の顔写真、被疑者の連行写真・顔写真は原則として掲載しない。

VII ［プライバシー・表現］
　新聞人は取材される側の権利・プライバシーを尊重し、公人の場合は市民の知る権利を優先させる。
①人格、暴力、性的事象に関しては、適切な表現に努める。
②報道テーマに直接関係のない属性の記述によって、差別や偏見を招いたり侮辱を与えたりしないよう配慮する。
③私人の肖像権を尊重し、原則として当人の同意なしに写真を撮影、掲載しない。
④事件・事故、自殺などについては、個人のプライバシーを尊重し、遺族や関係者への配慮を欠かさず、慎重に取材・報道する。

VIII ［情報公開］
　新聞人は、市民の知る権利に応えるため、公的機関の情報公開に向けてあらゆる努力をする。

IX ［記者クラブ］
　新聞人は閉鎖的な記者クラブの改革を進める。
①記者クラブには原則としてあらゆるメディア・ジャーナリストが加盟できる。
②記者クラブに提供された情報は、取材者だれもが利用できる。クラブ員は記者室への市民の出入りの自由を守る。
③記者クラブは、取材・報道に関して談合をしない。人命にかかわる場合などを除き、報道協定を結ばない。
④権力側のいわゆる情報の「しばり」は、市民の知る権利に照らし合わせて、合理的で妥当なもの以外は受け入れない。
⑤報道機関の目的、役割を逸脱するサービスを受けない。

X ［報道と営業の分離］
　新聞人は営業活動上の利害が報道の制約にならないよう、報道と営業を明確に分離する。
①記者は営業活動を強いられることなく、取材・報道に専念する。
②記事と広告は読者に分かるように明確に区別する。

もいえる。しかも、「新聞等の表現の自由」を「新聞を発行・販売する者の自由」と同視することによって、編集権の絶対性を間接的に肯定（サンケイ新聞対日本共産党事件最高裁判決）してきた。

　日本において内部的自由が問題となった事例としては、キャロル事件と山陽新聞社事件がある。前者は、放送番組を制作する企業内労働者が「放送による表現の自由」を有することを否定したもので、後者はメディア内労働者が会社批判を行う余地を比較的広く認めたものである（**法ジャ77**参照）。

　言論報道機関が「社会の木鐸」として、読者・市民の知る権利の代行者であるには、可能な限り完全な報道の自由が確保されている必要がある。その要件として外せないものが「独立性」で、強き者に阿らず権力監視を継続するためには、いかに時の為政者から独立しているかが問われる。そのためには財務的な自立が必要で、継続的安定的な経営が、自由な報道を行うことができる強靭な足腰を支える。

　しかし同時に、その財務・経営上の足かせが、報道の自由を縛る場合も起こりうる。たとえば、広告主の顔色をうかがい、記事や番組に手心を加えることもないとはいえないし、社のオーナーや株主が報道内容に口出しをしたのでは、報道内容の独立性は簡単に吹っ飛んでしまう。

　そこでできた基本原則が「経営と編集の分離」（あるいは「所有と経営の分離」）で、経営者は日々の紙面や番組には口出しをしないという約束事である。こうした外部からの圧力に対する独立と、内部的な干渉からの独立を合わせて「編集（権）の独立」とし、報道の自由を支える重要な柱と考えられてきた。

　ただし現実はそう簡単ではなく、常に時代や社会状況、あるいは歴史的文化的背景の中で、この原則は翻弄されてきた。もちろん最も大きな危機は、為政者が牙をむいて編集に介入してきた場合であり、戦争に代表される国益の押しつけによって、新聞社や放送局は簡単に国家のための広報機関になってしまう。それはもちろん、露骨な強制を伴う場合ばかりではなく、政府が有する人事権を介したり、国家助成を取引材料にしたりとさまざまだ。

　過去のそうした経験があるからこそ、昨今のNHK会長人事や消費税の税率引き上げに伴う新聞や出版物に対する軽減税率の導入に際しては、「疑い」をもたれないような公権力側の謙抑性とともに、権力介入のきっかけにならないための周到な準備や気構えが、報道機関側には求められる。

　あるいはそういうことがあってもなお、報道の自由が微塵も影響を受けない

◆ 報道界の編集権規定

新聞編集権の確保に関する声明（日本新聞協会、1948 年 3 月 16 日制定）〈抜粋〉

1　編集権の内容

　編集権とは新聞の編集方針を決定施行し報道の真実、評論の公正並びに公表方法の適正を維持するなど新聞編集に必要な一切の管理を行う権能である。編集方針とは基本的な編集綱領の外に随時発生するニュースの取扱いに関する個別的具体的方針を含む。報道の真実、評論の公正、公表方法の適正の基準は日本新聞協会の定めた新聞倫理綱領による。

2　編集権の行使者

　編集内容に対する最終的責任は経営、編集管理者に帰せられるものであるから、編集権を行使するものは経営管理者およびその委託を受けた編集管理者に限られる。新聞企業が法人組織の場合には取締役会、理事会などが経営管理者として編集権行使の主体となる。

3　編集権の確保

　新聞の経営、編集管理者は常時編集権確保に必要な手段を講ずると共に個人たると、団体たると、外部たると、内部たるとを問わずあらゆるものに対し編集権を守る義務がある。外部からの侵害に対してはあくまでこれを拒否する。また内部においても故意に報道、評論の真実公正および公表方法の適正を害しあるいは定められた編集方針に従わぬものは何人といえども編集権を侵害したものとしてこれを排除する。編集内容を理由として印刷、配布を妨害する行為は編集権の侵害である。

◆ 倫理の概念

　世のなか一般に、私たちの行動を規範付けているものとして、以下の 2 つを示す。ただし、明確に分かれているものでもなければ、時代や状況によって位置付けが逆転する場合にもあるだろう。さらにいえば、左右 2 つの規範が絡まりあってもいる。また、右図では色が濃くなり真ん中に近づくほど規範性が高まり、法では、違反した場合のサンクション（制裁、罰則）が予定されているが、左図ではむしろ、その規範性は中心に行くほど弱まるともいえる。

　ジャーナリズム倫理は、社会一般におけるモラルやマナーがルール化され、倫理綱領、行動規範、あるいは自主規制ルールとして確立していく場合がある。あるいは法規範が想定された場合、より緩やかな倫理規範で、その全体を緩やかに縛るということがなされてきたといえるだろう。

ためには、むしろ内部的な独立としての「経営と編集の分離」が求められると
いえるだろう。

　ほかにも、日本の場合は従来、マスメディアの経営者がほぼイコール編集現
場のOBであって、しかも編集責任者の元上司であるという人的関係に縛られ
る場合が少なくない。影響を排除することが、極めて難しいのが現実である。
さらに新聞社の場合は、「主筆」という名の紙面統括者が置かれている場合も
少なくなく、一般には役員であり取締役会メンバーのため、経営陣の一角を占
めるなど、整理が必要なことも多い。同様の問題は、編集・報道・編成責任者
（たとえば報道局長や編集局長）が役員（取締役や執行役員）である場合にも生じ
る。

　一方で、事後的であっても外部の意見で紙面内容の成否が判断されることは
編集権の侵害になるとして、従来は頑（かたく）なに拒んできた組織・権能の存在を認め
つつあることは、近年の大きな特徴である。海外では表現の自由擁護や報道倫
理の向上、あるいは苦情処理に一役買っている、プレスカウンシル（報道評議
会）やオンブズマンと呼ばれる第三者機関の存在である（第3講参照）。

［参考文献］

〈ジャーナリズム倫理〉ミシェル・マティアン、松本伸夫訳『ジャーナリストの倫理』（文庫クセジュ・白水社、1997年）、マイケル・コロネンウエッター、渡辺武達訳『ジャーナリズムの倫理』（新紀元社、1993年）、ジョン・L・ハルテン、橋本正邦訳『アメリカの新聞倫理』（新聞通信選書4・新聞通信調査会、1984年）、藤田博司・我孫子和夫『ジャーナリズムの規範と倫理──信頼性を確保するために』（新聞通信調査会、2014年）、塚本晴二朗『ジャーナリズム倫理学試論──ジャーナリストの行為規範の研究』（南窓社、2010年）、塚本晴二朗『ジャーナリズムの規範理論』（日本評論社、2021年）、畑仲哲雄『ジャーナリズムの道徳的ジレンマ』（勁草書房、2018年）、小林正幸『メディア・リテラシーの倫理学』（風塵社、2014年）、柏倉康夫『マスコミの倫理学』（丸善、2002年）、清水英夫『マスコミの倫理学』（三省堂、1990年）、清水英夫『情報の倫理学』（三省堂、1985年）、藤田博司『どうする情報源　報道改革の分水嶺』（リベルタ出版、2010年）

〈図書館・博物館の倫理〉日本図書館協会図書館の自由委員会編『「図書館の自由に関する宣言1979年改訂」解説』第2版（日本図書館協会、2004年）、塩見昇『図書館の自由委員会の成立と「図書館の自由に関する宣言」改訂』（日本図書館協会、2017年）、渡辺重夫『図書館の自由と知る権利』（青弓社、1989年）、暮沢剛巳『拡張するキュレーション──価値を生み出す技術』（集英社新書、2021年）、根本彰『アーカイブの思想──言葉を知に変える仕組み』（みすず書房、2021年）、『情の時代　あいちトリエンナーレ2019』（あいちトリエンナーレ実行委員会、2020年）、川口幸也編『ミュージアムの憂鬱──揺れる展示とコレクション』（水声社、2020年）

Ⅰ メディアの倫理

1 コンプライアンスと倫理

　日本の場合、個々の企業体（媒体）が倫理綱領（ジャーナリズム倫理を明示的具体的に示したもの）を定める場合は多くはない。ただし、記者ハンドブックや記者行動綱領、番組制作ガイドラインといった形態の、事例に沿った具体的な行動規範や取材・報道上のルールをまとめたものを持っているのが一般的だ。また、放送局の場合は放送法で定められた番組編集基準を有する。

　これらは、広義の倫理綱領と呼んでもよかろう。一方で、一般企業同様に就業規則を有し、何かトラブルがあった場合には、規則違反として当該社員を処罰したり、社として謝罪することもよく見受けられる。この場合、最近よく使われるのが「コンプライアンス違反」という理由だ（**法ジャ 111** 参照）。

　コンプライアンスは通常、法令遵守（順守）と訳されることが多いが、文字通りであれば、きちんと法に従って企業活動を行っているか、会社として組織的にチェックが効いているか、ということが問われる。流行り言葉でいえば、社としてのガバナンスがしっかりしているか、ということだ。

　一般企業の場合は会社法によって、社長が音頭をとり社員が違法行為をしないよう、日ごろから社内体制を整備して、しっかり目を光らせることが求められている。これは、内部統制義務（善管注意義務）と呼ばれる。したがって、収益を上げたいがために、社員に脱法行為をそそのかすなどはもってのほかだし、見て見ぬふりをしたり、商品やサービスに問題が生じているとの指摘があったにもかかわらず、その改善を図らず放置する行為などが、広く処罰の対象となっている。

　さらには、こうしたコンプライアンス上の重大なトラブルが発生した場合、その問題の所在と解決方法を、当該企業の内部努力や自浄作用に求めることは困難だと判断し、企業としての禊を対外的に示す方法として、外部の有識者や法律実務家（弁護士）に検証作業を委託することも一般的だ。飛行機事故などの場合は、法制度として独立した常設の調査委員会が強制力を有した調査を実施、報告書が公表される。

　もちろん一般企業にとどまらず、学校で発生したいじめ自殺事件における地方自治体の外部委員会や、原発事故における政府や国会の事故調査委員会など、

SNJ（SYNDICAT NATIONAL DES JOURNALISTES、フランス・ジャーナリスト連合）の倫理綱領

1918 年 7 月に策定されたフランス・ジャーナリスト憲章（Charte des devoirs profession-nels des journalistes français）は、現在の原型が 1938 年 1 月 15 日版で、2011 年 3 月に改正。

※ 1938 年版（『ジャーナリストの倫理』）

その名に値するジャーナリストは

- すべての記事に責任を取る
- 中傷、証拠のない非難、文書の改竄、事実の歪曲、虚偽を最も重大な職業的過ちとみなす
- 職業的名誉に関して最高権威者である同僚の権限しか認めない
- 職業的品位と両立しうる任務しか受け入れない
- 想像上の題名や内容に言及したり、また情報を得るためや誰かの誠意を不意打ちするために卑怯な手段を使うことを自分に禁ずる
- 公共サービス機関やジャーナリストの資格、影響、関係が利用される可能性があるような私企業では金はもらわない
- 商業、金融宣伝の記事には自分の名前を署名しない
- いかなる盗作も行わない
- 同僚の文章を使う場合、筆者名を引用する
- 同僚の地位を懇請したり、劣悪な条件で働くことになると提案して退職を勧奨しない
- 職業上の秘密は守る
- 私利私欲の意図で新聞の自由を行使しない
- 自らの情報を誠実に発表する自由を引き受ける
- 良心の辱めや正義への配慮を第一の規律とみなす
- 自分の役割を警察官のそれと混同しない

※最新 2011 年版

ジャーナリストのための職業倫理憲章（Charte d'éthique professionnelle des journal-istes）で付加された主たる項目は以下の通り。

- 人の尊厳と無罪推定を尊重する
- ジャーナリズム行動の柱として、批判的思考、真実性、正確性、誠実さ、公平性を保持する。証拠のない告発、危害を加える意図、文書の改竄、事実の歪曲、画像の不正流用、嘘、操作、検閲と自己検閲、事実の非検証は許されない
- 表現、意見、情報、解説、批判の自由を擁護する
- 情報を入手するための不公正で金銭的な手段を禁止する
- 報道の自由を利己的な意図で使用しない

SNJ が 1926 年にパリで結成したのが FIJ（Fédération internationale des journalistes、国際ジャーナリスト連盟、英＝International Federation of Journalists、IFJ、ベルギー）で、約 15 の職業組織を結集し、1946 年に OIJ（Organisation internationale des journalistes、国際ジャーナリスト組合）として再出発したものの、冷戦で西側メンバーの離脱が相次ぎ、1952 年に現在のかたちで再創設された。1954 年にはボルドー宣言と呼ばれる「ジャーナリスト行動綱領」を発表。

日常のニュースの中でも頻繁に名前を聞くようになった。こうした外部検証機関による問題の摘出は、報道機関でも過去になされてきた。近年の有名な例では、関西テレビの番組捏造事件や、講談社の少年供述調書掲載事件、朝日新聞社の慰安婦や原発報道に関する誤報事件がある。

　ただしそこで問題になるのは、一般企業の場合は「法令遵守」がキーワードであって、法が善し悪しの判断基準になることがはっきりしているのに対し、メディアの場合の基準は必ずしも法律がすべてではないことにある。誤解を恐れずにいえば、法を破ってでも事実を追求することこそが取材の真髄であるし、報道の常道であるからだ。たとえば、隠された政府内の情報を入手するために、公務員に接触して内部情報を入手することは一般的だ。

　まさに、公務員法で定められた守秘義務を破って、情報を漏らしてもらうことをそそのかす行為を、記者は日常的にしているわけだ。あるいは事件・事故を伝える場合も、当事者のプライバシーや名誉をまったく傷つけない記事はまずありえない。その時の基準は、法ではなく報道倫理であって、「倫理の遵守」こそが大命題である。

　さらには、同じ品質の画一的な商品やサービスを提供するのが一般的なメーカーのありようであるのに対し、記事や番組といった「商品」の中身はそれぞれで大きく異なり、統一的な基準をもって判断をしづらいという問題もある。しかも一方では、報道された当事者にとっては人生が大きく狂うほどの大問題であることも少なくない。

　だからこそ、多くの報道機関は以前よりもさらに二重三重の社内チェック制度を設け、発信情報に誤りや問題が生じないよう努力をしてきたともいえる。さらには2000年ころから、たとえば新聞であれば社外の有識者で構成された紙面検証機関を新設し、記事掲載判断の正否を外部の目で確認するようにした。

2　社会的責任の発露

　しかし、少なくとも報道界全体でみた場合、こうした制度が十分に機能しているとは言いがたいのが現実だ。新聞でいえば、全国にメジャーな新聞・通信社は約80あるが、そのうちこうした組織を常設しているのは半数程度で、しかもその多くは年に1〜2回の開催で、一般的な紙面への注文をするにとどまっている。

　メーカーが自社の商品に瑕疵があった場合、あるいは商品のアフターサービ

映倫（映画倫理機構）

　1945 年の敗戦後、GHQ は公開映画の検閲を行っていたが、映画についても自主的な審査機関の設置を示唆した。これを受け、映画界は 1949 年「映画倫理規程」を制定し、この実施・管理のため「映画倫理規程管理委員会」（旧映倫）を発足させた。しかし、管理委員は業界内の映画関係者だけから選ばれていたこともあって、1950 年代には、いわゆる太陽族映画（1956 年に公開された「太陽の季節」など）が反倫理的だと非難され、映倫の審査も甘いとして社会的批判を浴びた。

　そうした中で文部省（当時）が法規制の動きを見せたことから、映倫委員を外部の有識者に委嘱し、映倫の運営を映画界から切り離すなどの組織変更を行い、映画界以外の第三者によって運営される自主規制機関として、1956 年に「映画管理委員会」（映倫）を発足させた（2009 年に映画倫理委員会に名称変更、2017 年に一般財団法人映画倫理機構に改組）。

　その後は猥褻性が問題視されることが増え、映画「黒い雪」事件（東京高判 1969. 9. 17、高刑集 22. 4. 595）は、映倫を通った映画が猥褻罪で起訴された事件で、猥褻性はあったが故意が欠けていたとして無罪となった。また、日活ロマンポルノ映画事件（東京高判 1980. 7. 18、判時 975. 20）は、映倫を通った映画について、映画製作者とともに映倫審査委員が幇助罪で起訴された事件で、映倫の判断を尊重すべきとして、猥褻性は否定された。こうした裁判事例を通して、映倫の社会的評価が固まり、制度として確立していった。

　現行の審査実務は、委員長を含む 5 名の映倫委員のもとに、映画界の各分野からの出身者 8 名の審査員によって、年間約 800 本以上の長編映画をはじめとする劇場用映画・予告篇・ポスターなどの審査が行われている。運営の費用のすべては、これらの映画の審査料によって賄われる。申請者が審査結果に異義のある場合、映倫委員による再審査委員会を設置して再審査を行う制度も設置された。

　有名な年齢規制は、青少年に対する映画の与える影響を重視して、作品を主題・題材とその表現の仕方に応じ、年齢別に以下の 4 段階に区分し、作品によっては青少年の劇場への入場を制限したり、保護者の助言・指導をうながすなどの措置を定める。また、映倫委員長の諮問機関として「年少者映画審議会」は、年少者や家族向きの優れた作品を選んで、これを積極的に推薦する一方、映画と年少者に関する諸問題について委員長の諮問に応え、必要な助言をあたえる役目を負う。

　久しぶりに映倫判断が話題になったのが、2020 年から翌年にかけて空前の大ヒットを記録した「劇場版『鬼滅の刃』無限列車編」の年齢区分だ。PG（Parental Guidance）12 指定となり、「親や保護者の助言・指導が必要」とされた。その少し前にアカデミー賞を受賞して話題となった「パラサイト　半地下の家族」や、日本映画の「万引き家族」も同じ PG 12 指定で、テレビで放映の際にもその旨のクレジットが入った。「鬼滅の刃」のようなアニメ系の子供を含めた一般向け映画は一般に G 志向が作り手側にも強く働きがちのなかで、珍しい対応であったともいえる。

映画の区分

G：年齢にかかわらず誰でも観覧できる

PG 12：12 歳未満の年少者の観覧には、親又は保護者の助言・指導が必要

R 15+：15 歳以上（15 歳未満は観覧禁止）

R 18+：18 歳以上（18 歳未満は観覧禁止）いわゆる成人映画

スの一環で疑問や質問に応えるのは当然だ。一般企業のサービスセンター（お客様窓口など）同様に、報道機関もいまや組織的に問い合わせや苦情に対応するようになった。しかしその対応が透明性に欠け、結果的に読者の不信や不満を増幅させる結果になっている例も見られる。

　あるいは、検証結果の報告を読んでも、先に挙げた倫理という見えづらくわかりづらい基準を丁寧に説明しきれず、自己正当化にとどまっていると思われるものも少なくない。さらにいえばそもそも、外部委員による組織といえども、その委員の選考も含め本当に「第三者性」が担保されているのか疑わしい側面もある。

　言論報道機関が公共的な社会的役割を担う機関として、ほかのメディアとの差別化を図るのであれば、まさにこうした自らの拠って立つ取材・報道基準を、外部の目で日常的に検証し、個別の苦情に対し「読者代表」である外部委員が対応策を示すことは有力な選択肢と思われる。それは幾多の重要にして特別な権利を享受してきた報道機関の、社会的責任の発露でもあるだろう。

　読者の権利救済などの苦情対応を「部外者」に委ねることを、編集権の侵害であるとしてかたくなに拒み続けることは、確かに紙面の外部介入を絶対的に阻止するという点では美しい。しかし、むしろそうした独立性は、国家権力や地元経済界との関係の中で発揮すべきであって、読者との関係で主張するものではない。報道界全体の倫理の向上と、それによる信頼性の回復が喫緊の課題であって、そのための具体的な対応策をとる必要がある。

　海外では、メディア自身による自主規制システムとしてこうした倫理の向上や苦情処理のための組織を制度化してきた国もある。最も有名なものは、プレスカウンシルやプレスオンブズマンと呼ばれる制度で、スウェーデンの事例でみるならば、プレス倫理綱領に基づきオンブズマンとカウンシルが存在するほか、社内オンブズマンが各社別におかれている。

　これらは、財政、組織とも政府・行政から完全に独立しているのはもちろんのこと、メディアからも一定独立してその業務を遂行できる環境が保障されている。この種の自主規制機関はより広範な目的に沿った活動が求められており、表現の自由の擁護、ジャーナリスト（メディア）倫理の確立、市民の権利救済・信頼性の回復、市民・ジャーナリスト自身への教育・啓発（啓蒙）といった機能である。

　日本の場合、これに最も近い制度が放送界で設立したBPOである。拡充後

〈活字系〉

一般社団法人 日本雑誌協会 (雑協)
　主な雑誌発行出版社

一般社団法人 日本書籍出版協会 (書協)

一般社団法人 日本出版取次協会 (取協)

日本書店商業組合連合会 (日書連)
　新刊書店が加盟

公益社団法人 全国出版協会

一般社団法人 日本出版者協議会 (出版協)
　(←出版流通対策協議会)

一般社団法人 電子出版制作・流通協議会
　AEBS

一般社団法人 日本電子書出版社協会 (電書
　協) EBPAJ
　出版社 31 社 (←電子文庫出版社会)

一般社団法人 日本電子版社協会 JEPA
　出版社、電気メーカー、ソフトハウス、印
　刷会社など 110 法人

デジタルコミック協議会 (デジコミ協)
　漫画出版社 37 社

一般社団法人 自然科学書協会
　理学・工学・農学・医学・家政学の 5 分野
　における専門書

一般社団法人 出版梓会
　専門書出版を中心 106 社

人文会
　人文書の棚構築を目的とする出版社 18 社

一般社団法人 日本医書出版協会 JMPA
　医学・医療関連領域の専門書発行社

日本児童図書出版協会 (児童出協)

一般社団法人 日本出版インフラセンター
　JPO
　雑協、書協、取協、日書連などにより設立

出版倉庫流通協議会
　出版流通・倉庫業 50 社

印刷工業会
　中堅以上の印刷工業者 90 社

日本製紙連合会
　紙・板紙・パルプ製造業

一般社団法人 教科書協会
　検定教科書出版社 41 社

一般社団法人 全国教科書供給協会 (供給協)

一般社団法人 日本新聞協会 (新聞協会)
　NHK・民放含む

公益財団法人 新聞通信調査会 (通信調査会)
　同盟通信社の系譜

公益社団法人 日本専門新聞協会

日本地域紙協議会

全国郷土紙連合

一般社団法人 フリーペーパー振興協会

一般社団法人 日本地域情報振興協会

一般社団法人 マスコミ倫理懇談会全国協議
　会 (マス倫)

公益社団法人 日本記者クラブ (記者クラブ)

一般財団法人 日本出版クラブ

日本ジャーナリスト会議

一般社団法人 日本ペンクラブ (日本ペン)
　国際 P.E.N. 日本センター

公益社団法人 日本漫画家協会

一般社団法人 日本推理作家協会

※ほかにも多くの作家系団体が存在する。

一般社団法人 日本児童出版美術家連盟

一般社団法人 日本理科美術協会

一般社団法人 日本出版美術家連盟

一般社団法人 東京イラストレーターズ・ソ
　サエティ

一般社団法人 日本図書設計家協会

は、人権侵害事例の救済のほか、あらゆる放送に対する苦情の窓口として機能しており、放送の自由の確保、倫理の向上、そして報道被害への個別救済と、基本的機能を具備した制度として期待されている。

　一方、あえていうならば海外の社別オンブズマンに近い組織が、先にも触れた新聞社の一部が採用し始めた外部委員による紙面検証委員会制度であろう。しかし、その独立性が担保されていなかったり、外部からの苦情が社内の組織によってスクリーニングされたり、審査結果の公表が担保されていなかったり、なによりも申立人の立場に立った権利救済ではなく、あくまでも社側の立場に立った紙面審査であるものが多いなど、本来の意味でのオンブズマンとはほど遠いといった方がよい。

　自律的組織による被報道者の権利救済にとどまらず、権力に対する介入阻止といった、メディア内自主規制の意義がバランスよく発揮される仕組みを実現するものであることが期待される。同時に、取材報道基準の公開と透明性の確保や、社内言論の多様性の確保、あるいは実効性をもったメディア・アカウンタビリティ（説明責任）の確立が求められてもいる。

　こうした組織の活動とともに、反論スペースの確保、NGOによるメディアウォッチ活動の定着と評価といった、パブリックアクセスの保障をどう組み合わせていくかも、市民社会における工夫の見せ所である。場合によっては、自主規制システムの弱点を、法律実務家（組織）によるサポート、さらには反論権の制度的保障といった権利救済のための法・社会制度の創設で補うことも必要なのかも知れない。

　1990年代から2000年代にかけての、新聞、雑誌の世界における報道被害の予防や救済に関する組織的な動きは、その後下火になっているが、倫理の向上と読者の信頼確保のための取り組みの必要性はより高まっている。また2010年以降は、インターネットの世界でこうした自主的な取り組みが、行政機関との協同作業の中で進んでいる（詳細は第6講）。むしろ、社会的影響力という観点からは旧来の新聞や放送以上に、インターネット企業とりわけプラットフォーム事業者の取り組みが重要になっている。

　先に図書館の司書（ライブライアン）や博物館の学芸員（キュレーター）も含めて「ジャーナリスト」として捉えることをしたが、同様にプラットフォーム事業体等で情報流通のコントロールに関与するエンジニアも、ましてやエディターらはみな、情報のプロフェッショナルでありジャーナリストそのものであ

◆ メディア関連団体②

〈図書館・博物館系〉

公益社団法人 日本図書館協会
公益社団法人 日本博物館協会
一般社団法人 日本美術家連盟 JAA
　専門美術家の組織　著作権処理も
一般社団法人 日本芸術連盟
日本国際美術協会 JIAS
公益財団法人 日本美術協会
一般社団法人 近代日本美術協会
特定非営利活動法人 日本芸術家協会
一般社団法人 全国美術館会議
※多くの美術団体がある。

〈映画・ゲーム系〉

全国興行生活衛生同業組合連合会
一般社団法人 日本映画製作者連盟
　邦画製作配給大手 4 社加盟
一般社団法人 映画産業団体連合会
一般社団法人 外国映画輸入配給協会
一般社団法人 日本映像ソフト協会
一般社団法人 日本映画テレビ技術協会
特定非営利活動法人 映像産業振興機構
一般社団法人 日本ポストプロダクション協
　会
公益社団法人 映像文化製作者連盟
協同組合 日本映画・テレビ録音協会
協同組合 日本映画・テレビ美術監督協会
協同組合 日本映画・テレビ編集協会
協同組合 日本映画監督協会
協同組合 日本映画撮影監督協会
協同組合 日本映画テレビ照明協会
一般社団法人 日本映画テレビプロデュー
　サー協会
協同組合 日本映画・テレビスクリプター協
　会
日本アカデミー賞協会
一般社団法人 外国映画輸入配給協会
公益財団法人 ユニジャパン

協同組合 日本映画製作者協会
公益社団法人 日本照明家協会
一般財団法人 映画倫理機構（映倫）
協同組合 日本脚本家連盟
　著作権処理も　脚本家団体
協同組合 日本シナリオ作家協会
　著作権処理も　脚本家団体

〈著作権団体〉

公益社団法人 日本文藝家協会
　小説・脚本利用
一般社団法人 日本美術著作権連合（美著連）
一般社団法人 日本写真著作権協会 JPCA
　著作者団体連合
公益社団法人 著作権情報センター CRIC
一般社団法人 日本音楽著作権協会 JASRAC
実演家著作隣接権センター CPRA（クプラ）
一般社団法人 私的録音補償金管理協会 sar-
　ah
公益社団法人 日本複製権センター JRRC
一般社団法人 出版者著作権管理機構 JCOPY
一般社団法人 出版物貸与権管理センター
　RRAC
一般社団法人 コンピュータソフトウェア著
　作権協会 ACCS
一般財団法人 ソフトウェア情報センター
　SOFTIC
特定非営利活動法人 肖像パブリシティ権擁
護監視機構 JAPRPO
　デジタル時代の著作権協議会 CCD
出版教育著作権協議会
一般社団法人 出版物貸与権管理センター
　RRAC
一般社団法人 日本美術著作権協会 AJSPAR
　フランス著作権事務所（BCF）を母体
日本美術著作権機構 APG-Japan
著作権問題を考える創作者団体協議会

るといえよう。したがってそこで求められる役割や機能は、ここで述べてきた
内容と共通であるはずだ。

　メディア状況の量的質的変化、さらにいうならばマルチメディア化、ビジュ
アル化、スピード化、パーソナル化、マーケットビジネス化した社会状況に対
応した、明示的な制度的対応が倫理の領域でも求められているわけだ。

Ⅱ　メディアへのアクセス

1　メディアアクセス権

　マスメディアが社会的権力として存在する現代社会では、第四の権力として
一般市民に対峙する存在になりうることは、前に触れた。その場合、時として
市民の知りたい情報とマスメディアが流す情報が一致しないことが起こりうる。
いわゆる、メディアの権力癒着、あるいは情報隠しといわれる事態である。

　しかも、少数のマスメディアが市場を独占している場合においては、より情
報の独占も起こりがちであり、弊害は深刻の度を増すことになる。そこでは、
情報の送り手と受け手の互換性はほぼ完全に否定され、結果、思想の自由市場
は崩壊する。

　それを回避するためには、一般市民が情報発信機能を実質的に確保する手段、
そのための制度的（場合によっては法的）裏付けが必要となる。すでに情報公
開制度という社会的システムによって、公的情報に直接アクセスすること、す
なわち知る権利の実効的な実現が、その有効な手段であることは社会的常識に
なった。そしてもう1つの市民がとりうる方法として、メディアに対して個々
の市民がアクセスをして、自分たちの要求を受け入れてもらうことが考えられ
る。

　マスメディアから疎外されている市民が、マスメディアに意識的に接近しこ
れを利用する権利は、「メディアにアクセスする権利」（メディアアクセス権）
と呼ばれている。具体的には、反論権、訂正権、意見広告の公表や、パブリッ
ク・アクセス・チャンネルといったメディア（媒体）のなかに自分たちの意見
表明のスペースを確保する仕組みなどがある。広義には、投書のようなマスコ
ミに自身の見解を吸い上げてもらう手段を幅広く捉える考え方もある。

　メディアアクセス権は大きく、①特定されて批判された者が、一般には同一

◆ メディア関連団体③

〈放送・音楽系〉

一般社団法人 日本民間放送連盟（民放連）

一般社団法人 衛星放送協会
（← CS 放送協議会）

一般社団法人 日本ケーブルテレビ連盟

一般社団法人 日本アド・コンテンツ制作社
連盟

一般社団法人 全日本テレビ番組製作社連盟
ATP

日本放送協会 NHK　※特殊法人

一般社団法人 日本映像ソフト協会

一般社団法人 日本プロダクション協会

第2プロダクション協会

一般社団法人 日本映像制作・販売倫理機構

特定非営利活動法人 日本ビデオコミュニ
ケーション協会

一般社団法人 日本オーディオ協会

一般社団法人 日本音楽スタジオ協会

一般社団法人 日本 CATV 技術協会

一般財団法人 デジタルコンテンツ協会

一般社団法人 特定ラジオマイク運用調整機
構（特ラ機構）

一般社団法人 日本レコード協会 RIAJ

公益社団法人 日本芸能実演家団体協議会（芸
団協）

〈広告・クリエーティブ系〉

衛星テレビ広告協議会

公益社団法人 全日本広告連盟

一般社団法人 日本雑誌広告協会

一般社団法人 ACC
（←全日本シーエム放送連盟）

公益社団法人 日本アドバタイザーズ協会
（←日本広告主協会）

一般社団法人 日本広告業協会 JAAA

日本プロモーショナル・マーケティング協会

公益社団法人 日本通信販売協会

一般社団法人 日本ダイレクト・メール協会

放送広告代理店中央連盟

一般社団法人 日本アド・コンテンツ制作協
会 JAC

一般社団法人 日本インタラクティブ広告協
会

公益社団法人 日本広告制作協会

一般社団法人 日本 BtoB 広告協会

IAA 日本国際広告協会

広告業協同組合

公益社団法人 東京屋外広告協会

一般社団法人 日本屋外広告業団体連合会

公益社団法人 日本サイン協会

公益社団法人 日本鉄道広告協会

一般社団法人 日本新聞折込広告業協会

公益社団法人 日本マーケティング協会 JMA

一般社団法人 日本マーケティング・リサー
チ協会 JMRA

公益社団法人 日本パブリックリレーション
ズ協会

東京アートディレクターズクラブ

東京コピーライターズクラブ TCC

公益社団法人 日本グラフィックデザイナー
協会 JAGDA　グラフィックデザイナー中
心

一般社団法人 日本 ABC 協会

公益社団法人 日本広告審査機構 JARO

公益社団法人 広告審査協会

公益社団法人 AC ジャパン

の媒体を利用して自己の主張を表明する権利（反論権）、②論争がある議題について、意見広告の掲載・放送等を媒体に求める権利（意見広告掲載権）、③一般市民が誌紙面の編集や番組制作に参加したり、自主制作したコンテンツの掲載・放映を求める権利（パブリックアクセス権、または狭義のメディアアクセス権）——があるとされる。

　従来型のマスメディアで議論されてきたものであるが、①②③のいずれにおいても、インターネット上においても同じことが当てはまる。さらにいえば、時の経過とともに自身が発信した過去コンテンツや、海賊版等の違法コピーコンテンツを、インターネット上から削除するように求めることも（「忘れられる権利」などの主張）、ある種のメディアアクセス（権）だ。

　①の場合は、国が法制度もしくは判例によって権利として認めるか（国民のメディア利用を当該メディアに強制的に認めさせるのか）、認める場合はどの範囲で認めるかが問題となる。②の場合はさらに仮に認められるとしても、どのような場合（範囲）で掲載請求が認められるのか、政府広告（公告）に反論する場合はどうか、すでに同じ媒体に掲載・放送された意見広告に反論する場合はどうか、通常の営利的広告に比べ低廉な料金設定を求めることができるか、メディアはそうした要求に応える義務があるのかといった議題が設定されることになる。

　いずれも、メディアが社会的な公器であることが前提となっている考え方である。従来、こうした議論は新聞媒体をめぐってなされてきたが、日本ではそのいずれも、学説・判例とも消極的である。また、放送媒体に関しては「訂正放送」制度が放送法によって制度化されているが、これについても、請求権として視聴者（市民）が放送局に放送を要求することはできないとの裁判所判断が定着している（**法ジャ 182** 参照）。

　③は日本でも 1990 年代に市民メディア（シビック・メディアあるいはパブリックメディア）として脚光を浴び、ケーブルテレビ等で住民が自分たちで制作した番組が放映されるなどした（アメリカや韓国では法制度として担保されている）。今日の主としてネット上で展開されている、NPO メディア（2016 年のパナマ文書報道など、大きな成果を上げている）につながる系譜でもある。

2　反論権

　一方で海外では、こうしたメディアアクセス権を制度として認めている場合

〈インターネット系〉

一般社団法人 テレコムサービス協会（テレサ）

一般社団法人 日本インターネットプロバイダー協会 JAIPA

一般社団法人 インターネットコンテンツセーフティ協会

一般社団法人 セーファーインターネット協会 SIA

インターネット・ホットラインセンター IHC

一般社団法人 ソフトウェア協会 SAJ

一般財団法人 デジタルコンテンツ協会

一般財団法人 インターネット協会

一般社団法人 インターネットコンテンツ審査監視機構 I-ROI

一般社団法人 モバイル・コンテンツ・フォーラム MCF
（←イージーインターネット協会 EIA、一般社団法人モバイルコンテンツ審査・運用監視機構 EMA）

一般社団法人 ソーシャルメディア利用環境整備機構 SMAJ
（←青少年ネット利用環境整備協議会）

電気通信個人情報保護推進センター

インターネットサービス協会

一般社団法人 インターネットメディア協会 JIMA

一般社団法人 情報通信ネットワーク産業協会 CIAJ

一般財団法人 日本データ通信協会

違法情報等対応連絡会

インターネットメディア連絡会

インターネットホットライン連絡協議会

一般社団法人 セキュリティ対策推進協議会

一般社団法人 電気通信事業者協会

安心ネットづくり促進協議会

プロバイダ責任制限法ガイドライン等検討協議会

インターネット接続サービス安全・安心マーク推進協議会

プロバイダ責任制限法対応事業者協議会

電気通信サービス向上推進協議会

電気通信分野における情報セキュリティ対策協議会

フィッシング対策協議会　推進連絡会

情報通信における安心安全推進協議会

迷惑メール対策推進協議会

安心ネットづくり促進協議会

児童ポルノ排除対策推進協議会

　児童ポルノ流通防止協議会

スマートフォンの利用情報等に関する連絡協議会

　ネット社会健全化に向けた連絡協議会

〈写真系〉

一般社団法人 日本写真文化協会

日本肖像写真家協会

全日本写真連盟

一般社団法人 日本スポーツプレス協会

一般社団法人 日本自然科学写真協会

日本風景写真協会

公益社団法人 日本写真協会

一般社団法人 日本スポーツ写真協会

公益社団法人 日本写真家協会 JPS

公益社団法人 日本広告写真家協会

一般社団法人 日本写真作家協会

一般社団法人 日本現代写真家協会

写真感光材料工業会

も少なくない。そこで、日本においても似たような考え方については一部採用されてきた「反論権」（right of reply）について、共通認識をもっておきたい。ここでは、メディアから個人攻撃を受けたり、誤った報道の対象とされた者が、それらに対して反論のために無料スペースまたは時間帯を、一定の条件の下で当該メディアに要求しうる権利である、と定義する。

　現行法規では、この種の請求権を直接定めた法律は存在しないし、憲法21条から導かれるところのアクセス権（知る権利）を、メディアにまで拡大して考えるには少し無理がある。ただし、限定的なアクセス権の保障を認めるものとしては、現行法規の中にも、放送法の「訂正・取消放送」や公職選挙法の「選挙放送」などのように、反論を認める法制度も存在する。したがって、日本の法制度には反論文掲載権はない、と言い切ることまではできないと考えられる。

　この反論権の考え方は、ドイツやフランスにその起源をたどることが可能で、すでに現在、ヨーロッパを中心に世界の多くの国で制度化されている。日本においては、謝罪広告という独特の原状回復措置が発展してきたために、反論権の立法化は十分に検討さえされてこなかったといった方が正しいと思われる。わずかに、日本共産党対サンケイ新聞事件などを通じて、裁判所の考え方が垣間見えたり、議論が存在しているにすぎない。

　同事件で最高裁は、日本共産党による反論文掲載請求を退け、学説も一般にこれを支持する。しかし一方で学説の中には、人権の本来的享有主体があくまでも自然人であることに着目し、憲法19条が思想・良心の自由を保障していることを根拠に、自然人の表現の自由を実効あらしめる社会的制度として反論権の法制化を肯定する意見も存在する。その意味で、同事件は原告が自然人ではなく法人であったこと、しかもその団体が機関紙『赤旗』など多くのマス媒体を自ら所有する日本共産党であり、反論権請求事件のリーディングケースとしては特異なケースであったといえるかもしれない（**法ジャ403**参照）。

　こうした法的措置とは別に、メディア側では、自主的な措置として反論を認める動きが広がっている。具体的には、記事や投稿という形をとった事実上の反論スペースの提供であるが、倫理綱領の中にも新聞協会のそれにみられるように、反論権の考え方を肯定する状況にまでなっている。従来は、反論権が媒体としての編集権を侵害し、独立性を歪めるものとして、厳しく批判をしていたことからすると、大きな変わりようではある。

◆ 海外の自主規制制度

　世界で最も古い歴史をもつスウェーデンにおけるプレスオンブズマン（1969年）およびプレスカウンシル（1916年）は、活字メディアを対象とした自主規制機関であり、完全に政府から独立した自主自営のシステムであるところに大きな特徴がある。ただし、報道界の倫理システムの中核をなす報道倫理綱領は、放送社も含めたほとんどの国内報道機関が署名をしている。

　苦情対応システムの歴史は、1900年の報道倫理綱領の作成に始まり、現在はパブリシスト・クラブ（ベテラン記者で構成する記者親睦団体）、ジャーナリスト・ユニオン（労働組合と職能団体の両者の性格を兼ね備えた全国組織）、新聞発行者協会の3団体で構成する報道合同委員会が、システムのかなめとして存在する。同委員会は倫理綱領を定め倫理基準を示すとともに、その実行のためプレスカウンシル憲章、プレスオンブズマン職務規定などを定めている。

　倫理綱領の特色としては、反論権・訂正申立権の保障、プライバシーの保護、無罪推定の尊重、匿名報道を挙げることができるだろう。もちろん、公人が犯した職務上の犯罪等にはこのルールが適用されないほか、報道の基準である「明白な公共の関心」の有無を各社がケース・バイ・ケースで判断している。場合によっては各社の判断が分かれることもあるわけで、現場に窮屈さは感じられない。匿名報道主義の真髄は「氏名を報道しないこと」ではなく、あくまで「公共性（公益性）ある事項を責任もって報道すること」にある。

　スウェーデン同様に業界の自主規制システムを持っている国には、ノルウェーやフィンランド、イギリス、ドイツ、ベルギーなど欧州各国のほか、アジア・オセアニア地区では、オーストラリアや韓国がある。各国なりに、その国の文化や社会制度に則した創意と工夫が施されているが、報道被害に対する苦情対応という点でほぼ共通するシステムの特徴は、司法救済の欠点を克服するために「安くて簡単で迅速な」処理をめざしている点である。

　完璧さを求めて重厚長大な組織になってしまっては組織の運営自体に金がかかりすぎ、業界自主組織としては維持するのが困難になるばかりか、システムの特徴ともいえるケースごとの柔軟で迅速な対応ができなくなってしまう恐れが強まる。そのバランスを取りながら、できる限り読者・市民に身近で親しみやすい（相談がしやすい）システムをどのように構築をするかが問われている。スウェーデンでは、組織の第三者性を強め、市民の側に立っていることをより強く社会にアピールするため、メンバーの半数以上を非メディア代表としているが、オーストラリア・プレスカウンシルでは組織の最終決定、とりわけメディアに不利な裁定を当該メディアに受け入れさせやすくするため、あるいは財政を支える主体が大手新聞社である点を考慮して、定数の過半数を新聞発行者代表、編集者代表、ジャーナリスト代表のメディア関係者で占めている。

　スウェーデンの場合、苦情の申し立ては被報道者が、具体的な報道が倫理綱領何条に違反するかを所定の用紙に記入し事務局に提出することで手続きが開始される。その後、事務局の求めに応じ両者間で調停が行われるが、不調に終わった場合はメディア側に期日を定めて回答書を提出させ、申立人がこの内容に不服であれば審判を開始する。両者から提出された資料をもとに、事件ごとに定められた担当委員が裁定を起案することになるが、必要に応じ当事者双方をカウンシルに呼び出し、直接、当事者ヒアリング（質疑）を行い、事実関係の確認をする。審議の結果は当該紙に掲載を求めるほか、ホームページと月1回発行の広報誌に全文掲載される。

このほか、市民とプレス（言論報道機関）をつなぐ社会的な仕組みとして、2006年にできた公益通報者保護法を捉えることも可能である。メディアアクセスを担保する新しい法制度ということだ。公的部門・民間部門の差なく、その職員や従業員が内部告発をする際に、身分的保障をする制度で、「公益通報をしたことを理由とする公益通報者の解雇の無効等並びに公益通報に関し事業者及び行政機関がとるべき措置を定めることにより、公益通報者の保護を図るとともに、国民の生命、身体、財産その他の利益の保護にかかわる法令の規定の順守を図る」（1条）との目的を定める（**法ジャ 66** 参照）。

　海外ではホイッスルブロー制度（内部告発者保護制度）などと呼ばれ、内部告発をする先として報道機関を指定し、その告発対象も広く認めている国も多い。日本の場合は経済界の強い反対で、報道機関や国会議員など外部に対して不正行為を通報する場合には、「行政機関に告発すれば解雇など不利益な取り扱いを受けると信ずるに足りる相当の理由がある場合」（3条）に狭く限定された。

　日本の法制度では、通報者の悩みの相談と不正の告発が十分切り分けられていないなどの指摘が多く出される一方、不正告発のしづらさは置き去りになっている側面が否定しきれない。それらをどうカバーするかもまた、ジャーナリズムの役割である。

Ⅲ　自由度の確保

1　良心の保護

　反論権・訂正権などのメディアアクセス権の制度化とともに重要なのが、それを受け入れるマスメディア企業内部におけるジャーナリストの自由度（内部的自由）の確保である。社会の多様な意見、価値観を反映する制度的担保が企業としてのマスメディアにも求められている。多様な言論内容の顕在化をどう実現するか、である。

　実際、個人レベルの倫理を社会として制度化し、保障しようという動きもある。その代表は「良心」の保護である。日本では憲法19条で、思想・良心の自由が保障されている（「思想及び良心の自由は、これを侵してはならない」）。これは、20条の信教の自由と並んで、個々人の「内心の自由」を絶対不可侵の

第2講　ジャーナリズム倫理の特性

　反論権類似の制度としては訂正放送があるが、裁判所も「自律的に訂正放送を行うことを国民全体に対する公法上の義務として定めたもの」として、被報道者が放送局に対し訂正放送をすることを求める権利（請求権）があるわけではないとする。また、新聞の意見広告に対し反論広告の掲載を求める裁判でも裁判所は、「反論権の制度は、民主主義社会において極めて重要な意味をもつ新聞等の表現の自由に対し重大な影響を及ぼすものであって……たやすく認める事はできない」と請求権を否定している（**法ジャ 77・182・401** 参照）。

　立法上も司法上も日本では認められていない制度ではあるが、その代わりに日本特有の制度として発展してきたのが「謝罪広告」だ。いわば「お詫び」の文化ともいえ、法制度上でも原状回復措置の１つとして民法上認められてきている。文言も含め判決で確定的に決められる場合が多く、報道側が行うお詫びというよりも、反論代わりに詫びさせるという意味合いが強い制度でもある。この点、謝罪広告は海外では良心の強制ともいわれ認められないことが一般的であることからも、一面ではジャーナリストの良心の自由が日本では相対的に弱いことの表れともいえる。

　なお、実際の放送では日常的に「お詫び」や「訂正」が行われているが、これらは法に基づく訂正放送ではない、という仕切りになっている。その違いは、自発的か請求に基づくものかの差ともいえようが、実質的には重大な放送番組基準違反があり、総務省に事後的に報告をするようなレベルかどうか、ということになる。昔の「流しっぱなし」の放送から、録画されるのが当たり前になることで、些細な間違いも含め、あとで問題になることがあることから、わかり次第すぐ謝るという姿勢になっているともいえる。謝罪や訂正することが悪いことではないが、結果として「何を謝っているのかわからない」ようなお詫び・訂正が乱発されるのでは、誠実さや信頼性の確保につながらず、マイナス効果を生みかねない。

　また、「お詫びして訂正します」という言い方がよく使われるが、両者が混然一体となった使い方である点も、改善の余地があろう。謝らなければならないことになるので訂正しない、という関係性が生まれたり、上述の通り、謝罪する場合にあえて間違った箇所をぼかして、どこまで責任をとるのかを明確にしない謝り方が一般化しているからだ。この点、「報道は誤ることが当然にある」という前提のもと、「訂正は恥」ではなく、それも含めてジャーナリズム活動であるという認識を、送り手も受け手も持つ必要がある。

　したがって、もし間違いが見つかれば、可能な限り迅速に、そしてその理由も付して、丁寧に誤りを訂正する、ということがまず求められる。それは〈事実報道〉からも〈誠実さの実現〉からも倫理上の要請だ。そのうえで、もし看過できない被害を与えている場合あるいは与える可能性がある場合は、謝るということになろう。さらに重大な誤りの場合は、すでに述べてきたような検証を行う必要も出てくる。ただしここで重要なのは、「訂正は事実報道の一部である」という点である。

　よくいわれるように、欧米の信頼性が高い新聞の場合は、毎日の紙面上で固定的な「訂正欄（コレクト・コーナー）」を有しており、むしろ訂正は日常的に当たり前のことだ。それを読者も、新聞の誠実さの表れで、信頼性の証しと理解している。当然、その訂正は、どこがどのように間違えていて、その理由は何か、がきちんと説明されている。日本でも朝日新聞ほか一部の新聞が 2010 年代に入り一時実施したが、結局、定着することなくいまに至っている。ただし全体としては明らかに以前より、丁寧な訂正記事が増えてはいる。

自由として保障するものだ。

　この良心の自由は日本の場合、表現行為との関係では学校現場で頻繁に問題とされてきた。君が代日の丸問題と呼ばれるもので、公立の小中高校の公式行事（入学式や卒業式）で教師に、国旗である日の丸の掲揚、国歌である君が代を起立して斉唱することを強制してきている。各地の教育委員会が通知し、それに従わない教員を処罰したからである（**法ジャ19**参照）。

　裁判所も大筋、こうした行政の指導や処分を認めた上で、解雇や再任拒否といった"行き過ぎた"処分についてのみ、一部認めないという姿勢をとっている。また、一部の自治体では条例で、公務員に対して上記の行為を義務として課すことを定めている（大阪府国旗国歌条例）。あるいは文科省も、国立大学に対し祝日等での国旗掲揚を求めているが、2020年には中曽根元首相の葬儀に際し、各大学に弔旗の掲揚を通達した。

　たとえばアメリカでは国旗掲揚時に、「立つのも自由、立たないのも自由」と言われるように、個々人の気持ちのもちようを強制することに対しては憲法上の歯止めがあるとされている。この点、日本においては秩序維持等の観点から、一定の制約を課すことを容認する解釈が一般的だ。

　こうしたことも関連して、報道現場においても、ジャーナリストといえども社員である限りは、会社のルールに従うべきであるとして、言動に一定の制約がかけられることが広く容認されてきた。近年でいえば、SNSへの投稿を禁止するなどとする就業規則等による縛りである。さらには、編集方針に異を唱えることを良しとしない空気もあるとされる。

　こうした点について、報道現場では「良心の自由」や「内部的自由」というかたちで、問題になることもある。その典型例は、フランスにおける「良心条項」だ。自身の信条に反した記事を書かねばらない場合（たとえば、意に反して自国が参戦することを容認する記事を書かねばならない）に、会社を辞める「自由」が保障される（次節参照）。

　社内言論の自由があれば、その番組制作や紙面編集にかかる編集・編成方針への関与が可能ともいえる。いわゆる「編集権」へのジャーナリストの参加である。こうしたかたちで、個々のジャーナリストが編集され報道される紙面や番組に、自身としての責任を持つということが実効的に保障されることも、倫理としての重要な側面である。

　内部的自由は良心の自由と直結しているが、この問題の日本国内での典型例は日の丸・君が代の強制であろう。戦後間もなくから文部省は告示である学習指導要領を通じて、日の丸・君が代の国旗・国歌化を進め、小中高校での実施率調査結果を公表することで「改善」指導を行った。その後制定された国旗・国歌法は尊重義務も罰則も規定されていないが、教育現場における強制は強まり、職務命令を発し、違反者には懲戒処分が続いている。ジャーナリストも含め社会全体がこうした状況を受け入れることで固定化させている側面が否定できず、良心の自由への侵害に対し社会全体が「寛容」であることが、ジャーナリストの内部的自由が弱いことと結びついていよう。

大阪府の施設における国旗の掲揚及び教職員による国歌の斉唱に関する条例（2011 年 6 月 13 日、大阪府条例 83 号）
第 1 条　この条例は、国旗及び国歌に関する法律、教育基本法及び学習指導要領の趣旨を踏まえ、府の施設における国旗の掲揚及び教職員による国歌の斉唱について定めることにより、府民、とりわけ次代を担う子どもが伝統と文化を尊重し、それらを育んできた我が国と郷土を愛する意識の高揚に資するとともに、他国を尊重し、国際社会の平和と発展に寄与する態度を養うこと並びに府立学校及び府内の市町村立学校における服務規律の厳格化を図ることを目的とする。
第 3 条　府の施設においては、その執務時間において、その利用者の見やすい場所に国旗を掲げるものとする。
第 4 条　府立学校及び府内の市町村立学校の行事において行われる国歌の斉唱にあっては、教職員は起立により斉唱を行うものとする。ただし、身体上の障がい、負傷又は疾病により起立、若しくは斉唱するのに支障があると校長が認める者については、この限りでない。

　編集権が裁判で争われた事案（NHK 番組改変事件、**法ジャ 191** 参照）では、あわせて内部的自由や期待権が争点となった。取材活動は取材相手の理解や協力が一般には必要であり、しかもその際、明文の契約を交わすことはまずなく、相互の信頼関係や社会的慣習のなかで許容される範囲をイメージして行っていることになる。その時、ジャーナリストは取材先に「迷惑がかからないよう（不利益を蒙らないよう）」配慮することが求められる（その最たるものが取材源の秘匿である）。そこで予定される報道内容が取材協力者の期待に反する場合、その報道を差し止めるなどの法的措置をとることができるかという問題が生じる。裁判では期待権を、高裁段階で認めたものの最高裁では編集権を保障する立場から否定した。同様の裁判所判断が、雑誌の取材や、映画の撮影においても示されている。
　NHK 事案において BPO は、番組に出演した識者の発言削除について放送倫理違反を認定（2003 年）、高裁判決を扱った NHK 報道が公平性を欠くと決定（2008 年）、さらに政治家を忖度した NHK 上層部の行動が放送局としての自主自律を危うくするとの意見を発表（2009 年）と、3 度にわたり倫理上の大きな問題を指摘するに至っている。法的に保障はされていないものの、取材者は取材相手をリスペクトし、とりわけ取材協力者に対しては万が一、相手の意に反した報道をする場合には事前に了解をとるなどの手立てを講じることが求められているということになる。

2 内部的自由

　内部的自由は、企業（組織）内部の思想・言論の自由の保障という側面ととも
もに、組織構成の多様性が問われてもいる。たとえば社員の人員構成で、人種、
ジェンダー（性別）、障碍（チャレンジド）などが数的に偏っていることは好ま
しくない。メディア企業（とりわけ新聞社や放送局）は、女性役職者や身体等の
障碍者の構成比率が一般企業に比しても低いという指摘がなされており、こう
したアンバランスをどう解消するかは喫緊の課題である。

　実際、こうした数的少数者であることが、たとえば女性差別の要因になって
いるとされる。記者が取材先からハラスメントがあっても、それを黙認あるい
は当事者に我慢を強いてきた過去があり、ようやく 2010 年代後半以降、是正
措置が取られつつあるといってよかろう（第 6 講参照）。

　プレスの内部的自由は具体的には、①編集権の確保（紙面作りの基本方針、
重要課題についての編集方針、日常的な編集上の決定への関与）のほか、②人事案
件への参加（事前協議、承諾、拒否権）、③経営上の決定への参加（予算の決定、
経営上の決定等への関与）に分けて考えられる。また、④良心の自由の確保（自
己の信念に反する編集方針には従わないことができる自由、そうした職務命令違反
によって不利益が生じない権利）も、重要な 1 項目である。

　②の変形としては、記者による編集責任者の公選制がある。1987 年の民主
化を契機に、韓国のいくつかの新聞社や放送局では、記者投票によって編集責
任者を選出したり、新しい就任を拒否する制度が存在し機能している。さらに
その進化型としては、一定の株主権限を行使することで、編集への市民参加の
可能性もありうる（かつてフランスで、「読者会」として議論されたことがある）。

　③の一形態としては、編集者（記者）の編集過程への参加（編集者と経営者の
関係）を協定として明文化するものがあり、通常「編集綱領」として存在する。
1930 ～ 1970 年代の西ドイツではいくつかの新聞社で締結され（南ドイツ新聞
の例）、日本では毎日新聞社が類似の綱領を持つ（第 4 講参照）。ただし日本の
場合は、先に挙げた編集権声明によってもっぱら経営者に編集権があるとして
いることが影響して、このような考え方は広がっていない。

　④は、フランスにおいて労働協約の中の良心条項として法制化されている。
労働として良心に反する強制を禁止したものである。法制度上「良心条項
（Clause de conscience）」が存在し、新聞・定期刊行物の編集方針の変化が
ジャーナリスト個人の良心を侵害する場合に、一定の金銭を受け取って退職を

◆ 自主規制機関の類型

報道 新聞＝新聞協会　放送＝民放連・NHK＋BPO
　　　業界網羅性・強い拘束力
映画・映像 映画＝映倫＋全興連　ビデオ＝コンテンツ審査センター（ビデ倫）
　　　実質的支配力・興行流通メリット（審査・シール）
出版 書協・雑協・取次協・日書連＋出倫協・出版倫理懇話会＋人権BOX
　　　流通上の縛り（取次・即売）

被害救済	BPO	雑誌人権ボックス	
倫理向上	BPO	雑協	新聞協会
法規制回避	BPO	出倫協	映倫
青少年保護	BPO	出倫懇	映倫
	［放送は全部カバー］	［雑誌は別組織対応］	［新聞・映画は個別］

◆ 博物館・美術館の倫理

ICOM 職業倫理規程（国際博物館会議、2004年10月改訂（イコム日本委員会））
原則8「博物館の専門職員は、受け入れられた基準と法を守り、彼らの職業の尊厳と名誉を維持するべきである。彼らは違法もしくは反倫理的な専門行為から公衆を守るべきである。博物館の社会への貢献についての公衆のよりより理解を促し、この職業の目標、目的及び抱負について、公衆に知らせ、教育するため、あらゆる機会を利用すべきである」

美術館の原則（全国美術館会議、2017年制定）
1. 美術館は、美術を中心にした文化の価値を継承・発展、さらに創造することに努め、公益性・公共性を重視して人間と社会に貢献する。
2. 美術館は、人類共通の財産である美術の作品・資料及びそれに関わる環境の持つ多様な価値を尊重する。
3. 美術館は、設置目的・使命を達成するため、安定した人的、物的、財源的基盤をもとに活動し、美術館に関わる人々と作品・資料等の安全確保を図る。
4. 美術館は、倫理規範と専門的基準とによって自らを律しつつ、人々の表現の自由、知る自由を保障し支えるために、活動の自由を持つ。
5. 美術館は、設置目的・使命に基づく方針と目標を定めて活動し、成果を評価し、改善を図る。
6. 美術館は、体系的にコレクションを形成し、良好な状態で保存して次世代に引き継ぐ。
7. 美術館は、調査研究に努め、その成果の公表によって社会から信用を得る。
8. 美術館は、展示公開や教育普及などを通じ、広く人々とともに新たな価値を創造する。
9. 美術館は、活動の充実・発展のため、各職務の専門的力量の向上に努める。
10. 美術館は、地域や関連機関と協力連携して、総合的な力を高め、社会への還元を図る。
11. 美術館は、関連する法令や規範、倫理を理解し、遵守する。

することができることを規定する。良心条項の効果として、フランス独特の企業内ジャーナリスト集団である「記者会（Societe de redacteurs）」を生みだし、一定の編集参加権を確保している。

　このように、私法上の経営者と編集者の間の「契約」として結ぶ方法のほか、ドイツのように「プレス法（メディア法）」として規定する方法が考えられる（ブランデンブルク州プレス法）。日本では法社会制度としては存在しないものの、関西テレビ・オンブズ・カンテレ委員会は、現場の記者や制作者が自己の良心に反する業務命令を受けた際、救済の申し出を受けることが定められている。

[参考文献]

〈ジャーナリズム関連〉原壽雄『ジャーナリズムの思想』（岩波新書、1997 年）、原壽雄『ジャーナリズムの可能性』（岩波新書、2009 年）、鎌田慧『反骨のジャーナリスト』（岩波新書、2002 年）、ウィッカム・スティード、浅井泰範訳『理想の新聞』（みすず書房、1998 年）、ジョン・C・メリル、山室まりや訳『世界の一流新聞』（現代ジャーナリズム選書・早川書房、1970 年）、清水幾太郎『ジャーナリズム』（岩波新書、1949 年）、鶴見俊介編集解説『ジャーナリズムの思想』（現代日本思想体系 12・筑摩書房、1965 年）、村上直之『近代ジャーナリズムの誕生――イギリス犯罪報道の社会史から 改訂版』（現代人文社、2011 年）、別府美奈子『ジャーナリズムの起源』（世界思想社、2006 年）、門奈直樹『ジャーナリズムの科学』（有斐閣、2001 年）、ビル・コヴァッチ、トム・ローゼンスティール、加藤岳文・斎藤邦泰訳『ジャーナリズムの原則』（日本経済評論社、2011 年）、小出五郎『新・仮説の検証 沈黙のジャーナリズムに告ぐ』（水曜社、2010 年）、根津朝彦『戦後日本ジャーナリズムの思想』（東京大学出版会、2019 年）、鈴木隆敏『新聞人 福沢諭吉に学ぶ 現代に生きている「時事新報」』（産経新聞出版、2009 年）、ピート・ハミル、武田徹訳『新聞ジャーナリズム』（日経 BP 社、2002 年）、林香里『マスメディアの周縁、ジャーナリズムの核心』（新曜社、2002 年）、JCJ ジャーナリズム研究会編『キーワードで読み解く 現代のジャーナリズム』（大月書店、2005 年）、日本ジャーナリスト会議 60 年史編纂委員会『JCJ 受賞作で読み解く 真のジャーナリズムとは。』（日本ジャーナリスト会議、2016 年）、津田正夫編『テレビジャーナリズムの現在 市民との共生は可能か』（現代書館、1991 年）、瀬川至朗『科学報道の真相 ジャーナリズムとマスメディア共同体』（ちくま新書、2017 年）、瀬川至朗編『ジャーナリズムは歴史の第一稿である。』（成文堂、2018 年）、赤尾光史・高木強編『ジャーナリズムの原理』（日本評論社、2011 年）、岸本重陳『新聞の読み方 改版』（岩波ジュニア新書、2012 年）、猪股征一『新聞ジャーナリズム入門』（岩波書店、2006 年）、田村紀雄『日本のローカル新聞』（現代ジャーナリズム出版会、1968 年）、早稲田大学ジャーナリズム研究所『日本の現場 地方紙で読む 2016』（早稲田大学出版部、2016 年）、マスコミ倫理懇談会全国協議会『マスコミの社会的責任』（日本新聞協会、1966 年）、野村秀和『日本テレビ・朝日放送――マスコミの社会的影響力と責任』（大月書店、1990 年）、清水英夫『マスメディアの自由と責任』（三省堂、1993 年）、山本武利『新聞・テレビをどう見るか どこまで信じていい？』（ポプラブックス・ポプラ社、1982 年）、神保哲生『ビデオジャーナリズム カメラをもって世界に飛び出そう』（明石書店、2006 年）、白石章『ビデオカメラでいこう ゼロから始めるドキュメンタリー制作』（七つ森書館、2008 年）、『デジタルフォトジャーナリズム（デジフォジャ BOX）』（日本新聞博物館、2002 年）、早稲田大学ジャーナリズム研究所編『エンサイクロペディア 現代ジャーナリズム』（早稲田大学出版部、2013 年）、長谷川如是閑『新聞論』（政治教育協会、1947 年）、杉村廣太郎『新聞の話』（日本評論社、1937 年）、日本新聞協会『民主的新聞のあり方』（日本新聞協会、1950 年）、千葉雄次郎編『新聞』（有斐閣、1955 年）、『マ司令部発表 新聞と新聞人の在り方』（日本新聞協会、1947 年）、長谷川如是閑『新聞』（朝日新聞社、1940 年）、小野秀雄『現代新聞論』（自潮社、1934 年）

第3講 自主自律の仕組みと工夫

I 自主規制の構図

1 権力介入の防波堤

　倫理に関わる制度をみていく上ではまず、倫理と法の関係を整理しておく必要がある。両者の関係には、立法と司法と行政といった3つのフェーズが存在し、時に、倫理の法制化、判例への取り込み、さらには行政運用と倫理の一体化といった状況がみられることになる。

　第1の立法は、倫理を法として定めるものだ。特定秘密保護法では、「正当な取材」であれば秘密探知罪を適用しないこととしているが、どのような取材行為が「正当」かは法解釈の領域となる。個人情報保護法ではもう少し明確に、個人情報の取得行為が「報道目的」である場合は、適用除外になるとされている。

　さらに、犯罪被害者等基本法に基づく基本計画のように、被害者の特定情報開示は、当事者の意向を受けて警察が判断することと定められているものの、従来の慣習を継承するとの報道界との話し合いの結果、氏名等の公表がなされているものもある（第6講参照）。

　あるいはまったく逆に、少年法や放送法のように、報道の仕方を法が明示的に定めているものの、罰則を設けていないために、法が「準則」として自主規制ルール（倫理）化しているものもある。ただし、前者は法改正により「特定少年」の扱いが別枠になり、法と倫理の境界線はより不明確になったともいえる。後者の放送法では、行政の解釈変更により行政権限で違法判断ができ、行政措置（行政指導）のみならず電波停止等の行政処分も可能とする中で、倫理性は軽減してもいる（**法ジャ 168** 参照）。

　司法との関係では、法廷における証言拒否権といったいわゆる取材源秘匿に関するもの、映倫のような業界自主規制への不介入を定めるものが代表的だ。いずれも、倫理を一定の条件のもと尊重することを明示的に示す。ただし一方では、特定秘密保護法規定のきっかけともなった外務省沖縄密約事件では、裁判所が取材方法に踏み込み、情報入手に男女関係を利用したことをもって、そうした取材方法を「違法」（情報漏洩の幇助としての罪）と判断した。これは、司法が倫理に踏み込んだ一例ともいえよう（**法ジャ 218** 参照）。

　最後の行政との関係はいろいろだ。ただし最も一般市民の目につきやすいの

　民放連（The Japan Commercial Broadcasters Association、JBA）は、基幹放送を行う全国の民間放送事業者を会員とし、205社で構成（2021年4月現在）。日本初の民間放送として予備免許を受けたラジオ16社の代表が、1951年7月20日、東京の日本工業倶楽部において、任意団体としての創立を決議し発足した。「放送倫理水準の向上をはかり、放送事業を通じて公共の福祉を増進し、その進歩発展を期するとともに、会員共通の問題を処理し、あわせて相互の親ぼくと融和をはかること」が目的で、放送倫理の確立とその高揚、会員相互の連絡調整と共通問題の処理、放送の番組・技術・経営などの調査・研究、放送事業についての諸問題に関する国会・関係官庁等との連絡・調整、テレビジョン中継回線の運用に関する業務などの事業を実施する。

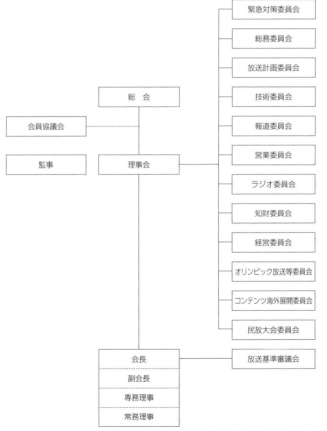

（2021年6月現在、民放連ウェブサイトから）

は記者クラブに代表される、日常的な取材風景だろう。そこでは、特定の記者に記者会見の機会を与えている状況を、いわば両者の取材ルールの制度化としてみることができる。その場合、こうした「便宜供与」をどこまで認めるかは、報道倫理の大きなポイントだ。

　たとえば、特定の記者に対し、金品を渡すなどして報道に手心を加えるよう依頼する行為は、もし受け取れば100％倫理違反であり（公務員の場合は、自身も公務員法に違反する）、問題外だ。しかし、裁判所で判決文をもらうことは、現在のまったくの非公表実態の中では、市民の知る権利にとっても有益な行為という見方もできる（本来は、国民に等しく公開されるべき判決文を秘匿している司法の態度自体が問題である）。

　こうした公権力との関係性を横目で見ながら、ジャーナリズム活動における「自主規制」システムが存在している。重要な目的の１つとして、取材・報道による被害が発生した場合に、法に頼らない公正な第三者判断によって、迅速に解決する手段を自らが用意することがある（後に詳述）。大きな社会的影響力を有する者として、あるいは市民を代理してさまざまな特恵的待遇を受ける身として、当然の社会的な使命でもある。

　しかし一方で忘れてはならないのは、真っ当なジャーナリズムを実現していくための番組や紙誌面等の向上であり、その前提となる自由な言論表現活動を実践していくための制度環境整備に寄与することだ。具体的には、法規制回避という目的ということになろう。公権力の報道現場に対する規制圧力をはねのけるための「防波堤」の役割が、多くの海外での類似の組織や制度でも重要視されているが、日本においても同様の機能・役割があってしかるべきだ。

　この法と倫理の関係を考えるうえで、ジャーナリズム倫理が法規制や行政圧力の防波堤になるために大切なのは、市民との信頼関係である。信頼感がなく、ジャーナリストは"特権"に胡坐をかいているとか、一般市民より優遇されてずるいと思われたならば、前述したような制度上の特別扱いは消えていくことになろう。あるいは、行政による取材や報道の規制に、むしろ市民が喝采をするということになるわけだ。

　2021年6月に、北海道で新聞記者が逮捕される事件が発生した。社会的に大きな耳目を集めていた国立大学の学長選考をめぐる会合を取材しようと、大学構内に入り会議に聞き耳を立てていた記者が、大学職員に現行犯逮捕されたのだ。従来の議論からすると、たとえ許可なく大学に入ったとしても、それは

◆ 放送界の倫理綱領

日本民間放送連盟報道指針〔1997年6月19日制定、2003年2月20日追加〕〈抜粋〉

１．報道の自由

取材・報道の自由は、その使命のために、市民からわれわれに委ねられたものである。この自由は、あらゆる権力、あらゆる圧力から独立した自主的・自立的なものでなければならない。

２．報道姿勢

誠実で公正な報道活動こそが、市民の知る権利に応える道である。われわれは取材・報道における正確さ、公正さを追求する。

①視聴者・聴取者および取材対象者に対し、常に誠実な姿勢を保つ。取材・報道にあたって人を欺く手法や不公正な手法は用いない。

②予断を排し、事実をありのまま伝える。未確認の情報は未確認であることを明示する。

③公平な報道は、報道活動に従事する放送人が常に公平を意識し、努力することによってしか達成できない。取材・報道対象の選択から伝え方まで、できるだけ多様な意見を考慮し、多角的な報道を心掛ける。

④情報の発信源は明示することが基本である。ただし、情報の提供者を保護するなどの目的で情報源を秘匿しなければならない場合、これを貫くことは放送人の基本的倫理である。

３．人権の尊重

取材・報道の自由は、あらゆる人々の基本的人権の実現に寄与すべきものであって、不当に基本的人権を侵すようなことがあってはならない。市民の知る権利に応えるわれわれの報道活動は、取材・報道される側の基本的人権を最大限に尊重する。

①名誉、プライバシー、肖像権を尊重する。

②人種・性別・職業・境遇・信条などによるあらゆる差別を排除し、人間ひとりひとりの人格を重んじる。

③犯罪報道にあたっては、無罪推定の原則を尊重し、被疑者側の主張にも耳を傾ける。取材される側に一方的な社会的制裁を加える報道は避ける。

④取材対象となった人の痛み、苦悩に心を配る。事件・事故・災害の被害者、家族、関係者に対し、節度をもった姿勢で接する。集団的過熱取材による被害の発生は避けなければならない。

⑤報道活動が、報道被害を生み出すことがあってはならないが、万一、報道により人権侵害があったことが確認された場合には、すみやかに被害救済の手段を講じる。

４．報道表現

報道における表現は、節度と品位をもって行われなければならない。過度の演出、センセーショナリズムは、報道活動の公正さに疑念を抱かせ、市民の信頼を損なう。

①過度の演出や視聴者・聴取者に誤解を与える表現手法、合理的理由のない匿名インタビュー、モザイクの濫用は避ける。

②不公正な編集手法、サブリミナル手法やこれに類する手法は用いない。

③資料映像・音声を使用する場合、現実の映像・音声と誤解されることのないようにする。視聴者・聴取者に理解されにくい手法を用いた際は、その旨を原則として明示する。

５．透明性・公開性

報道活動は、市民に理解されるものでなければならない。このため民間放送は報道機関として市民に対して透明性をもち、可能な限りの情報公開を自ら行っていく姿勢が必要である。

正当な取材行為であると主張すれば許されていたが、ネット世論の圧倒的多くは記者の振る舞いを否定・批判するものであったし、研究者にも当該新聞社の取材の必然性が説明されていないとして否定的な意見が少なからずみられた。

　ここには、表面的な取材手法の善し悪しというレベルではなく、ジャーナリズム活動の公共性・公益性、意義に関わる重要な課題が伏在している。法と倫理の境界線がより曖昧になっているし、取材の正当性・必要性については、より丁寧かつきちんと市民社会に説明し、理解を得ることによって、はじめてジャーナリズム活動が成立しうる状況をあらわしている。この境界線におけるジャーナリストの立ち振る舞いについては、のちに詳述する（第4講参照）。

2　官製自主規制の危険性

　日本において記事や番組についての、外部検証・監視機能を持つ組織が報道界に生まれたのは、四半世紀前の 1990 年代である。それはまさに権力と市民の挟撃にあって、やむにやまれず誕生したものでもあった。具体的には、80年代の事件・事故報道に関する被疑者報道が、犯人視をするあまり紙上裁判になっていないかとの批判が高まったこと、これを機に取材・報道規制を進めようとする政府・自民党の強い立法圧力があったことがあげられる。

　そうした中で、新聞界は苦情申立機関や紙面検証組織を矢継ぎ早に設置した。時期を同じくして放送界では、より完全な独立性を求め、BRC（現在の BPOの前身）を NHK と民放の共同で設立した。同機構の役割は、当初の①権利侵害の救済に加え、②報道倫理の向上、③表現の自由擁護があり、これらは諸外国のプレスカウンシルと呼ばれる組織と同じ目的を有する。

　最近は、企業に不祥事があると弁護士を招いた外部組織を設置し、企業としての“禊”を行うことが一般化している。こうした一般企業の検証組織や、日常的なコンプライアンス業務と、メディアのそれらはどう違うのかについては、すでに述べた（第2講参照）。

　しかしそもそも、言論・表現の自由を標榜する報道機関は、その行き過ぎや過ちを「内在的に自制」することが報道倫理として求められているのであってそれに反するとの指摘もある。自らの過ちの検証を他者に外部化することで、自律性は守れるのか、しかもその検証が社の意向を忖度するような状況があるとすれば、検閲の内面化とすらいえるのではないか、という厳しい非難を受けることにもなる。

◆ **NHK の組織**

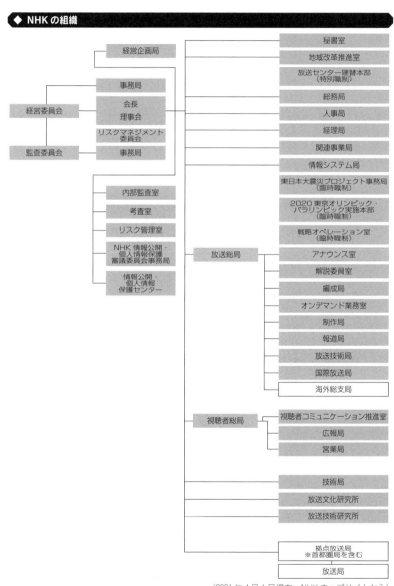

経営委員会

会長
理事会
リスクマネジメント
委員会

監査委員会

事務局

事務局

経営企画局

内部監査室

考査室

リスク管理室

NHK 情報公開・
個人情報保護
審議委員会事務局

情報公開・
個人情報
保護センター

秘書室

地域改革推進室

放送センター建替本部
（特別職制）

総務局

人事局

経理局

関連事業局

情報システム局

東日本大震災プロジェクト事務局
（臨時職制）

2020 東京オリンピック・
パラリンピック実施本部
（臨時職制）

戦略オペレーション室
（臨時職制）

放送総局

アナウンス室

解説委員室

編成局

オンデマンド業務室

制作局

報道局

放送技術局

国際放送局

海外総支局

視聴者総局

視聴者コミュニケーション推進室

広報局

営業局

技術局

放送文化研究所

放送技術研究所

拠点放送局
※首都圏局を含む

放送局

（2021 年 4 月 1 日現在、NHK ウェブサイトから）

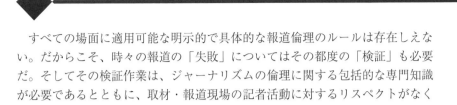

　すべての場面に適用可能な明示的で具体的な報道倫理のルールは存在しえない。だからこそ、時々の報道の「失敗」についてはその都度の「検証」も必要だ。そしてその検証作業は、ジャーナリズムの倫理に関する包括的な専門知識が必要であるとともに、取材・報道現場の記者活動に対するリスペクトがなくてはならない。こうした中で得られた知見は、経験として報道界全体で共有し、蓄積・継承されてこそ、報道倫理の向上が期待できる。

　表現の自由とりわけメディアに関する法体系は、自主規制を前提としたものであった。そして自主自律の活動を公権力が尊重することもまた、こうした社会制度の継続における必要条件であったといえる。そしてその自主規制の仕組みは近年、多くの国でより充実・強化されてきている。たとえば日本の放送界に限ってみても BPO など、世界水準でみても引けをとらないシステムが生みだされてきた。

　にもかかわらず一方で、最近の日本の事例には逆方向と思われるものが少なくない。その典型は「有害」とくくられることが多い、違法ではないが青少年の教育上よくないとされるポルノ表現や暴力・嫌がらせ表現といった、表現の中でも正面から自由を主張しづらい領域における、公的規制の動きである（第6講参照）。テレビが、放送法の番組準則を根拠に現在のような厳しい行政指導を受けるきっかけも、80年代の深夜ピンク番組批判であったことを思い起こさずにはいられない。

　インターネット規制に典型的に現れているように、形式的には自主規制のかたちをとりつつも、その実は警察庁や総務省の意向に沿ったガイドラインの制定や運用がなされている実態がみてとれる。そこでは公権力の「ほどほど」感は弱まり、官（もしくは政治家）の意向に合わないものは排除し、一律・包括・直接・集中型の法規制が指向されてきている。

　少し前には、携帯各社のフィルタリングサービスでも、大臣要請に押されるかたちで導入されたものの、情報の受け手に選択権がなく、第三者が勝手に「有害」と判断した表現内容を、一方的に遮断するような情報流通規制が実行された。子どもや消費者保護の名のもとに、安易な表現規制が実施されているおそれが拭いきれない。

　もちろん、メディアも法枠組みの中で委ねられた社会的責任を、全うする義務があることはいうまでもない。軽率な行動によって視聴者の信頼を裏切ったり、自らが市場競争至上主義に陥ることが許されないのは、それがためである。

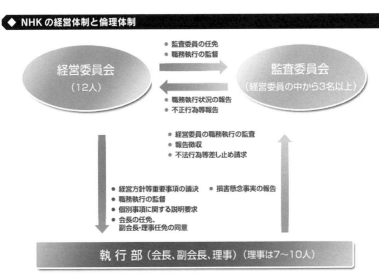

経営委員会
（12人）

● 監査委員の任免
● 職務執行の監督

監査委員会
（経営委員の中から3名以上）

● 職務執行状況の報告
● 不正行為等報告

● 経営委員の職務執行の監査
● 報告徴収
● 不法行為等差し止め請求

● 経営方針等重要事項の議決　● 損害懸念事実の報告
● 職務執行の監督
● 個別事項に関する説明要求
● 会長の任免、
　副会長・理事任免の同意

執 行 部（会長、副会長、理事）（理事は7～10人）

（2021 年 6 月現在、NHK ウェブサイトから）

　「ムスタン」事件をきっかけに発足した「放送現場の倫理に関する委員会」は、公共放送における放送倫理について、日常的に自己検証を行い、自らを律する場として、本部に設置された機関である。「倫理委員会作業部会」は倫理委員会と連携しつつ、その方針を放送現場に周知し、指導するとともに、放送倫理に関する活動に関し計画・報告・記録等の任にあたる機関である。「九条委員会」は、法律の規定に則った訂正または取消しの放送の請求があった場合に、訂正または取消しの放送が必要か否かを検討する機関である。

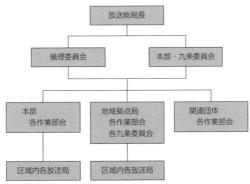

（放送現場の倫理に関する委員会「放送倫理の確立に向けて」2009 年 4 月 19 日付から）

しかしそうした自浄努力が成立するためには、公権力の謙抑性が担保されねばなるまい。その意味で、一連の猥褻・有害情報規制や名誉毀損・侮辱表現の取り締まりの新たな制度作りの動きは、その都度見直しを図り、ベターな道を歩んでいく必要がある。

とりわけインターネットの場合、一般に「共同規制」と呼ばれるような、行政機関と民間が協力し合って、違法・有害のコンテンツの対処する仕組みが整備される傾向にある。それらを一概に否定するものではないものの、表現活動の規制に直接・間接に行政が関与するシステムであることには注意が必要だ。2020年代に入り、その効能とともに限界や問題点も見えてきた中で、こうした「官製」自主規制の在り方は、もう一度見直す時期に来ているともいえる（第6講参照）。

Ⅱ　業界自主規制

1　業界ごとの仕組み

現在行われている自主規制を俯瞰するには、媒体別の自主規制システムや倫理規定を眺めるのが手っ取り早いだろう。まず業界で定められた倫理綱領や行動綱領を確認する。

活字メディアでは、新聞界や出版界で明文化された自主規制コードが存在する。戦後すぐ、日本の民主化のためには自由で独立した報道活動が必要という観点から、GHQ の示唆のもと倫理綱領作りが行われ、その結果1946年に生まれたのが新聞倫理綱領である。名称の「新聞」は、当時の「ジャーナリズム（報道）」とほぼ同義であって、いわば報道界の共通したルールであった。

そして、この綱領を維持・発展させていく団体として組織されたのが日本新聞協会であって、業界団体でありながら、倫理団体の性格を強く有するゆえんである。なお、綱領が報道全体をカバーしていたのと同様、新聞協会も報道界をカバーする団体として、新聞と NHK が中心となり、その後誕生した民間放送を加えるかたちで大きくなっていった。

なお、新聞倫理綱領はその後、報道被害の声の高まりや各種メディア規制法案の上程を受けて2000年6月に新しい綱領を制定・発表している。そこでは、〈人権の尊重〉の項を設け、「相手の名誉を傷つけたと判断したときは、反論の

放送ガイドライン 2020：インターネットガイドライン統合版（日本放送協会）〈抜粋〉

1 自主・自律の堅持

　NHK は、公共放送として、憲法で保障された表現の自由のもと、正確で公平・公正な情報や豊かで良質な番組を幅広く提供し、健全な民主主義の発展と文化の向上に寄与する。この役割を果たすため、報道機関として不偏不党の立場を守り、番組編集の自由を確保し、何人からも干渉されない。ニュースや番組が、外からの圧力や働きかけによって左右されてはならない。NHK は放送の自主・自律を堅持する。全役職員は、放送の自主・自律の堅持が信頼される公共放送の生命線であるとの認識に基づき、すべての業務にあたる。日々の取材活動や番組制作はもとより、NHK の予算・事業計画の国会承認を得るなど、放送とは直接関係のない業務にあたっても、この基本的な立場は揺るがない。

2 放送の基本的姿勢

　①正確　②公平・公正　③人権の尊重（名誉権　プライバシー　肖像権　差別　宗教）
　④品位と節度（暴力　性　懸賞）

3 インターネットでの情報発信

　① NHK が提供できるコンテンツ　②コンテンツ提供のルール
　③インターネットサービスの品質管理　④共通の注意事項
　⑤外部サービスなどを利用した情報発信　⑥外部リンクの取り扱い
　⑦インターネットを利用した番組の周知・広報　⑧業務手段としてのインターネット利用

4 コンプライアンス～法令やルールの順守

5 取材・制作の基本ルール

　①企画・制作　②取材先との関係　③取材源の秘匿　④撮影・録音
　⑤情報や資料・放送素材の適正な取扱い　⑥取材・制作の安全
　⑦出演者　⑧未成年者の取材と番組出演　⑨見過ごしやすい違法行為の注意
　⑩インターネットを利用した取材・制作の注意点　⑪放送での調査データの使用

6 表現　　7 情報と宣伝・広告　　8 著作権

9 利用者情報の取り扱い

　①通信領域における個人情報・プライバシー保護　②順守事項

10 国際放送

11 事件・事故

　①犯罪報道の意義　②実名と匿名　③容疑者・被告の人権と呼称　④裁判員制度
　⑤少年事件　⑥映像　⑦メディアスクラム　⑧被害者の人権　⑨誘拐報道

12 災害・非常事態

　（1）災害　（2）感染症　（3）原子力事故　（4）国民保護法制

13 暮らしと社会　　14 政治・選挙・経済　世論調査

15 国際・海外取材

　①取材・制作の基本姿勢　②戦争・テロ報道　③海外取材の安全
　④海外からのニュース・編集

16 取材・制作の委託　　17 適正な経理処理

18 誠意ある対応

　① 視聴者の声への対応　②訂正放送　③ BPO（放送倫理・番組向上機構）

機会を提供するなど、適切な措置を講ずる」ことを約束している。

　また、占領期における社会の共産主義化に憂慮した GHQ の指導のもと編集権が経営者に存することを確認した「編集権声明」を発表している（1948 年）。このように、戦後の言論報道活動のスタートには、GHQ の影があることは否定できない。しかし一方で、アメリカの AP 編集局長会の倫理綱領を参考にしつつ、日本オリジナルの内容の文案が作られたこともまた事実である。

　日本新聞協会が定める倫理綱領としてはこのほか、新聞広告については「新聞広告綱領」が存在する。また、違法・不当な拡張行為に対して苦情が絶えない販売については「販売倫理綱領」がある（公正競争規約等による規制と並行）。

　出版では、日本書籍出版協会（書協）と日本雑誌協会（雑協）が合同で、「文化と社会の健全な発展のためには、あくまで言論出版の自由が確保されなければならない」として、「言論出版の自由を濫用して他を傷つけたり、私益のために公益を、犠牲にするような行為は行わない」ことを謳った「出版倫理綱領」を制定している。さらに雑協は、言論・報道の自由、人権と名誉の尊重、法の尊重、社会・風俗、品位の５項目からなる「雑誌編集倫理綱領」を制定している。

　一方で取次や書店のレベルでは、日本出版取次協会（取協）が「出版物取次倫理綱領」を、日本出版物小売業組合全国連合会（小売全連＝日書連の前身）も翌年に「出版販売倫理綱領」を発表した。広告については「雑誌広告倫理綱領」がある。

　また、図書館界にあっては、日本図書館協会の「図書館の自由に関する宣言」がある（1954 年採択、1979 年改訂）。同宣言では図書館の資料収集の自由、資料提供の自由等が謳われている。また、1980 年には「図書館員の倫理綱領」が制定された（第 1 講参照）。

　博物館界では、博物館関係者の行動規範として「ICOM（国際博物館会議）職業倫理規程」（1991 年）が、日本国内のものとしては、全国美術館会議の「美術館の原則　美術館関係者の行動指針」（2017 年）や、日本博物館協会の「博物館の原則　博物館関係者の行動規範」（2012 年）がある。

　放送メディアでは、民放・NHK 共通の綱領として「放送倫理基本綱領」がある。そして日本民間放送連盟（民放連）が「日本民間放送連盟放送基準」を有する。これは、「日本民間放送連盟ラジオ放送基準」「日本民間放送連盟テレビ放送基準」があわさるかたちで制定されたものである。民放各局の放送基準

◆ BPO の組織と働き

　放送における言論・表現の自由を確保しつつ、視聴者の基本的人権を擁護するため、放送への苦情や放送倫理の問題に対応する、NHKと民放連によって設置された第三者の機関である。主に、視聴者などから問題があると指摘された番組・放送を検証して、放送界全体、あるいは特定の局に意見や見解を伝え、一般にも公表し、放送界の自律と放送の質の向上を促す。BPOの活動は主として3つの委員会で行われており、放送局とリスナーの「回路」になることが期待される、とされる。

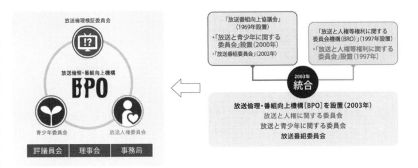

放送倫理検証委員会	放送人権委員会	青少年委員会
討議：事前の事務局の調査（放送した映像や関係資料を局から入手）や、放送局の報告をもとに、委員会として、審議・審理をするべき事案かどうかを討議。審議・審理するべきと判断された事案に関して、「審議入り」「審理入り」を決定。	検討：申立書の提出を受けて、委員会は、申立ての内容を検討し、番組も視聴し、審理入りするかどうかを決定。	討議：委員会は、主に、「青少年が視聴するにあたって問題がある」などの視聴者意見があった番組を視聴して、審議をするかどうかを討論。
⬇	⬇	⬇
審議・審理：委員会の担当委員らが、関係者へヒアリングなどの調査を実施。この調査をもとに、放送倫理違反や虚偽・ねつ造の内容の有無を判断し、「委員会決定」として、審議事案は「意見」に、審理事案は「勧告」または「見解」にまとめる。	審理：審理は申立人と放送局から提出された資料などをもとに行い、必要に応じて直接話を聞くヒアリングを行い、「人権侵害があったか」「放送倫理上の問題があったか」を判断し、「委員会決定」として「見解」または「勧告」にまとめる。	審議：個別の番組を審議する場合は、放送局の制作担当者との意見交換を行ったり、書面での質問を行い、それらをもとに問題点を議論し、「委員会の考え」をまとめ。委員の3分の2以上の賛成があれば委員会の「見解」とすることができる。
⬇	⬇	⬇
通知・公表：「意見」「勧告」「見解」を放送局に通知した後、記者会見を行い公表。	通知・公表：「委員会決定」を申立人と放送局に通知した後、記者会見を行い公表。	公表：「見解」などについては、記者会見などを行って公表。

（BPOウェブサイトから作成）

は一般に、この放送基準に準拠したものになっているほか、基準とは別に番組制作上の注意事項をまとめたハンドブック（行動基準）を有する社もある。

　なお民放連ではさらに、児童向けコマーシャルやアニメーションの映像手法等につき、留意事項やガイドラインを定めている。さらに取材と報道に関しては、「日本民間放送連盟報道指針」を定めるほか、誘拐報道協定、航空取材、集団的過熱取材、裁判員制度下の事件報道、緊急事態対応などにつき、個別に取り決めをしている。これらはおおよそ、新聞協会の取り決めと共通するものである。

　一方 NHK は、「日本放送協会倫理・行動憲章」のほか、「日本放送協会国内番組基準」、「同　国際番組基準」と、これらをさらに詳しく解説した視聴者向けの「放送ガイドライン」（2020 年版からは従来版に、別に定められていたインターネットガイドラインを統合）を持つ。

　放送番組基準の制定・公表は、放送法によって義務付けられたものであり、その内容も放送法に定められた番組基準が目安であるとともに前提になっている。また、BPO によって放送界共通の倫理規範が構築されてきている。とりわけ苦情対応を行う人権委員会の見解の積み重ねは、ある種の番組作りの上での倫理的な判断基準の意味合いがあり、いわば判例法のような役割を持ってきている。

　インターネットの世界では、テレコムサービス協会（テレサ）がセキュリティ、広告、営業に関する各種手引きやガイドラインの策定を行っているほか、プロバイダ責任制限法ガイドライン等検討協議会や違法情報等対応連絡会を通じ、名誉・プライバシー侵害や有害情報への対応を行っている。法運用に関連するガイドラインとしては、2021 年にセーファーインターネット協会策定のものが加わったほか、インターネット・ホットラインセンターや迷惑メール相談センターなどが運営されている。

　SNS 書き込みによる自殺事案が起きると注目されるものとして、「インターネット上の自殺予防事案への対応に関するガイドライン」（2005 年）がある。ただしこれらネットの取り組みはおおよそ、行政機関との協力・連携で行われる自主規制である点が特徴的であるが、独立性・自主性が高い組織としてはインターネットメディア協会があり、倫理綱領を有している。

　そのほか、広告界では日本アドバタイザーズ協会（旧・日本広告主協会＝主協）や日本広告業協会（業協）が綱領を持つほか、日本インタラクティブ広告

インターネットメディア協会（JIMA）倫理綱領 （2019 年 7 月 18 日制定）

１．（ユーザー視点と社会貢献）私たちは、ユーザーの視点にたち、信頼と創造性を通じて社会に貢献するインターネットメディアの発展を目指します。

２．（信頼の確保）私たちは、信頼ある情報をユーザーに届ける責任があることを確認し、節度をもって発信します。

３．（発信者の明示）私たちは、社会を支えるインターネットメディアとして、発信者としての責任の所在を明らかにします。

４．（表現・言論の自由）私たちは表現・言論の自由を守ります。同時に自らがそれを行使するにあたっては、重い責任が伴うことを確認します。

５．（基本的人権の尊重）私たちは基本的人権を尊重します。人種・民族・出自・性・病疾などに関する偏見や差別を助長することを許しません。

※ JIMA（ジーマ）は、2019 年設立。目的として、「会員相互が交流し、知見を共有することにより、インターネットメディアが健全な発展をすると同時に、積極的に社会的責任を果たし、生活者（インターネットユーザー）により信頼される存在になること」を掲げる。正会員 46（2021 年 5 月現在）で、当該団体への参加が、メディアリテラシーに欠けるメディアとの差異を明示するようなブランド認知をめざす。

電子ネットワーク運営における倫理綱領 （電子ネットワーク協議会、1996 年 2 月 16 日）

（目的）本綱領は、電子ネットワークを介してパソコン通信サービスを提供する国内の事業者および主催者（以下、電子ネットワーク事業者という）に対して、その運営理念、運営規模あるいはその運営形態にかかわらず、他人への誹謗中傷、公序良俗違反など様々な倫理問題が生じないようにするための基本方針を提示することにより、電子ネットワーク社会の健全な成長、発展に寄与することを目的として作成したものである。

（基本理念）電子ネットワーク事業者は、ネットワークが社会に対して根本的な変革の力となるインパクトを持つものであると共に、賢明な使い方により今後の社会の発展、福祉向上のための有効な手段となることを認識し、以下の基本理念を遵守する。

１．電子ネットワークにおいて、言論の自由、人権の尊重など日本国憲法の精神を尊重する。

２．電子ネットワークにおいて、法および社会慣習により遵守すべきとされる公序良俗を尊重する。

３．全ての人が下記の事項に関して、電子ネットワーク上で不利益を被らないよう配慮する。
　　・著作権、特許および商標などの知的所有権
　　・名誉および信用
　　・肖像権、プライバシーに関する権利などの人格権

４．電子ネットワークにおける良きマナーを啓発する。

５．電子ネットワークにおける寛容の精神を醸成する。

※電子ネットワーク協議会（ENC）は 2001 年、日本インターネット協会（IAJ）と統合し、インターネット協会となり（IAjapan）、引き続き「インターネットにおけるルール＆マナー集」の作成・運用や「インターネット白書」の刊行、「インターネット・ホットラインセンター」を運営（同センターは 2016 年からセーファーインタネット協会に運営委託先変更）を行っている。

協会の行動憲章・インターネット広告倫理綱領などがある。

2　自主規制制度の類型

　自主規制制度の第1の類型は、「業界事前チェックシステム」である。問題発生・被害の事前防止・予防を行うもので、すでに多くのメディア業界で存在しており、一定の機能を果たしている。書籍・出版業界で作る出版倫理協議会（出倫協）やゾーニング委員会、映画・ビデオ業界では映画倫理機構（映倫）や日本コンテンツ審査センター（旧・ビデ倫）が、さらにレコード業界にはレコード倫理審査会（レコード協会内）などがある。

　アダルトビデオ審査ではかつて、複数の審査機構が並立していたように、ゲーム業界ではコンピュータエンターテインメント協会（CESA）、コンピュータエンターテインメントレーティング機構（CERO＝セロ）、日本アミューズメント産業協会、テレビゲーム倫理審査機構、コンピュータソフトウエア倫理機構（ソフ倫）などが細分化される形で存在する。

　第2のカテゴリーに分けられるものは、「社内事前チェックシステム」である。商品の品質管理、被害の事前防止、取材報道ガイドラインの作成と社員研修がその主な任務といえるだろう。校正（校閲）・整理、編集・制作・編成などがこのカテゴリーの中心であるほか、最近では番組考査や法務セクション（顧問弁護士）も重要な役割を担うようになってきている。

　第3が、「社内事後チェックシステム」である。商品の品質管理、事後処理、将来的対応を行うセクションであり、審査セクション（考査、記事審査）、法務セクション（顧問弁護士）などがこれに該当する。これらの対応の基礎には、会社ごとの明文化されたルールがあるのが一般的である（たとえば、読売新聞・記者行動綱領、日本テレビ・報道ガイドラインなど）。

　第4のカテゴリーは、「社別苦情等対応窓口」である。問い合わせ応答、被害の初期対処、被害拡大の防止を目的とするもので、読者応答室、視聴者センターなどがある。雑協の「雑誌人権ボックス」は業界としての取り組みであり、雑誌による人権侵害があった場合の苦情受付窓口である。ただし、業界として申し立てに対応するわけではなく、各媒体に苦情を取り次ぐにすぎない点で、実態は各社別の制度として分類できるだろう。ただし報道被害者にとっては、媒体に直接苦情をいうのに比べ、回答が約束されるなどのメリットがあり、業界対応の第一歩としては評価されるべきものである。

全国の新聞社・通信社・放送局が倫理の向上をめざす自主的な組織として、戦後間もない1946年7月23日に創立。神奈川県横浜市中区に「ニュースパーク（日本新聞博物館）」を運営。自由で責任ある新聞を維持・発展させるため、新聞倫理綱領を定め、自らを律している。また、新聞販売綱領、新聞広告倫理綱領を制定し、販売・広告両委員会を中心に営業活動でも倫理の向上に努めている。各委員会が主体となって、講座やセミナーを開催したり、欧米、中国、韓国、ASEAN諸国と記者交流を実施。国際新聞編集者協会（IPI）、世界ニュース発行者協会（WAN-IFRA）に加盟。

『新聞が消えた日──2010年へのカウントダウン』（現代人文社）が出版されたのは1998年だった。大きな流れでいえば紙の新聞は、1980年に成熟メディアといわれ、1990年代に入り衰退メディアとされ、2000年代には死に体（ご臨終、dying）メディアとみなされるにいたっている。海外の「一般・有料・紙媒体」新聞は1990年代後半から、その部数を大きく減らし消滅したものも少なくない。さらに「高級紙」と呼ばれていた新聞群も紙からデジタルへの移行を進めている。2010年代以降のSNSの台頭の中で激しい「フェイクニュース」等の批判を受け、ビジネスと社会的影響力の双方で厳しい立場におかれている。

こうした海外の「衰弱死」に比べて、日本においては地方紙を中心に夕刊の廃止が一気に進み、同時に歴史ある地域紙の廃刊も1990年代以降続いているものの、主要な新聞社は一定の社会的影響力を維持してきた。ただし発行部数は1990年代の半分近くまで落ち込んでいた上に、2020年のコロナ禍で、販売・広告の両面から大きく売り上げを落とし経営的には厳しい局面にある。これは、いつ「突然死」しても不思議ではない状況ともいえる。

新聞（社）の"危機"を扱った一般書としてはたとえば、『新聞は生き残れるか』（中馬清福、2003年）、『新聞がなくなる日』（歌川令三、2005年）、『御臨終メディア』（森達也ほか、2008年）、『新聞社──破綻したビジネスモデル』（河内孝、2007年）、『2011年新聞・テレビ消滅』（佐々木俊尚、2009年）、『新聞・TVが消える日』（猪熊建夫、2009年）、『2050年のメディア』（下山進、2019年）などがある。

新聞衰退の象徴はよりはっきり地域に現れており、とりわけ1990年代以降に多くの新聞が幕を閉じることになった。1990年代には、関西新聞（大阪府、91年）、毎夕新聞＝会津毎夕新聞（福島県、91年）、東京タイムズ（東京都、92年）、フクニチ新聞（福岡県、92年）、日刊福井（福井県、93年）、栃木新聞（栃木県、94年）、新大阪（大阪府、95年）、北海タイムス（北海道、98年）、石巻新聞（宮城県、98年）など、歴史ある地域紙が休廃刊となるなど、新聞経営の厳しさがより顕著になった。2000年代に入っても地方経済の衰弱と相俟って、大阪新聞（大阪府、02年）、新いばらき（茨城県、03年）、鹿児島新報（鹿児島県、04年）、網走新聞（北海道、04年）、湖国新聞（長野県、05年）、空知タイムス（北海道、07年）、名古屋タイムス（愛知県、08年）、オホーツク新聞＝紋別新聞（北海道、09年）、日刊岩見沢新聞（北海道、09年）と、同じ傾向に歯止めはかからなかった。2010年代以降にも、高崎市民新聞（群馬県、11年）、岡山日日新聞（岡山県、11年）、信州日報（長野県、13年）、久留米日日新聞（福岡県、17年）、奈良日日新聞（奈良県、19年）、南海タイムス（東京都、20年）、夕張タイムス（北海道、21年）と続いている。なお、このほかにも多くの地域紙が旧廃刊となっている。

第5は「社別外部監査システム」である。有識者紙面批評、読者モニターといったものが含まれ、有識者紙面審査会（検討会）、番組審査会（放送法による規程）が挙げられるだろう。現在、新聞界ではこれらの機関の第三者機関化が進んでいると見ることができる。

そして第6が「業界事後チェックシステム」である。事後処理、将来的対応を行うことを任務としており、紛争処理（広告＝JARO）、人権救済（放送＝BPO）などが挙げられる。通例、プレスカウンシルなどと呼び称される苦情対応システムや倫理向上システムはこの範疇に分類されるものといえる。

インターネット業界の各種対応も、広義の業界事後チェックといえよう。ただし、前でも触れたように行政の委託業務や後ろ盾、あるいは二人三脚で実行するものについては「官製」自主規制ともいえ、独立性が問われることになる。

Ⅲ　権利救済システム

1　取材・報道被害の救済

近年、与野党を問わず何度か実現に向け機運が高まったものに、国内人権委員会（人権救済機構）の動きがある。自民党政権時代の2002年に、法務省が構想した人権擁護法案が廃案となり、与党内からの反対で再上程ができないままになっていたが、その後、国内人権委員会設置法案として表舞台に現れた。

人権侵害があった場合の救済方法として、コストがかからず簡単な手続きで迅速に解決が図られる「安簡早」（安くて簡単で早い）の社会システムがあるに越したことはない。少なくとも現在の日本においては、裁判はお金もかかるし専門知識も必要で、弁護士なしの本人訴訟で裁判を切り盛りするのは至難の業であって、しかも時間がかかる。

一方で、刑務所や入国者収容所などの公権力による人権蹂躙、部落差別や在日外国人差別など、門地・出自や民族による差別言動が跡を絶たないのが現実だ。こうした国内事情からみても、世界の趨勢からしても、独立行政機関による人権救済制度が強く期待されている。一方で、独立機関の制度設計に関しては、政府からの独立性をどのように保つのか、委員にNGO代表など民間専門家をどの程度含めるのかといった基本構造とともに、どのような人権侵害を対象とするのか、救済の手法としてどこまで強い権限を与えるのかなど、議論の

日本新聞協会
会員総会
理事会
会長
副会長
専務理事

特別委員会
- 販売改革特別委員会
- 再販対策特別委員会
- 税制対策特別委員会 ─ 税制に関するプロジェクトチーム
- 倫理特別委員会
- 災害対策特別委員会
- 博物館特別委員会 ─ 博物館運営問題検討プロジェクトチーム ─ 資金運用検討部会 / 博物館・見学施設情報連絡会

東京五輪対策小委員会

編集委員会
- 編集小委員会
- 人権・個人情報問題検討会
- 集団的過熱取材対策小委員会
- 記者クラブ問題小委員会
- 航空取材問題に関する小委員会
- 選挙報道研究会
- 新聞著作権小委員会
- 新聞用語懇談会
- 報道資料研究会

国際委員会

技術委員会
- 情報技術部会 ─ 選挙・人事フォーマット連絡会
- 印刷部会
- 「新聞技術」編集会議

メディア開発委員会
- メディア開発委員会専門部会 ─ プラットフォームに関するワーキングチーム
- 通信・放送メディアの将来像と法制度に関する研究会

新聞メディアの強化に関する委員会
- 新聞PR部会
- 新聞調査研究部会
- 新聞・通信社環境対策会議

経理委員会 ─ 税経研究会

労務委員会 ─ 人事管理研究会

資材委員会 ─ 資材専門部会

販売委員会
- 販売労務専門部会
- 発送専門部会
- 新聞販売法制研究会

広告委員会
- 広告政策小委員会
- 広告プロモーション部会 ─ マーケティング戦略チーム / 編集・制作チーム
- 広告EDI部会
- 広告掲載基準研究会

- 在京紙面審査懇談会
- 関西地区紙面審査懇談会

NIE委員会 ─ NIE専門部会

新聞マイクロ懇談会

事務局長
- 総務部 ─ 総務担当 / 経理担当
- 編集制作部 ─ 編集担当 / 技術・通信担当 / デジタルメディア担当
- 企画開発部 ─ 企画開発担当
- 経営業務部 ─ 経営担当 / 業務担当
- 広告部 ─ 広告担当
- 出版広報部 ─ 出版広報担当
- 審査室
- 新聞教育文化部 ─ NIE担当
- 博物館事業部 ─ 博物館担当

新聞公正取引協議会
新聞公正取引協議会 ─ 新聞公正取引協議委員会 ─ 規約研究会
業務担当 ─ 経営業務部

新聞著作権管理協会
会員総会 ─ 理事会 ─ 運営部会
編集担当 ─ 編集制作部

（2020年6月1日現在、日本新聞協会ウェブサイトから）

ポイントは数多い。

　日本の人権擁護法案が、とりわけ他国の制度と大きく異なるのは、主たる救済対象にマスコミの取材・報道による名誉毀損やプライバシー侵害を含めようとした点である。最も厳しい政府自民党案では、強制力を有する調査権限や救済措置が予定されていたため、報道界を中心に強い反発を招いた経緯がある。しかし当時の民主党案にしろ、民間の案である日弁連要綱も、条件付きながら報道機関に努力義務を負わせることなどで、法制度の枠内に取り込む体裁をとっている。

　いずれにせよ、このような法制度が提示される背景には、日本では人権侵害の救済を公権力に頼ることへの抵抗や違和感がない、あるいは頼ることが望ましいといった環境があると想定される。一般に、取材や報道による被害救済の社会制度としては、以下の4つが考えられる。その前段に、当事者間の交渉があることはいうまでもないが、一昔前には「大マスコミ vs. 一市民」という構図で、泣き寝入りする状況も少なくなかったとされる。

　第1は、裁判によるもので、日本でも以前から民事救済として損害賠償や原状回復措置としての謝罪広告が広く一般にとられてきた。とりわけ2000年前後からは賠償額が高騰化し、報道被害が社会問題化した1980年代に比べても10倍以上になっている。もちろん、こうした民事救済には不法行為があることが前提で、一般に名誉毀損や侮辱、信用毀損といった刑事罰を犯している事例であるから、直接、刑法等の規定に従い罪を負うこともある（**法ジャ 400** 参照）。

　第2は、立法による規制で、そもそも名誉毀損やプライバシー侵害が起こる可能性が高い事件報道を、法的に厳しく規制することが考えられる。典型例としては陪審裁判を採用している国の法廷侮辱罪が挙げられ、陪審員の評決に予断を与えないため犯人視するような報道を厳しく戒めるものだ。日本でも裁判員制度が始まり、取材・報道の一部に法的規制がかかっているほか、司法界と報道界の話し合いの末に事件報道の仕方を変更してきている（第6講参照）。

　さらに第3が、行政機関による救済である。一般の商品の場合、国民生活センターなどへの苦情を集約するかたちで消費者庁が行政処分や措置を行い、業務の改善を指導していくが、表現行為の場合は法務省人権擁護局に申し立てることによって、出版物の回収や当事者への謝罪を「勧告」として発し、実効性をあげている。似たようなものとしては、問題表現に対し裁判所が所長名等で

新聞倫理綱領（日本新聞協会、2000 年 6 月 21 日制定）

21 世紀を迎え、日本新聞協会の加盟社はあらためて新聞の使命を認識し、豊かで平和な未来のために力を尽くすことを誓い、新しい倫理綱領を定める。

国民の「知る権利」は民主主義社会をささえる普遍の原理である。この権利は、言論・表現の自由のもと、高い倫理意識を備え、あらゆる権力から独立したメディアが存在して初めて保障される。新聞はそれにもっともふさわしい担い手であり続けたい。

おびただしい量の情報が飛びかう社会では、なにが真実か、どれを選ぶべきか、的確で迅速な判断が強く求められている。新聞の責務は、正確で公正な記事と責任ある論評によってこうした要望にこたえ、公共的、文化的使命を果たすことである。

編集、制作、広告、販売などすべての新聞人は、その責務をまっとうするため、また読者との信頼関係をゆるぎないものにするため、言論・表現の自由を守り抜くと同時に、自らを厳しく律し、品格を重んじなければならない。

自由と責任　表現の自由は人間の基本的権利であり、新聞は報道・論評の完全な自由を有する。それだけに行使にあたっては重い責任を自覚し、公共の利益を害することのないよう、十分に配慮しなければならない。

正確と公正　新聞は歴史の記録者であり、記者の任務は真実の追究である。報道は正確かつ公正でなければならず、記者個人の立場や信条に左右されてはならない。論評は世におもねらず、所信を貫くべきである。

独立と寛容　新聞は公正な言論のために独立を確保する。あらゆる勢力からの干渉を排するとともに、利用されないよう自戒しなければならない。他方、新聞は、自らと異なる意見であっても、正確・公正で責任ある言論には、すすんで紙面を提供する。

人権の尊重　新聞は人間の尊厳に最高の敬意を払い、個人の名誉を重んじプライバシーに配慮する。報道を誤ったときはすみやかに訂正し、正当な理由もなく相手の名誉を傷つけたと判断したときは、反論の機会を提供するなど、適切な措置を講じる。

品格と節度　公共的、文化的使命を果たすべき新聞は、いつでも、どこでも、だれもが、等しく読めるものでなければならない。記事、広告とも表現には品格を保つことが必要である。また、販売にあたっては節度と良識をもって人びとと接すべきである。

〈旧版〉

1946 年 7 月 23 日に制定（1955 年 5 月 15 日補正）した倫理基準では、記者および新聞社の使命、その行動を律する基準として、「新聞の自由」「報道・評論の限界」「評論の態度」「公正」「寛容」「指導・責任・誇り」「品格」の 7 項目を謳っていた。GHQ の指導と示唆を受け新聞協会設立と同時に制定、日本が民主的平和国家として発展するという理念に基づき、新聞の「指導精神」として作成された。なお、これを基盤として、54 年には「新聞販売綱領」、1976 年には「新聞広告倫理綱領」が制定された。なお、新しい綱領は「品格と節度」の項で、広告表現の品格とともに販売における節度と良識をも説いている。

日本を民主的平和国家として再建するにあたり、新聞に課せられた使命はまことに重大である。これを最もすみやかに、かつ効果的に達成するためには、新聞は高い倫理水準を保ち、職業の権威を高め、その機能を完全に発揮しなければならない。……本綱領を貫く精神、すなわち自由、責任、公正、貴品などは、ただ記者の言動を律する基準ばかりでなく、新聞に関係する従業者全体に対しても、ひとしく推奨されるべきものと信ずる（旧版の倫理綱領序文）

「抗議」を行い、事実上の救済を図る手法が実施された例がある。

　そして第4が、純粋な自主規制・救済である。各社もしくは同一媒体間で共通の苦情処理機構を設置し、読者・視聴者からの申し立てに応じて救済を図る手法で、一般的にプレスカウンシルとかプレスオンブズマンと呼ばれることが多い。日本国内では、すでに繰り返し紹介してきたBPOがこれに該当する。新聞界でも、一般日刊紙の半数近くの社が社内に外部有識者をメンバーとするチェック組織を設置するにいたっていることについても、すでに触れたとおりである。

　さらに取材過程においては、後述するメディアスクラム対応と呼ばれる一極集中型の過熱取材を自制する制度が、新聞・放送界共同で2000年に発足し、雑誌界の協力の下、全報道界の共通ルールとして機能している。

　日本では1980年代後半から1990年代にかけて、読者・視聴者からの厳しい批判と、それに呼応した行政・立法機関からの規制圧力の中で、いずれもの分野においても急速に制度改定が行われ、取材・報道の行き過ぎを戒める社会制度が整備されてきていることがわかる。

　当初は、人権擁護法案といった直接的に取材や報道の自由を制約する目的の法案のほか、国家秘密保護法案といった包括的な言動を制約する危険性を有する法案が準備された。そこでは上記の第3の行政救済の強化が謳われたが、その本質はメディア規制であったというのが特徴的である。そして興味深いことに、まさに同時期に2つ目の類型である司法においても、名誉毀損やプライバシー侵害に関する損害賠償額の大幅引き上げが実施された。

　どの国でもその国のメディア状況や司法制度などの社会・文化的背景をもとに、特徴あるシステムを構築してきた。たとえば、アメリカは司法救済型だし、イギリス・フランスなら立法規制型、スウェーデンは自主救済型といったようにだ。ならば日本では何が最もふさわしいのか——こうした議論が抜け落ちたまま、メディア批判に呼応するかたちで権利救済機能を制度化していくとどうなるか。司法で懲らしめ、立法で縛り、行政で監視し、そして自主規制の強化を求めるというのが、2000年以降の日本の姿でもある。

　その結果、確かに私人の人権侵害はなくなるかもしれないが、同時にジャーナリズムの力が発揮できず公権力チェックもままならないという事態に陥ってしまうことが危惧されている。それが杞憂に終わらない危険性があるのは、ちょうどこうした「一斉強化」が始まったきっかけに、国会の場での取材・報

◆ 日本雑誌協会の組織

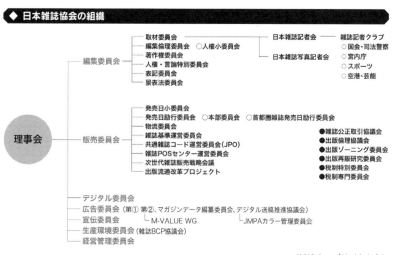

（雑協ウェブサイトから）

編集委員会：取材、出版倫理、著作権、出版の自由擁護その他編集に関する事項を担当する。
販売委員会：販売の促進、発売日の調整、付録その他販売に関する事項を担当する。
広告委員会：入り広告、広告調査その他、広告に関する事項を担当する。
生産環境委員会：用紙・印刷その他生産に関する事項を担当する。
経営管理委員会：経理、税務その他、経営管理に関する事項を担当する。
宣伝委員会：出し広告、広告倫理、表現、その他宣伝に関する事項を担当する。
デジタル委員会：デジタルの「コンテンツ」の側面を中心とした研究ならびに国際展開についての情報を共有。

　雑誌編集に関する取材活動の便宜をはかるため、協会会員社によって、日本雑誌記者会、日本雑誌写真記者会を組織し、現在次の4クラブを運営している。
　○国会・司法警察雑誌記者クラブ
　○宮内庁雑誌記者クラブ
　○空港・芸能雑誌記者クラブ
　○雑誌スポーツ記者クラブ

道批判があり、そこで大きな地位を占めていたのが政治家への執拗な取材や批判的報道に対する対抗措置であったからだ。

　確たる因果関係を証明はできないものの、ここにあげたようなメディア批判に呼応した制度強化が図られる時期とオーバーラップするように、2010年以降、急速に記者会見の形骸化が進んでいるとの指摘もある。安倍政権以降の官房長官や首相会見における、質問制限や忖度しているかにみえる記者の側の対応によって、ジャーナリズムの弱体化がすでにあるのではないかということである。

　一方で、日本的特徴も現時点では残っている。日本は世界に類をみないほど業界団体の統率力が強く、倫理綱領も業界団体が制定しているほどだ。この「業界縛り」を活用して、他国とは一味違った自主倫理制度を構築してきた。それが、過剰な立法や行政監視制度の導入を阻止する効果を維持しているとの見方も可能だ。

2　倫理の立ち位置

　ジャーナリズムのあり方を見直す議論のなかで、一般市民にわかりやすく、また現場においても日常の記事や番組作りに影響が大きいものの１つが、事件報道だ。この領域の取材・報道は一般市民との接点が多いだけに、市民とメディアの関係が問われる。

　この両者の関係が社会問題化し始めたのは、1970年代である。それはひとくちにいえば「メディア批判」というかたちであらわれることになり、今日にいたるまでその批判度は高まることはあっても低くなることはない大きな流れがある。ここ50年間の流れを10年おきにまとめると、次表のようになろう。

年代	対メディア感情	象徴的なワード
1970年代	疑問	紙上裁判
1980年代	批判	報道と人権
1990年代	不信	報道被害者
2000年代	否定	マスゴミ
2010年代	不要	フェイクニュース
2020年代	排斥（無視）？	化石？

こうして、市民のメディアを見る目は、〈疑問→批判→不信→否定→不要→

◆ 雑誌編集倫理綱領

委員会内規抜萃（日本雑誌協会、昭和 38 年 10 月 16 日制定、平成 9 年 6 月 18 日改定）

　文化の向上と社会の発展に寄与すべき雑誌の使命は重大であり、国家、社会、及び基本的人権に及ぼす影響も大である。この社会的責任により、雑誌は高い倫理水準を保たなければならない。

　われわれ雑誌編集者は、その自覚に基づいて次の指標を掲げ、自ら戒めてその実践に努め、編集倫理の向上を図るものとする。

１．言論・報道の自由

　雑誌編集者は、完全な言論の自由、表現の自由を有する。この自由は、われわれの基本的権利として強く擁護されなければならない。

２．人権と名誉の尊重

　個人及び団体の名誉は、他の基本的人権とひとしく尊重され擁護されるべきものである。

(1) 真実を正確に伝え、記事に採り上げられた人の名誉やプライバシーをみだりに損なうような内容であってはならない。

(2) 社会的弱者については十分な配慮を必要とする。

(3) 人種・民族・宗教等に関する偏見や、門地・出自・性・職業・疾患等に関する差別を、温存・助長するような表現はあってはならない。

３．法の尊重

　憲法及び正当に制定された法は尊重されなければならない。

(1) 法及びその執行に対する批判は自由に行われる。

(2) 未成年者の扱いは十分慎重でなければならない。

(3) 記事の作成に当たっては、著作権等に関する諸権利を尊重する。

４．社会風俗

　社会の秩序や道徳を尊重するとともに、暴力の賛美を否定する。

(1) 児童の権利に関する条約の精神に則り、青少年の健全な育成に役立つ配慮がなされなければならない。

(2) 性に関する記事・写真・絵画等は、その表現と方法に十分配慮する。

(3) 殺人・暴力など残虐行為の誇大な表現はつつしまなければならない。
　　また、犯罪・事故報道における被疑者や被害者の扱いには十分注意する。

５．品位

　雑誌は、その文化的使命のゆえに高い品位を必要とする。雑誌編集者は、真に言論・報道の自由に値する品位の向上に努める義務のあることを確認する。

排斥〉と強まっており、その時代を象徴する言葉が、右欄につけられたものだ。紙上裁判（ペーパートライアル）は、事件被疑者が刑事裁判の始まる前に新聞紙上で犯人視され、断罪されるさまを示す。こうした状況を、弁護士らが問題視した。

　また1980年代の「報道と人権」も、本来は人権の1つに表現の自由があるのであるから、対立概念ではないはずの2つが相対峙して並べられ、この構図はその後変わらない。日常的にも使われる報道被害者なる用語も、実はまだまだ新しい。その後の言葉は、いまや誰もが知っている。

　もちろんこの一方で、壊れたあるいは歪みの出た関係を修復しようとの動きがあったことも事実だ。とりわけ80年代に入り、撮影用カメラの小型化によってテレビが街に出るようになり、事件報道の現場の様相は一変することになる。これまでは、新聞社のカメラマンが数人いただけだったところに、テレビカメラが場合によっては何十台も押し寄せることになったからである（しかも、クルーと呼ばれるテレビの撮影部隊は、カメラ以外にも音声や照明など最低でも3人のチーム取材であったために、ますます人数は膨れ上がることになった）。

　テレビのワイドショーが事件・事故報道を大きく扱い（日航機墜落事故、豊田商事殺人事件、女子高生コンクリート詰め殺人事件など）、これに写真週刊誌の発刊と人気によって、報道全般に対しプライバシー侵害や名誉毀損を気にしない傍若無人な振る舞いというイメージが定着していった。事件報道の見直しは、これらに対する対応策としてなされたといえる。

　1980年代後半の見直しの目的は、各紙で続いた誤報や事件報道批判を乗り越え、信頼性の回復と新聞離れを食い止めること、弁護士会等からの強力な要望・提言への一定の回答であった。こうした中で、再審無罪事例や対メディア名誉毀損訴訟が相次いだことを受けて、事件報道に関し目に見える変化が起こった。

　それは、①逮捕時の被疑者呼称を、呼び捨てから「容疑者」呼称へ変更（一時、産経新聞ほかで敬称報道の時期を経由）、②情報源の峻別化で「調べによると」ほかの使用、③被疑者言い分の掲載努力（西日本新聞の「容疑者の言い分」欄や、他紙の「深層」欄などの後追い記事の定型化）、④一斉検問での酒気帯び運転といった交通違反などの微罪報道の不掲載——である。

　これらの対応は、弁護士会や市民団体からも一定の評価を得たといえるだろう。メディア批判も、事件・事故報道については一時的に沈静化した。実際、

　出版事業の健全な発達、文化の向上と社会の進展に寄与することを目的とする（以下は、同協会ウェブサイトから引用）。

・出版事業の健全な発達と出版文化の向上普及に必要な調査研究
・出版事業発展のために必要な関係者の親睦と福利増進
・関係官庁および関係団体との連絡
・出版文化の国際的交流の推進
・機関誌等刊行物の編集発行
・その他協会の目的を達成するために必要な事項

常設委員会の概要

□流通委員会：販売、流通、再販問題などを検討し、調査・研究を行う。取次・書店などとも、必要に応じ会合を行い意思の疎通を図っている。

□生産委員会：出版用紙・印刷、製本等の資材、製作全般について調査・研究を行い、これらの分野における技術革新への対応も検討する。改正下請法対策についてのフォローアップにも適宜対応する。製版フィルム・印刷用ポジデータの保管等に関し、印刷業界との契約慣行のあり方を研究。

□研修事業委員会：会員社の新入社員、中堅社員などの研修や、当面する問題についてテーマ別研修会（本づくり基礎講座、著作権実務講座、関西地区での研修会実施等）等を立案し実施。

□出版経理委員会：出版業における経理・税務に関する問題を調査・研究し、必要に応じ税務当局との協議を行う。事業税および消費税問題等に関しては、特別委員会を設け、外部折衝に当たる。

□知的財産権委員会：著作権法の制限規定の見直し、著作権法附則第5条の2撤廃、「出版者の権利」法制化等、著作権制度の改正に関する事項や出版物のデジタル化に関する問題への対応・検討、出版契約書ヒナ型の改訂・普及、日本複写権センター等の複写権管理団体や出版物貸与権管理センターの事業への協力、その他著作権等管理事業者や図書館関係者との協議等、著作権等の知的財産権に関する事項全般を取り扱う。

□読書推進委員会：出版物の普及と読書推進などの調査・研究を行い、関係団体などと協力し、読書の普及・推進を図る。

□図書館委員会：図書館界との交流を通して、出版物の保存・利用、電子図書館への対応等についての調査研究を行う。全国図書館大会展示会等の諸行事に協力する。

□国際委員会：IPA（国際出版連合）活動への参加、海外出版社との交流、出版事情の調査・研究を行うとともに、日本の出版界の現状を海外に紹介し、国際交流の進展をはかる。

□出版の自由と責任に関する委員会：メディア規制の動きに対し言論・出版の自由を擁護し、あわせて出版倫理問題の調査・研究を行い、出版倫理協議会（出版4団体で構成）等に委員を派遣するなど関係団体と連携して、適切な対応を図る。

□国語問題委員会：JISコードにおける表外漢字字体表の反映を図る。出版社の用字・用語問題、文字コード問題等、出版界の国語問題全般に関する調査・研究等を行う。

□人事・総務委員会：出版社の人事・総務のあり方を研究する。会員社の賃金・労働状況調査等を行う。

□近刊図書情報委員会：『これから出る本』の製作、宣伝、販売の立案と実行指導及び掲載タイトルの集稿指導にあたる。

呼称の変更などは見た目の変化が大きく、読者・市民に対してのインパクトがあった。こうした変化は社会に対する影響とともに社内の意識を変えるのにも役立ったとされる。

　結果、1990年代前半は、見方によっては戦後の事件報道の歴史の中でも、最も人権配慮が意識された時期であったといえるだろう。しかしそれも長くは続かなかった。オウム真理教による犯罪が発生し、松本サリン事件での大誤報が生まれたからである。ほかにも和歌山カレー事件など、いくつかの殺人事件（電力会社女子社員殺害事件、神戸連続児童殺傷事件など）における取材"フィーバー"は、読者・視聴者の注目を浴び大きな視聴率や販売部数を獲得する一方、厳しいメディア批判を巻き起こすことになった。

　1990年代のメディア界における改善の最も顕著なものは、メディアスクラム対応であった。いわゆる集団的過熱取材が発生した際の、取材現場における話し合いによる鎮静化である。新聞協会・民放連での話し合いの結果、新聞・放送・通信社の事件発生地の報道責任者の連絡会をベースとして、取材者数の制限や会見の一本化など、取材制限ルールの"現地協定"が結ばれるようになった。また雑誌界も、おおよそこの現地ルールを尊重することが決まった。

　もう1つ1990年代後半の見直しについては、直接的な権利救済というよりは、再販・特殊指定の制度維持や、メディア規制立法として認識されていた個人情報保護法や人権擁護法への防波堤ということが、"裏"の目的としてあった。ただし一方で、松本サリン事件の社会的批判への対応など、大きな課題を抱えていた。

　そうした中で、①新聞倫理綱領の見直し、②放送界でのBROや新聞外部委員制度（第三者機関）の創設が、前述の③メディアスクラム対応の開始などとともに実行された。これらに対しては、再販維持の実現、規制法制定の回避ということで、目的を達したともいえるが、報道被害救済には直接つながらないばかりか、読者・被害者・市民抜きの改革の印象をもたれることにもなった。

　一方で現場では、とりわけ若手記者を中心に「人権」意識が高まったことから、「取材をしたがらない記者、カメラを回したがらないフォトグラファー（ビデオグラファー）」などが逆に課題にもなった。また、放送に比して活字メディアの取り組みの見劣りも話題となった。

　そして2000年代である。後半の見直しの目的は、裁判員制度開始に向けての対応（最高裁要望への一定の回答）であった。一方で実際の個別権利侵害に対

◆ 出版界の倫理綱領

出版倫理綱領（社団法人日本書籍出版協会　社団法人日本雑誌協会、昭和 32 年 10 月 27 日）

　われわれ出版人は、文化の向上と社会の進展に寄与すべき出版事業の重要な役割にかんがみ、社会公共に与える影響の大なる責務を認識し、ここに、われわれの指標を掲げて、出版道義の向上をはかり、その実践に努めようとするものである。

　出版物は、学術の進歩、文芸の興隆、教育の普及、人心の高揚に資するものでなければならない。

　われわれは、たかく人類の理想を追い、ひろく文化の交流をはかり、あまねく社会福祉の増進に最善の努力を払う。

　出版物は、知性と情操に基づいて、民衆の生活を正しく形成し、豊富ならしめるとともに、清新な創意を発揮せしめるに役立つものでなければならない。

　われわれは、出版物の品位を保つことに努め、低俗な興味に迎合して文化水準の向上を妨げるような出版は行わない。

　文化と社会の健全な発展のためには、あくまで言論出版の自由が確保されなければならない。

　われわれは、著作者ならびに出版人の自由と権利を守り、これらに加えられる制圧または干渉は、極力これを排除するとともに、言論出版の自由を濫用して、他を傷つけたり、私益のために公益を、犠牲にするような行為は行わない。

　報道の出版にあたっては、報道倫理の精神にのっとり、また評論は、真理を守るに忠実にして節度あるものでなければならない。

　われわれは、真実を正確に伝えるとともに、個人の名誉は常にこれを尊重する。

　出版物の普及には、秩序と公正が保たれなければならない。

　われわれは、出版事業を混乱に導くような過当競争を抑制するとともに、不当な宣伝によって、出版人の誠実と品位を傷つけるようなことは行わない。

する救済効果は大きくなかったといえよう。報道界側に切迫感がなかったことは一番の要因だ。また、厳しいメディア批判が続く中で、メディア側に諦め感が漂い、改革（変更）意欲が薄かったこともあげられよう。

　実際、新聞界の場合、1990年代以降の優遇税制の縮小、再販撤廃、そして消費税の軽減税率適用と、新聞経営に大きな影響を与える制度改定を前に、そのための対応が最優先されたという事情があった。そしてこういう場合に、新聞協会が倫理団体であるとはいえ、経営者が実質的に運営する経営者団体であることの性格が作用したともいえよう。

　メディアの信頼性回復という一番おおもとに立ち返るならば、新生・報道界（新聞界）のアピール機会のはずであったものの、新聞不信の払拭（せめて批判のレベルまでの回復）が叶わないばかりか、むしろメディア特権維持への批判が高まる結果となった。再販の「当面存置」（撤廃の先延ばし）、消費税導入の延期と低税率による軽減税率見送り、第3種郵便や選挙広告制度廃止の立ち消えといったかたちで、新聞社の経営を直撃する事態を回避したものの、その陰で確実にマスメディアと市民の距離が開いていってしまったということになる。

　その結果、取材・報道の自由を含む表現規制の動きに対し、1980年代はスパイ防止法に代表されるように市民（読者・視聴者を含む）社会全体で反対していたのが、1990年代には個人情報保護法に代表されるようにかろうじて報道機関への配慮がなされたものの、2000年代を迎えると日常的な批判はさらに強まって、市民はメディア規制を支持するようになっていった（特定秘密保護法や改正盗聴法の成立など）。

第3講　自主自律の仕組みと工夫

[参考文献]

〈ジャーナリズムの研究書・一般書〉 かつては〈講座〉モノが刊行されていた。

杉村広太郎『最近新聞紙学』（慶應義塾出版、1915年）、小野瀬不二人『最新実際新聞学』（植竹書院、1915年）、城戸又一編集代表『講座 現代ジャーナリズム Ⅰ〜Ⅵ』（時事通信社、1974年）、筑紫哲也・佐野眞一・野中章弘・徳山喜雄編集委員『ジャーナリズムの条件 1〜4』（岩波書店、2005年）、研究集団コミュニケーション'90編『マスコミの明日を問う 1〜4』（大月書店、1985年）、桂敬一・須藤春夫・服部孝章・伊藤洋子編『21世紀のマスコミ 1〜5』（大月書店、1997年）、『綜合ヂャーナリズム講座 1〜12』（内外社、1930年）、『マス・コミュニケーション講座 1〜6』（河出書房、1955年）、江藤文夫・鶴見俊輔・山本明編集委員『講座 コミュニケーション 1〜6』（研究社、1973年）、北川隆吉・高木教典・田口富久治・中野修編集委員『講座 現代日本のマス・コミュニケーション 1〜3』（青木書店、1973年）、清水幾太郎・城戸又一・日高六郎・南博編『講座 現代マス・コミュニケーション 1〜3』（河出書房新社、1960年）、小和田次郎（原壽雄）『デスク日記 1〜5』（みすず書房、1963〜1968年）、新村正史『デスクmemo 1〜5』（現代ジャーナリズム出版会、1970〜74年）、マイケル・エメリー、エドウィン・エメリー、ナンシー・L・ロバーツ、大井眞二ほか訳『アメリカ報道史 ジャーナリストの視点から観た米国史』（松柏社、2016年）、門奈直樹『民衆ジャーナリズムの歴史 自由民権から占領下沖縄まで』（講談社学術文庫、1983年）奥平康弘監修『言論統制文献資料集成』13巻（日本図書センター、1992年）、内川芳美編『現代史資料40 マス・メディア統制（一）（二）』（みすず書房、1973・1975年）、掛川トミ子『現代史資料42 思想統制』（みすず書房、1976年）

〈第三者機関〉 清水英夫『表現の自由と第三者機関——透明性と説明責任のために』（小学館101新書、2009年）、小町谷育子『BPOと放送の自由——決定事例からみる人権救済と放送倫理』（日本評論社、2018年）、朝倉拓也『アメリカの報道評議会とマスコミ倫理——米国ジャーナリズムの選択』（現代人文社、1999年）、クロード・ジャン・ベルトラン編著、前澤猛訳『世界のメディア・アカウンタビリティ制度 デモクラシーを守る7つの道具』（明石書店、2003年）、江橋崇編『企業の社会的責任経営 CSRとグローバル・コンパクトの可能性』（法政大学出版部、2009年）

第4講 信頼性〜違法・不当

Ⅰ 読者との信頼

1 取材源秘匿

　一般的普遍的な報道倫理や行動規範なるものが、もしあるとすればおおよそ、①真実性・正確性、②人権・人道配慮、③公正さ・正義の実現、④誠実さ・真実追求努力、⑤独立性・透明性、⑥公共性・公益性、などがあげられることになろう。これらは今日における、日本をはじめ、アメリカ、イギリス、スウェーデン、ドイツ、フランス、オーストラリア、韓国などの報道倫理綱領の共通項だからだ。あるいは、表現の自由の擁護、取材源の秘匿、取材先との金銭のやり取りの禁止も、共通して掲げられる事項だ。

　初めに「もし」という仮定を入れたのは、一方で、取材や報道現場の態様は常に異なるのであって、一般的ルールで対応できるとは思えず、正解はケース・バイ・ケースの、まさに現場判断だと考えられているからである。それでも、多くの先達の経験の中から、ヒントを得て、基本を学び、「その時」に備えておくことは大切である。

　報道人にとって、絶対守らねばならないことの1つに「取材源の秘匿」がある。たとえば、情報源である内部告発者が不利益を被らないように、取材をした記者個人が取材源を責任もって隠し通すという、報道上のルールであり、倫理規範でもある。その場合、単に名前を出さないだけでなく、記事や番組から情報源が推定されない工夫が報道上求められるとされる。

　そしてこの取材源秘匿のルールは、法律上には明記されていないものの、日本でも証言拒否権として判例上、徐々に容認されてきている。戦後間もない1952年の最高裁判決では、刑事裁判における記者の拒絶権は認められなかったが、1980年の民事裁判において、取材源の秘匿は民事訴訟法上の「職業ノ秘密」にあたるとされ、さらに2006年の事件で、条件付きながら証言拒絶は正式に認められるに至った（**法ジャ 42** 参照）。

　一時、地方自治体の中には、百条委員会で記者の出頭を求める事案が相次いだが、これについても報道界の強い反対の中で、現在は沈静化しているといえる。これらは、公権力もまた、報道機関の倫理に一定の理解と配慮をする結果だろう。

　一般に取材・情報源の秘匿（法廷であれば証言拒絶）の利益は、①取材源（内

　新聞社自身が、名誉毀損で訴えられた裁判で、取材メモを証拠として提出、そこに取材先の実名がそのまま記載されていたことが明らかになった事例がある。このような報道機関による一方的な取材源の開示はどう正当化されうるのか。

　日本経済新聞2007年7月6日付朝刊（大阪版）の記事で名誉を傷つけられたとの訴えに対し、大阪地裁は2010年6月、「取材活動が不十分」として600万円の支払いを日経に命じた。日経は裁判過程において、記事の真実性証明のため、取材相手の検察幹部2人の実名を挙げた上、「夜討ち朝駆け」と呼ばれる自宅付近での取材のやり取りの一問一答を、準備書面の中で証拠として提出した。裁判所は「検事正と次席検事に対するそれぞれ1回ずつの短時間の取材によって得た主観的かつ断片的な情報に基づいてされたもの」であり、「追加的取材をし、より客観的かつ網羅的な情報を取得する余地がなかったとも認められないのに、そうした取材が行なわれ」ていないとした。日経からすると、情報源を開示してまで記事の信憑性を訴えたものの、功を奏さなかったことになる。

　問題の第1は、日経が当初の記事掲載時に、誰をおもんぱかって情報源をぼかし、一転して裁判において、検察幹部2人が取材相手であることを明かしたのか、である。もし、重要な取材源が検察幹部以外にいるのであれば、日経はいわば「周辺取材」の幹部名を明らかにしたにすぎず、いまだに主要な情報源は「秘匿」しているということになる。

　その意味で、裁判過程で明らかにされた2人の検事は、肩書からしても広報窓口を務める役割分担からしても、検察を代表するいわば公人中の公人であって、しかも公表されたやり取りも、公開によって守秘義務違反が問題になるようなレベルでないなど、取材源の秘匿の中核的な人物・事柄ではない。むしろ、真の守るべき相手を守るための「工夫」であるとすれば、選択肢の1つとして認められる可能性はある。

　第2は、もしそうだとしてもやはり、一般的な意味での、取材源秘匿の原則を破ることによって、将来にわたっての取材活動に悪影響が生じるかどうかである。たとえば取材担当記者あるいは日経は、その後、検察への取材を一切拒否されているとか、新聞や放送が同様の扱いを受けている話は、表面上聞かない。あるいは一般論として、検察・警察が萎縮して取材に対し応対が冷たくなったということもないようだ。

　もしあるとすれば、日経あるいは当該記者は「信じるに足らない奴」という見方をされるようになった可能性は否定できない。さらにいえば、当該検察幹部は今後、記者一般に対しより口が堅くなる、という効果を生む可能性は否定できない。ただし、これを「萎縮」とまでいえるかどうかは別であるし、他社において個々の記者と取材先の厚い信頼関係があれば、こうした可能性は杞憂に終わるともいえる。

　第3は、裁判で名前を出しても問題がないような相手であったならば、なぜ記事段階で情報源を明示しなかったのかということがある。確かに、取材源の秘匿は大切な職業倫理であるが、一方で情報源の明示も報道の信憑性と責任の明確化という意味で、報道にあたっての大切な基本ルールだ。慣例として、「関係者によると」と報じることを読者・視聴者は納得していると思いがちであるが、その業界内の内輪ルールが正しいとは限らない。むしろ、報道機関の責任回避に使われている感が拭えない。事件を報じた記事中では情報源の実名を伏せ、裁判段階で明らかにするという行為は、自己利益のための開示であるとみられても致し方ない側面が残る。

部告発者）の保護、②担当記者および当該報道機関の信頼性の維持、③報道界全体もしくは取材・報道の自由という社会的利益の確保とされる。情報源との関係については、公権力によって情報源の開示が強制されないこと、具体的な局面としては、刑事および民事の法廷において証言拒絶が認められることが、判例に頼るのではなく法制化されることが望ましいであろう。

情報源開示に近い公権力の行為として、取材メモの開示や取材テープの提出が求められることがあり、残念ながら後者について実態として放送局は受け入れざるをえない立場にある。しかもその範囲は、法廷における証拠採用から捜査過程における押収、放映済みから未編集テープへと拡大している。こうした自己取材情報の安易な開示要求は、情報源の開示につながる可能性もあるほか、取材先との信頼関係を著しく傷つける。

また、取材源や取材をした記者を取り締まるための法制度があることを忘れてはならない。公務員が守秘義務に反して職務上知りえた秘密を記者に漏らした場合、漏らした公務員は守秘義務違反で刑事罰の対象だ。と同時に、「漏れた」という事実があった場合、その情報にアクセスするという取材行為が刑事罰の対象として加わった。その上で、この取材が「正当」であれば処罰はしないという法構造だ。

特定秘密保護法は、この正当な取材であることを、いわば免責要件として掲げる法条文を有しており、まさに倫理の刑罰化の典型例でもある（法22条「著しく不当な方法によるものと認められない限りは、これを正当な業務による行為とする」）。「善し悪し」という倫理上の正当性を、国が判断し取り締まることになるからだ。

なお取材対象が公人であって、取材源を明かすことでより真実に迫れることが明白な場合において、事例によっては許される場合は皆無とはいえまい。ただしその場合は、明白な理由付けを報道に際して（紙面上などで）行うことが条件であろう（オフレコ取材など、第8講参照）。なぜなら、市民の知る権利に鑑みて、被取材者（取材源）を守ることよりも、より大きな社会的利益があると判断したことが、万人に理解される必要があるからだ。

また、近年の事例からすると、取材した側は任意の取り調べにとどまっているものの、情報源を割り出し逮捕・起訴することが起きている。こうした行政（警察・検察）の対応は、取材に対する威嚇行為ととられて当然であり、取材者にプレッシャーをかけ、ジャーナリズム活動を間接的に萎縮させる行為である。

第4講　信頼性〜違法・不当

　2008 年 1 月 14 日の奈良地裁。少年が起こした放火殺人事件の供述調書を、外部に漏らしたとして精神科医である鑑定人が訴えられた裁判の法廷で、その調書を掲載した『僕はパパを殺すことに決めた』（講談社）の著者は、検察側証人として証言し、情報源が鑑定人であることを公の場で認めた。折しも最高裁は、報道関係者が取材源の証言を拒絶できる場合として、①公共の利益に関する報道で、②取材の手段や方法が一般の刑罰法令に触れたり、取材源が秘密の開示を承諾しているといった事情がなく、③社会的意義がある重大事件で、取材源の秘密の社会的価値を考慮してもなお、公正な裁判実現のために証言を得ることが必要不可欠であるといった事情がないこと、といった条件を挙げ（2006 年 10 月 3 日判決）、民事裁判において明確に取材源の秘匿を位置付けるまでになっている。

　そもそも著者が、情報源がわかるような内容の本を出版したこと自体、批判を免れまい。少なくとも、掲載された調書から相当程度出所が限定され、固有の状況から特定される蓋然性が高かったことが、同日の法廷でも指摘された。あるいは、「命を懸けて守る」と言いながらなぜここにきて覆したのか、法廷では被告側から著者に対し、情報源を明らかにすることが被告の利益に直接つながることはないと事前に通知していた事実も明らかにされた。

　一方で、明らかにすることはいかなる場合も許されないといった単純な構図では、現実は片付かないことも事実である。情報源が自ら名乗り出ている場合のほか、刑事被告を救うために証言を求められている場合や、より大きな社会的利益があって、取材対象者との約束を反故にしてでも報道する価値がある場合など、法廷かどうかは別として、例外的に実際に紙面や番組で明らかにしてきた事例もなくはない。さらには、公権力から得た公的情報についての情報の出所は、警察であれ政治家であれ、むしろ日本の報道機関は「隠しすぎ」の実態と、慣例の中で取材先との「甘えの構造」があることも否定できまい。この点でいえばむしろ、情報の出所の明示（情報源の開示）こそが、記事の信頼性を高めるのであって、読者との関係で重要な報道倫理であるといえる。

　なお講談社は、「本年 5 月に弊社が刊行した『僕はパパを殺すことに決めた』（草薙厚子著）は刊行直後より、奈良家庭裁判所からの抗議、法務省人権擁護局の勧告を受けるなど、さまざまな論議を呼んできました。9 月 14 日には鑑定医の方と著者に対して奈良地方検察庁による強制捜査が行われ、さらに 10 月 14 日に鑑定医の方が秘密漏洩容疑で逮捕され、11 月 2 日に起訴されるという事態に至りました。この件に関しては大きな社会的関心を呼び、少年法、言論の自由、プライバシー、取材源の秘匿などの問題が指摘されてきました。弊社はこれらの指摘を真摯に受け止め、ホームページなどでも「本書出版の経緯、形態、意義について第三者を含む調査委員会を設けて詳細に検証を行い、その結果を改めて公表いたします」としてきました。今回、社内で検討を重ねた結果、より公正な検証結果を得るために、第三者のみによる調査委員会を立ち上げることといたしました」として委員会を設置、2007 年 10 月 17 日に社としての見解を発表、2008 年 4 月 9 日には「委員会報告書」とそれを受けての「講談社の見解」を発表した（https://www.kodansha.co.jp/houkoku.html）。その後、著者側の見解を含めた冊子『「僕はパパを殺すことに決めた調査委員会報告書」と本社の見解および著者の見解』（講談社学芸局図書出版部編、2008 年 12 月）を作成し、全国の図書館に配布した。またウェブサイト上の情報も、すべてそのまま掲出している。なお著者は、調査報告書に全面的に反論、委員会の構成に始まり、事実認定も評価もほぼすべて間違っているとしており、その見解も同書には掲載されている。

2　情報源明示

　記事や番組が、「ある人から聞いた話」や「さる人のこと」ではたまらない。報道の基本要素を欠いているとして、読者・視聴者の欲求不満は爆発するだろう。しかし実際の新聞や雑誌の記事、テレビやラジオの放送ではこれまでは、政府首脳（内閣官房長官）や政府高官・政府筋（官房副長官）、あるいは首相周辺（秘書官）や○○党筋（幹事長）といった報道独特の"隠語"によって、政治報道は成立してきた。自民党本部の静止画にかぶせて「党関係者が……」といったテレビ画面は、多くの者にとって見覚えがあるだろう。

　情報源をぼかすことは、正式な記者会見ではない、政治家（官僚）と記者との懇談内容を報じるための、ある種の「工夫」であるとされてきた。できる限り背景事情を伝えようとする、その効用を否定はしない。しかしその慮(おもんぱか)りは、一義的には政治家や行政機関に対してであって、読者に対しては不親切であることに間違いなかろう。

　しかも、政治家からすると、「観測気球」として世間の動向をうかがう絶好の機会であるとともに、発言に責任は伴わない。一方で、責任を負わないという点では報じる側も同じで、その発言が正しいかどうかを第三者が知る由(よし)はなく、裏付け不能な情報である。

　しかも政治家と記者の力関係は、圧倒的に政治家側にあり、記者の側がどんなに信頼関係を構築した上での取材努力の成果であると言い繕っても（そういう「努力」があることは認めるにせよ）、意図的な「リーク」であることは否定しえない。しかも、タイミングも発表方法も、（報道するかしないかの選択肢はあるにせよ）一方的に政治家に握られている場合がほとんどであろう。

　ましてや、記者会見を「懇談」と称して外部者を一切受け入れないための口実に使っている例すらあった。それは、本心は違えど「癒着」ととられかねない制度的な欠陥である。それからすると、政治家同様に記者自身も甘えが許されない時代が来たといえる（第8講参照）。

　そもそも、大切な記者倫理として取材源の秘匿が許されるのは、前述のとおり内部告発などの取材源の保護、担当記者や当該報道機関の信頼性の維持、報道界全体もしくは取材の自由という社会的利益の確保に適う場合に限定されなければなるまい。一方で、政治記事分野に限らず、名無しはあくまで例外であって、できる限り限定化していく努力が必要である。

　それからすると、被報道者の匿名性をどう考えればよいかは難しい問題だ。

◆ 情報源の明示

　裁判員法ができる2003年当時、裁判員が新聞等の報道に影響を受けないように、事件報道を大幅に規制する内容の条文が予定されていた。結果的に、こうした予断報道禁止条項は立法化されなかったが、その後も最高裁は、機会あるごとに報道界に対し「自制」を求め続けている。その具体的な形が、2007年秋に示された6項目にわたる要望であって、新聞・放送界が2008年初頭に公表した「報道指針」は、その項目におおよそ対応したものになっている。

　ただし、情報源の明示、供述の扱い、識者コメントの扱いといった容疑者報道に関する「微修正」は、最高裁への「回答」という意味合いはあるものの、具体的な人権配慮としてどの程度の効果があるかは疑わしい面もある。なぜならその修正幅が小さく、読者・視聴者には差がわからない地味な「改善」であったからだ。

　裁判員裁判の開始に際し、在京紙は情報源の表記等を以下のとおり変更点した（公式・非公式にガイドラインを明らかにしたのは、朝日、毎日、読売の新聞各紙と、共同通信、NHK）。

①情報の出所＝「県警によると〜」など公式発表か、警察・検察関係者への独自取材かなどを峻別して可能な限り明示し、従来の「調べによると〜」は使用しない。

②逮捕容疑＝「逮捕容疑は〜した疑い」と容疑であることを明示する。関連して、見出しには断定的な表現を避ける。

③逮捕＝「県警は〜を逮捕したと発表した」などと、発表であることを明示する。

④識者コメント＝「警察発表通りならば〜」といった前提条件をつける。

⑤供述＝内容が変遷する可能性を考慮し、従来の「〜がわかった」を使用する場合は、「捜査本部が明らかにした」などと捜査段階であることを明示する。これらは要するに、より客観性を追求する、ということである。

⑥前科・前歴＝原則として報じず、事件の本質に関わる場合などに限定的に報道する。

⑦プロフィール＝悪い性格面だけを誇張するような報道は避ける。

⑧対等性＝できる限り容疑者の言い分を紹介する。とりわけ裁判段階（たとえば陳述）では双方の言い分を可能な限り対等に扱う。また、捜査当局に立っている印象を与える「〜を突き止めた」や「追及している」の表現は避け、「捜査を進めている」とする。これらは、容疑者の悪印象を回避するための方策であるといえる。

　なお、「（警察の）調べによると」と報じることで情報源を明示していると説明する報道機関があるのが現状であるが、こうした報道は情報源をぼかしたままであることを再確認しておく必要がある。後述するオフレコ取材の実態とも深く関係しているが、名前を出さない約束をして情報を聞き出している以上、固有名詞等を特定できない現実のあらわれだ。

　もちろん、容疑者側（多くの場合は弁護士）の言い分として、ソースをぼかして報道する場合もあって、一概にこうした逮捕拘留中の様子を報じることが悪いわけではない。ただし、責任の所在がはっきりしない警察・検察情報によって、公判前にイメージが形成される状況は好ましくなく、せめて職位や発言の意味合いが受け手に伝わる工夫を重ねることが求められよう。少なくとも読者・視聴者に、どの程度信頼できる「関係者」なのかを示す義務が報道側にはある。

裁判員裁判では、被害者、加害者に、裁く側の裁判員もすべて「匿名」という状況が発生している。これで記事が成立するなら、翻って事件報道の5W1Hが本当に必要なのかを考えさせられる。実際、それ以外の事件・事故報道にしても、被害者をはじめ、軽微な事件の容疑者や、未成年犯罪など、実は当事者匿名が多い。

取材源の秘匿と情報源の明示は時に混同されることがあるが、相反しないばかりか、どちらも読者・視聴者の信頼を得るための、ジャーナリストが守るべき欠くべからざる重要な倫理規範である。にもかかわらず日本ではこれまで、情報源の明示については軽んじられている状況が続いている実態がある。

Ⅱ　冷静さ

1　取材・報道の問題類型

報道倫理すなわち報道機関や記者の行動規範を考える上で、その取材や報道を類型化するのは1つの方法だ。取材過程の対応は、その取材対象や事案の性格によって変わってくる。今日において取材上の課題としては、①集中豪雨型取材、②記者クラブ依存型取材、③スタンピード型取材、④特オチ回避型取材、⑤月光仮面型取材、⑥思い込み型取材、⑦現場主義型取材——がある。

そしてすでに多くのジャーナリストやメディア企業は、これらの問題性を認識し、対策や改善策も取ってきている。①は事件・事故の当事者に取材陣が殺到し、2次被害を生んできた状況をさす。とりわけ家族・親族は、突然家族を失うなどして、その悲しみの中にあり、また気持ちの整理もつかない状況の中で、マイクを突き付けられることは苦痛でしかない場合も少なくない。

あるいは、直後でなくても、取材をされることがトラウマになったり、PTSD（心的外傷後ストレス障害）を引き起こすことも十分に考えられる。にもかかわらず長く報道界は、こうした被害者の心情とはお構いなしに、その悲しみに土足で踏み込むような取材を続けてきた経緯がある。さらに最近は、こうした取材を受けた被害者が、さらにネットで誹謗中傷の対象になることも生まれ、より一層メディアとの距離を取るという選択をしがちな状況にあるといえるだろう。

そこでとりうる対応策の1つが、すでに触れてきたメディアスクラム対応で、

社名	朝日新聞社	毎日新聞社	読売新聞社	中日新聞社・東京新聞	北海道新聞社	西日本新聞社	共同通信社
機関名	報道と人権委員会（PRC）	「開かれた新聞」委員会	「新聞監査委員会」に顧問委嘱	新聞報道のあり方委員会	読者と道新委員会	人権と報道・西日本委員会	「報道と読者」委員会
設立	2001.1.1	2000.10.14	2001.4.1	2001.1.18	2001.5.14	2001.5.15	2001.6.1
組織	社長直属	主筆直轄（編集局から独立）	社長直属	編集局内	事務局・社長室	編集・論説担当役員の直属機関	社長への提言機関
外部委員構成	法律実務家1、ジャーナリスト1、学者1	法律実務家1、ジャーナリスト3、学者1	法律実務家1、学者1、団体・公務員1	法律実務家1、ジャーナリスト2、学者1	法律実務家1、ジャーナリスト1、団体・NGO2	法律実務家1、ジャーナリスト1、学者1、公務員1	法律実務家1、ジャーナリスト1、学者1
任期	2年	規定せず			1年	2年	2年
目的	名誉毀損・プライバシー侵害・差別の救済、報道と人権への全般的な意見具申、報道の自由の擁護、手続きの透明性担保	人権侵害の監視、紙面への意見、21世紀のメディア提言、手続きの透明性担保	第三者の目で信頼される新聞めざす	読者からの苦情、注文に意見をもらい是正に結びつける、新聞製作の透明性を高める、紙面や取材活動の監視	人権やプライバシーにより配慮した新聞報道をめざす	取材・報道による名誉毀損・プライバシー侵害が生じた場合、問題解決に向けて審議	報道の質の向上を図り、いっそうの信頼性と透明性を高めるため
具体的な被害救済	あり	あり（報道による名誉毀損、プライバシー侵害などの検証）	なし	なし	なし	あり	あり（検証記事で実態を明らかにすることによって名誉回復をはかる）
討議（審議）方法	当事者双方へのヒアリングも含め独自調査のうえ解決に努め、審理結果は見解にまとめ、本社は見解を極力尊重して判断	苦情申立すべての内容と社意見を委員に開示し、各委員の個別報告を受ける	人権、プライバシー保護などの事例をもとに意見交換	人権、プライバシー保護などの事例をもとに意見交換。場合によっては参考意見を求める。編集局長が討議に参加、場合によっては読者代表も参加	読者からの苦情、意見をもとに審議、新聞のあり方全般についても意見もとめる	読者室または委員が必要と認めたものを審議、解決のための見解をまとめる	人権、プライバシー保護などの事例や、日常の報道活動のあり方、読者対応などについて意見を聞く

地元の新聞・放送機関の責任者が取材態様を抑制的にするための具体的な行動ルールを定めるというものだ。量（＝集団）と質（＝過熱）が揃うと、迷惑や人権侵害が発生する可能性が高まることから、その双方を抑制的にすることを目的とした取材態様である。1社で派遣する記者やカメラの数を制限する、場合によっては取材を代表取材にする、などが実際に行われている。

　その結果、以前のように容疑者の自宅を24時間、煌々とテレビライトで照らし続けて、一挙手一投足を追いかけるということはほぼなくなった。また、被害者遺族に対して「いまのお気持ちは」といった、定型的な質問を次々と浴びせかけることも抑制的になっている（残念ながら、現実には時に発生している）。

　また、日本社会の特性として熱しやすく冷めやすいといわれており、それはそのままメディアの特性にもあらわれる。③のスタンピードとは、羊の群れが1匹走り出すと、皆それについていくさまを評すものだが、1つの話題に群がり報じ、事態が解決していなくてもまたすぐに次の取材にうつってしまううつり気な取材（報道も同様）状況がある。これは①と強く関連してもいる。

　②の記者クラブ由来の課題としては、発表ジャーナリズムがある。日本に特有の取材スタイルとして、主たる公的機関（もしくは公的な民間企業）に主要報道機関が特定の要員を配置し、当該行政機関もこうした報道機関に便宜を図って専用の勤務スペースを用意（記者室）、定期的に常駐記者向けのプレスリリース等の情報提供を行ってきた。

　報道機関側は、交渉・調整・提供の受け皿として記者クラブを組織し、記者会見や懇談等の主体となってきた。記者クラブの構成者は一般に、常駐記者を派遣する報道機関であることが多く、中央官庁であれば在京の大手新聞・放送・通信社、地方機関であれば地元の新聞・放送で、ここにはタウン誌や専門誌がはいることも少なくない。

　常駐メリットとしては、当該行政機関の担当者との信頼関係構築がしやすく、機微な情報についても入手がしやすくなるほか、警察などの場合は、事件発生がすぐにキャッチでき初動が早くなるなどの利点があるとされた。さらに重要な機能としては、取材対象者の身近にいる（庁舎内部に常駐できる）ことで、監視機能が働くともされてきた。

　しかし一方で、そうした緊密化した関係が癒着構造を生むとの批判や、クラブ員であることが特権化して取材先から便宜供与を受ける温床になってきた側面も否定できない。さらには、一部の報道機関の内輪クラブとして機能し、

社名	朝日新聞社	毎日新聞社	読売新聞社	中日新聞社・東京新聞	北海道新聞社	西日本新聞社	共同通信社
結果の公表	見解は申立人の了解のうえで紙誌面で公表	結果は紙面で公開	その都度判断して決定	討議結果は紙面で報告	審議内容は紙面で報告	原則審議内容とともに紙面で公表	加盟社への配信記事などで公表
対象メディア	同社発行の新聞、雑誌などの報道	新聞本紙記事が原則	新聞本紙のみ	新聞本紙のみ（編集に限定せず）	広く新聞一般	新聞本紙の記事のみ	ニュース一般
対象者	個人に限定（公人は除く）係争中は除外	個人に限定（公人は除く）	規程なし	特に規定なし	個人に限定（公人は除く）	個人に限定	原則として個人
対象領域	人権侵害、広報室での解決が困難な事例、委員の1/3が必要と認めたもの	人権侵害、メディア全般への提言	人権侵害を含め新聞一般	新聞一般	新聞一般	人権侵害	報道のあり方、人権侵害、読者対応

（設立時の発表情報に基づく）

　ほかにも主として 2000 年から 2002 年にかけて、産経新聞社（産経新聞検証委員会、2001年 7 月）、日本農業新聞社（新聞・事業評価委員会、2002 年 9 月）、東奥日報社（東奥日報報道審議会、2001 年 6 月）、デーリー東北新聞社（読者委員会、2007 年 10 月）、秋田魁新報社（さきがけ読者委員会、2003 年 4 月）、山形新聞社（山形新聞報道審査会、2001 年 4 月）、河北新報社（読者と考える紙面委員会、2001 年 5 月）、福島民友新聞社（社外紙面審査委員会、2000 年 8 月）、茨城新聞社（報道と読者委員会、2001 年 6 月）、下野新聞社（下野新聞読者懇談会、2000 年 11 月）、上毛新聞社（読者委員会、2002 年 11 月）、神奈川新聞社（紙面アドバイザー、2003 年 10 月）、山梨日日新聞社（山日と読者委員会、2001 年 7 月）、静岡新聞社（読者と報道委員会、2008 年 6 月）、中部経済新聞社（中部経済新聞・紙面審議委員会、2002 年 4月）、岐阜新聞社（岐阜新聞の紙面を語る会、2005 年 10 月）、新潟日報社（新潟日報読者・紙面委員会、2001 年 1 月）、北日本新聞社（報道と読者委員会、2001 年 8 月）、福井新聞社（報道と紙面を考える委員会、2006 年 5 月）、京都新聞社（京都新聞報道審議委員会、2001 年 4 月）、神戸新聞社（「読者と報道」委員会、2004 年 1 月）、奈良新聞社（奈良新聞記事審議委員会、1999 年 1 月）、山陽新聞社（報道と紙面を考える委員会、2001 年 9 月）、中国新聞社（中国新聞 読者と報道委員会、2001 年 10 月）、山陰中央新報社（「報道と読者」委員会、2002 年 5 月）、愛媛新聞社（愛媛新聞「読者と報道」委員会、2002 年 9 月）、高知新聞社（新聞と読者委員会、2001 年 9 月）、佐賀新聞社（報道と読者委員会、2001 年 6 月）、熊本日日新聞社（読者と報道を考える委員会、2002 年 4 月）、宮崎日日新聞社（宮日報道と読者委員会、2002 年 2 月）、南日本新聞社（「読者と報道」委員会、2002 年 4 月）、琉球新報社（「読者と報道」委員会、2001年 8 月）、沖縄タイムス社（沖縄タイムスと読者委員会、2016 年 5 月）が設置されたが、このうちのいくつかはすでに廃止・活動停止している。

「よそ者」を排除する傾向があり、とりわけ外国報道機関やフリージャーナリストから厳しい批判の対象となってきた（**法ジャ 52** 参照）。

　なによりも、取材対象者からの「発表」を待つ受け身の取材スタイルであることは、「お貰いジャーナリズム」などと揶揄されることにもなり、〈待ち〉ではなく〈攻め〉の取材の必要性が提起されることになった。その意味で、対<ruby>（つい）</ruby>で使われることが多い取材スタイルが調査報道である。

　正義感や先入観が先行する状況を示す⑤⑥の場合、木を見て森を見ずといった危うさを含む⑦や④の横並び問題は、別項で扱う。

　こうした課題の発生の原因としては、上述の記者クラブの存在のほか、速報主義／締め切り時間、横並び主義、多メディア状況による数的爆発、現場中継至上主義——などがあげられてきたが、ほかにも新たな法制度の影響（個人情報保護法、犯罪被害者基本対策法など）も関係していよう。

　なお日本においては、マスメディア（新聞・テレビ・雑誌等）が「報道」の中核にあるが、その内実は発祥の時代の「小新聞」の DNA を引き継いでおり、世間話好き・スキャンダリズム指向があり、まさに〈軟派〉記事代表として、殺人事件などのいわゆる警察沙汰がその中心となっている。取材態勢もそれに合わせ、地元の警察を手厚くカバーする。これらは、5W1H によって時事の出来事を報じ、それゆえにこれまでは、名前＝実名はニュース（NEWS）の重要な要素とされてきた（第6講参照）。

　そしてもう1つの DNA が政論新聞を引き継ぐ「大<ruby>（おお）</ruby>新聞」の流れだ。政治というより政局・時局を伝える内容が、〈硬派〉記事の中心となってきた。よく永田町記事と揶揄される、一般読者が置き去りになったような霞が関・永田町の住人である政治家や一部の高級官僚だけが興味をいだくような、人事の憶測や政局を解説する記事が多くなる傾向を有する。

2　高揚感の抑制

　冷静に、時には冷徹なぐらい客観視して、とはよく言われる記者の心得である。しかし一方で、実際の取材・報道の現場では事件が起きれば反射的に身体<ruby>（からだ）</ruby>が動き、取材対象に向かうものであるし、その事件が大きければ大きいほど、アドレナリンが全身から湧き出て一種の興奮状態になることを、ジャーナリストの多くは経験するだろう。むしろ、こうした「現場感」は記者に備わっているべき社会的関心度や、鋭敏なアンテナの裏返しであって、否定するものでは

◆ 業界自主規制団体と主なスタンダード

	団　体　名	基　準　等	
映画娯楽	映倫（1956.12） └─ 年少者映画審議会	・映画倫理綱領 ・映画の区分と審査方針 ・映画宣伝広告審査基準	2017.6.9 2009.4.23 2009.4.23
	全国興行生活衛生同業組合連合会 （1957.11） └─ 全国47都道府県の興行組合	・深夜興行等に関する申し合せ 　〔午後11時以降の18歳未満者の立入禁止等〕 ・自主規制厳守事項 　〔映倫の区分指定（PG12, R-15, R-18）による入場の遵守〕	1965.8 1998.4
	映画産業団体連合会（1953.3）	・深夜興行等に関する申し合せ 　〔成人向け映画への18歳未満者の立入禁止等〕 ・映倫管理委員会の新審査基準の遵守と運営協力	1965.8 1998.5
	日本アミューズメント産業協会 （2018.4）	・健全化を阻害する機械基準 ・アミューズメント施設における景品提供営業のガイドライン	2002.10改正 2019.9改正
ビデオソフト・ゲーム等	日本コンテンツ審査センター （2016.1）	・映像ソフト倫理規程、審査指針 　（社会規範及び法規範に関する審査基準、成人指定の性表現に関する審査基準、幼さを演出する性表現に関する審査基準、宣伝広告等に関する審査基準） ・ビデオ本体及びパッケージの審査区分別シール貼付義務 　（DVDソフトには印刷明示義務）	2008.7 2008.7
	AV人権倫理機構（2017.10）	・適正AV業界の倫理及び手続に関する基本規則	2017.4
	コンピュータソフトウェア倫理機構 （1992.10）	・コンピュータソフトウェア倫理規程、制作基準 ・レーティングシール制定	2004.10改訂 1993
	コンピュータエンターテインメント協会（CESA）（1991.8） └─ コンピュータエンターテインメントレーティング機構（CERO）（2002.6）	・コンピュータエンターテインメントソフトウェア倫理規程 ・未成年の保護についてのガイドライン ・ネットワークゲームにおけるランダム型アイテム提供方式運営ガイドライン（旧　オンラインゲーム運営ガイドライン） ・ブロックチェーンゲームに関するガイドライン ・リアルマネートレードRMT対策ガイドライン ・「18才以上のみ対象」家庭用ゲームソフトの広告等ガイドライン ・家庭用ゲームソフトの年齢別レーティング制度を反映した販売店マニュアル ・CERO倫理規定（年齢別レーティング制度の実施）	2012.6改訂 2019.3改定 2016.4 2021.5 2017.4 2012.6改訂 2008.6 2020.10改定
	日本オンラインゲーム協会（2007.6）	・オンラインゲーム安心安全宣言 ・オンラインゲームにおけるビジネスモデルの企画設計および運用ガイドライン ・ランダム型アイテム提供方式を利用したアイテム販売における表示および運営ガイドライン ※そのほかコンピュータエンターテインメント協会等と共通ガイドライン	2019.6 2016.4 2016.4
	日本映像ソフト協会（1971.7）	・映像ソフト倫理基準	1996.9改訂
出版	出版倫理協議会（1963.12） ├─ 日本書籍出版協会（1956.1） ├─ 日本雑誌協会（1956.1） ├─ 日本出版取次協会（1953.2） └─ 日本書店商業組合連合会（1988.8） 特別委員会（1991.2）	・出版倫理綱領 ・雑誌編集倫理綱領 ・雑誌人権ボックスMRBの設置 ・出版取次倫理綱領 ・出版販売倫理綱領 ・「18歳未満の青少年に成人向け出版物は販売できません」ステッカーの作製 ・出版ゾーニング委員会の設置	1957.10 1997.6改訂 2002.3 1962.4 2004.2改訂 1998.9 2001.9
	出版倫理懇話会（1985.5） ├─ 編集倫理委員会（1985.5） └─ コミック問題委員会（1991.1）	・編集倫理綱領 ・成人向け雑誌マークの取り扱いについて	1985.5 1996.7
広告	日本広告審査機構（JARO）（1974.10）	・日本広告審査機構審査基準	1978.2
	全日本広告連盟（1959.3）	・全日本広告連盟広告綱領	1986.5改定
	日本アドバタイザーズ協会（1970.4）	・倫理綱領　　　　　　　　　　　1960.12　2007.2改定	
	日本広告業協会（1970.5）	・日本広告業協会広告倫理綱領　　　1971.5　2004.5改定 ・クリエイティブコード ・広告人行動指針 ・インターネット広告における運用型広告取引ガイドライン	 2012.9
	日本インタラクティブ広告協会 （1999.5）	・JIAA行動憲章 ・インターネット広告倫理綱領	2017.3 2000.5

ないし大切にすべきことでもある。

しかし、時にこうした感情が問題を引き起こすこともあり、そのマイナス点は常に意識をしておくことが求められる。あるいは、こうした性癖を想定しての制度・態勢作りが求められる。たとえば、大きな地震が起こった場合、その取材が長期戦になることを想定し、あらかじめ取材態勢を班分けしておくとか、コロナ感染症蔓延防止のために、あらかじめ自宅待機やテレワークができる準備をしておくことなどが、すでに多くの社で準備されている。

それでも、先に述べたように反射的に身体が動き、つい社にあがる（出社する）あるいは自宅から現場に自主的に急行する記者が出がちなことは、むしろ「嬉しい悩み」といえるかもしれない。だからこそこうした中で、いかに番組・紙誌面上の高揚感を抑え、番組や記事を落ち着かせるかは重要だ。

そのためのポイントとしては、量的抑制と質的回避がある。

第1の「量（スペース）」については、記事量や番組内での時間量を抑制することで、たとえば事件報道であれば、犯人視感情の形成が一定程度抑制されることになる。それは単に記事量・番組時間というだけではなく、新聞や雑誌でいえば扇情的な見出し（大きさと言葉使い）をとらない、繰り返し報道をしない、記事を膨らませない、さらにはテレビでストップモーションを多用しないといったことにつながる。

また関連して、記者投入の抑制も重要なポイントだ。通常、記者数と記事量は比例するものであって、それは企業コストパフォーマンスからしても当然のことだ。したがって、24時間の張り込みをしないといったことは、当然に紙面や番組作りに直結し、素材がなければ発信する情報も比較的抑制的にならざるをえないという反射的効果を生む。そもそも、こうした取材態勢の指示は、明確な取材・編集方針ともいえるだろう。

第2の「質」に関しては、事件報道でいえば無罪推定原則の厳格実施がまずあげられる。このテーゼは1980年代、報道による人権侵害が起こったときの最大のテーマでもあった。すなわち、無罪推定は法的要請であって、報道には当てはまらない、というものだ。しかしその後、この原則は報道においても受け入れられ、今日にいたっている。

その延長線上で、とりわけ事件報道に関しては主観的評価の回避として、具体的には被疑者・被告人の人格評価はしない、識者コメントによる結論付けはしない（事件評価の抑制）といったことはルール化されてきた。また、自白の

団　体　名	基　準　等
広告 日本雑誌広告協会（1974.6）	・雑誌広告倫理綱領　　　　　　　　　　　　　　　1958.5 制定　1981.4 改正 ・雑誌広告掲載基準　　　　　　　　　　　　　　　1968.4 制定　2004.7 改訂
全日本屋外広告業団体連合会（1965.12）	・屋外広告倫理要綱　　　　　　　　　　　　　　　　　　　　　　　1964.8
全日本シーエム放送連盟（1993.6）	・ACC・シーエム倫理綱領　　　　　　　　　　　　　　　　　　　　1971.5
在京スポーツ7紙広告掲載基準委員会 ├─ 東京中日スポーツ ├─ サンケイスポーツ ├─ スポーツ報知 ├─ 日刊スポーツ ├─ スポーツニッポン ├─ デイリースポーツ └─ 東京スポーツ	※7社独自の持ち回り勉強会（月1回）　　　　　　　　　　　　　1993.7～
オカケラ 日本カラオケボックス協会連合会（1991.11） └─ 各都道府県協会	・青少年の非行防止に向けたカラオケボックス運営における自主規制 　基準　　　　　　　　　　　　　　　　　　　　　　　　　　　　1993.6
カフネエット 日本複合カフェ協会（2001.6）	・店舗運営ガイドライン「優良店」マークの交付　　　　　　　　2019.9 改定
インターネット・携帯電話 インターネットメディア協会（2019.4）	・倫理綱領　　　　　　　　　　　　　　　　　　　（2019.7　2020.5 追加）
テレコムサービス協会（1988.4）	・電気通信サービスにおける事故及び障害発生の周知・情報提供の方 　法等に関するガイドライン 　　　　　　　　　　　　　（電気通信サービス向上推進協議会　2010.2） ・電気通信サービスの広告表示に関する自主基準及びガイドライン 　　　　　　　　　　　（電気通信サービス向上推進協議会　2020.2 改定） ・インターネット上の自殺予告事案への対応に関するガイドライン 　　　　　　（テレコムサービス協会，電気通信事業者協会，日本インターネ 　　　　　　ットプロバイダー協会，日本ケーブルテレビ連盟　2005.10） ・インターネット上の違法な情報への対応に関するガイドライン 　　　　　　　　　　　　　　　　（違法情報等対応連絡会　2006.11） ・違法・有害情報への対応等に関する契約約款モデル条項 　　　　　　　　　　　　　　　　（違法情報等対応連絡会　2006.11） ・帯域制御の運用基準に関するガイドライン 　　　　　　（帯域制御の運用基準に関するガイドライン検討協議会　2019.12） ・ICT 分野におけるエコロジーガイドライン 　　　　　　　　（ICT 分野におけるエコロジーガイドライン協議会　2011.3） ・電気通信事業者における大量通信等の対処と通信の秘密に関するガ 　イドライン 　　　　　　　　　　　　（インターネットの安定的な運用に関する協議会　2011.3） ・名誉毀損・プライバシー関係ガイドライン 　　　　　　　　（プロバイダ責任制限法ガイドライン等検討協議会　2011.9） ・商標権関係ガイドライン 　　　　　　　　（プロバイダ責任制限法ガイドライン等検討協議会　2005.7） ・著作権関係ガイドライン 　　　　　　　　（プロバイダ責任制限法ガイドライン等検討協議会　2003.11） ・発信者情報開示関係ガイドライン 　　　　　　　　（プロバイダ責任制限法ガイドライン等検討協議会　2007.2）
電気通信事業者協会（1987.9）	・インターネット接続サービスの提供にあたっての指針　　　　　2001.3 ・電気通信事業者の営業活動に関する自主基準及びガイドライン 　　　　　　　　　　　　　　　　　　　　　　　　　　　　2015.1 改訂
日本インターネットプロバイダー協 会（2001.1）	・消費税法改定に伴う総額表示関係ガイドライン　　　　　　　　2013.12 ※プロバイダ責任制限法ガイドライン等検討協議会，電気通信サービ ス向上推進協議会，ICT 分野におけるエコロジーガイドライン協議会， インターネットの安定的な運用に関する協議会は共通
インターネット協会（2001.7）	・電子ネットワーク運営における倫理綱領　　　　　　　　　　　1996.2 ・電子ネットワーク運営における個人情報保護に関するガイドライン 　の改訂第2版　　　　　　　　　　　　　　　　　　　　　　　2005.3 改訂 ・インターネットを利用する方へのルール＆マナー集　　　　　2005.4 改訂 ・インターネットを利用する子供のためのルールとマナー集　　2004.8 改訂 ・インターネット利用のための社内ルール整備ガイドライン　　2001.2 ・インターネットを利用する方のためのルール＆マナー集迷惑メール 　対策編　　　　　　　　　　　　　　　　　　　　　　　　　2002.12
セーファーインターネット協会 （2011.3）	・誹謗中傷ホットライン運用ガイドライン　　　　　　　　　　　2021.2 改訂 ・セーフライン運用ガイドライン　　　　　　　　　　　　　　　2019.4 改訂 ・権利侵害明白性ガイドライン　　　　　　　　　　　　　　　　2021.4
インターネットコンテンツセーフテ ィ協会（2011.3）	・DNS ブロッキングにおけるリスト対象ドメイン判定基準 ・児童ポルノサイトブロッキングに関するガイドブック

中身の報道についても徐々に抑制化されつつある（といっても、逮捕後の被疑者事情聴取の内容が一方的に流される状況はさほど変わっていないともいえる）。

少なくとも否認事件に関しては「否認している」旨を付け加えることは一般化し、「出された食事をぺろりと平らげた」風の報道はさすがにほぼ影をひそめた。しかし原則を徹底するならば、自白内容の報道は否認事件に限定するといった徹底ぶりがあってもよかろう。

あるいは、主語がないあるいは曖昧な報道も激減した。必ず「警察によると……」が一般化した。ただしまだ、正式発表とそれ以外を峻別することは不徹底で、むしろ、ネタもとの捜査員から得られたオリジナル情報を、つい大きな扱いにしがちになる結果、犯人視につながる傾向が拭えない。その防止策として、可能な限り「筋」「関係者」はやめるといったことが提唱もされたが、ほとんど実現していないといってよかろう。

これらは結局、情報入手の「高揚感」につながっている場合も多く、こうした現場の〈前のめり〉を、デスクがどこまで冷静に見極めることができるかが問われる。そのためには、関門役のデスクの力量がとりわけ問われ、その研修や現場の（一般的には若手記者）との日常的コミュニケーションや、なによりも時間的余裕が大切となる。時間が切迫していると、立ち止まって冷静になる時間を取ることが難しく、どうしても現場もデスクも一体となって、高揚感の中で記事・番組作りが進む可能性が高まるからである。

Ⅲ　正当な取材行為

1　違法性

通常の取材や報道が、日常生活であれば形式的には「違法」と判断されるような行為を含むことは、すでに触れてきた。その最たるものが、ジャーナリズムにとって最も基本で不可欠な取材における情報収集行為である。それらがなぜ許されるのかをきちんと理解しておくことは、逆にグレーゾーンの諸否判断のためにも役立つ。

なぜ「特別に許されるのか」は、大きく分けると4つある。①個別の法律で取材・報道を特例として定め、規制法の「適用除外」として自由を保障するもの、②刑罰を定める一般法である刑法の規定の「違法性阻却」事由に該当する

	団　体　名	基　準　等	
インターネット・携帯電話	モバイル・コンテンツ・フォーラム (2008.4)	・スマートフォンゲーム等における収益認識基準に関するガイドライン	2020.3
		・モバイルコンテンツ関連事業における個人情報保護ガイドライン	2018.10 改訂
		・スマートフォンのアプリケーション・プライバシー・ポリシーに関するガイドライン	2012.11
		・ネットワークゲームにおける前払式支払手段に関するガイドライン	2017.10
		・Android アプリ DRM ガイドライン	2012.5
		※そのほかコンピュータエンターテインメント協会等と共通ガイドライン	
	電子情報技術産業協会 (2000.11)	・責任ある企業行動ガイドライン～サプライチェーンにおける企業行動推進のために～	2020.3
	マルチメディア振興センター (2006.4)	・e- ネットキャラバン	2005.11
放送	日本ケーブルテレビ連盟 (1980.9)	・日本ケーブルテレビ連盟放送基準	1997.9 (2012.3 改定)
		・地上デジタル放送ネットワークでのCATV 自主放送運用ガイドライン	2012.10
		・ケーブルテレビ事業の営業活動における消費者保護に関する自主基準及びガイドライン	2018.3 (2017.12 改定)
		・有線テレビジョン放送サービスの広告表示に関する自主基準及びガイドライン	2018.3
	日本民間放送連盟 (1951.7)	・日本民間放送連盟放送基準	1951.10 (2015.11 改正)
		・放送音楽などの取り扱い内規	1959.7 (2004.1 改定)
		・日本民間放送連盟報道指針	1997.6 (2007.2 追加)
		・児童向けコマーシャルに関する留意事項	1982.3 (2009.3 改訂)
		・「青少年と放送」問題への対応について	1999.6
		・「番組情報の事前表示」に関する考え方について	2001.7
		・消費者金融CM の取扱に関する放送基準審議会見解 2003.3 (2003.7 改定)	
		・放送倫理基本綱領（民放連・NHK）	1996.9
		・アニメーション等の映像手法について(民放連・NHK) 1998.4 (2020.4 改定)	
	放送倫理・番組向上機構（BPO） 　├ 放送人権委員会 　├ 放送倫理検証委員会 　└ 青少年委員会	・放送倫理・番組向上機構の設置等に関する基本合意書（民放連・NHK）	2013.2
		・「放送倫理・番組向上機構」への対応に関する申し合わせ	2013.6
	衛星放送協会 (1998.6)	・衛星放送協会放送基準	1999.1　2015.5 改定
		・性、暴力の表現を含む番組に関するガイドライン	2012.3
		・放送に係る契約における反社会的勢力排除に関するガイドライン	2012.3
		・ラウドネスに関するガイドライン	2013.3
		・衛星放送に関するプラットフォーム業務に係るガイドライン	2017
		・広告放送のガイドライン	2004.1 (2020.7 改定)
	成人番組倫理委員会 (1996.9)	・放送番組倫理基準	1997.5
		・番組審査に関するガイドライン	1997.10
		・番組宣伝・広告などに関するガイドライン	1997.10
	モバイル成人コンテンツ倫理協議会 (2007.2)	・倫理規定	2007.2
新聞等	日本新聞協会 (1946.7) 　└ マスコミ倫理懇談会全国協議会 (1958.1)	・新聞倫理綱領	2000.6
		・編集権声明	1948.3
		・航空取材に関する方針	1965.6
		・新聞協会の少年法第 61 条の扱いの方針	1958.12
		・法廷内カメラ取材の標準的な運用基準	1991.1
		・誘拐報道協定解説	2000.12
		・集団的過熱取材に関する日本新聞協会編集委員会の見解	2001.12
		・イラク現地における自衛隊の取材に関する申し合わせ	2004.1
		・記者クラブに関する日本新聞協会編集委員会の見解	2006.3
		・裁判員制度開始にあたっての取材・報道指針	2008.1
		・新型コロナウイルス感染症の差別・偏見問題に関する共同声明	2020.5
		・新聞販売綱領	2001.6
		・新聞広告倫理綱領	1958.10 (1976.5 改正)
		・新聞広告掲載基準	1976.5 (1991.3 改正)
		・新聞折込広告基準	1962.9 (2002.5 改正)
レコード	日本レコード協会 (1942.4) 　└ レコード倫理審査会（協会内） (1955.4)	・レコード倫理綱領	1952.11 (2006.10 改定)
		・レコード制作基準	1952.11 (2006.10 改定)
		・レコード倫理審査会規程	1955.5 (2006.10 改定)

（『平成 21 年版青少年白書』所収「業界自主規制団体一覧」を参考に作成）

として自由を保障するもの、③判例で上記の2つに準ずるとして、特別扱いを許容するもの、④社会慣習上、取材報道の自由を優先することで、知る権利の充足を図ることが許されているもの、である。これらの基盤にあるのが、憲法で保障された「表現の自由」の保障であることはいうまでもない。以下、順番にみていこう。

　事件・事故に限らず、政治取材はじめ多くの場面において、記者が個人情報を本人の許諾なく、第三者から収集するのは当たり前の行為だ。ただしこれは、個人情報保護法の定めにある、個人情報の収集は直接本人から、利用目的を明示して、直接収集すること、という大原則に真っ向から反する。容易に想像がつくようにたとえば、政治家の汚職事件を追っていて、本人からしか情報を得ることができないとなると、こうした取材は100％不可能になるといってよかろう。

　それゆえに、個人情報保護法制定時に検討の結果、報道目的の情報収集は法の適用の一部から除外することが決まった。ここでいう「一部」というのは、報道機関も収集した情報の厳格管理等の一般的な義務を負うことを意味し、あくまでも先ほど挙げたような収集方法や、集めた情報に対し開示や利用停止の要求を当事者本人からされても、その求めに応える義務はないことをさす。まさに、法の枠外（特別扱い）が法で保障されている例であって、その意味では違法ではなく合法的な特例ということになる（**法ジャ49**参照）。

　2つ目の、形式的な違法行為が罪として罰せられないのはジャーナリズム活動に限らない。例えば医者が外科手術をする場合、患者にメスを入れても（身体を傷つけても）、それは「正当な業務による行為」として許される。このように法律形式上では違法であっても、特別な事情が認められれば「罰しない（違法性が阻却される）」ことが法で定められている（刑法35条「法令又は正当な業務による行為は、罰しない」）。

　報道過程においては、名誉毀損やプライバシー侵害に対する違法性阻却の具体的な定めがある（刑法230条の2、**法ジャ370**参照）。一般には、取材・報道行為の「公共性・公益性」があることが正当性の判断基準になっているが、報道に比して取材過程における評価の境目は曖昧さが残っており、取材現場において規制が起きやすい状況が続いている。

　判例によって事実上、法定化されているものとしては、取材源の秘匿のうち民事事件における証言拒否だ。法で具体的に列挙されている職業には含まれな

毎日新聞編集綱領（1977 年 12 月制定）

　われわれは、憲法が国民に保障する表現の自由の意義を深く認識し、真実、公正な報道、評論によって国民の知る権利に応え、社会の公器としての使命を果たす。このため、あらゆる権力から独立し、いかなる不当な干渉も排除する。

　われわれは、開かれた新聞を志向する。新聞のよって立つ基盤が広範な読者、国民の信頼と協力にあることを自覚し、積極的にその参加を求めていく。

　この自由にして責任ある基本姿勢を堅持することは、われわれの責務である。このため、編集の責任体制を確立するとともに、民主的な運営をはかる。

　新しい歴史の出発にあたり、われわれは、新たな決意のもとに社会正義に立脚して、自由、人権、労働を尊び民主主義と世界平和の確立に寄与することを誓う。

　われわれは、ここに毎日憲章の精神と百余年の伝統を受け継ぎ、さらに時代の要請に応えるため、編集綱領を定める。

○表現の自由

　毎日新聞は取材報道、解説、評論、紙面制作など、編集に関するすべての活動に当たって、それが国民の表現の自由に根ざすことを認識し、すべての国民が、その権利を行使するのに寄与する。

○編集方針

　毎日新聞は、言論の自由独立と真実の報道を貫くことをもって編集の基本方針とし、積極果敢な編集活動を行う。また読者、国民との交流をすすめ、社内外の提言はこの基本方針に照らして積極的に取り入れる。

○編集の独立

　毎日新聞は社の内外を問わず、あらゆる不当な干渉を排して編集の独立を守る。この編集の独立は、全社員の自覚と努力によって確保される。

○記者の良心

　毎日新聞の記者は、編集方針にのっとって取材、執筆、紙面制作にあたり、何人からも、編集方針に反することを強制されない。

○主筆

　毎日新聞に主筆を置く。主筆は、編集の独立、責任体制、民主的な運営の責任者として編集を統括し、筆政のすべてをつかさどる。

○編集綱領委員会

　毎日新聞に編集綱領委員会（以下委員会という）を置く。委員会は、編集を直接担当する社員若干名で構成し、編集の基本にかかわることを取り扱う。毎日憲章および編集綱領の改変は、委員会の議を経る。委員会は、主筆の任免にあたって取締役会に意見を述べることができる。委員会は、社員から提議があった場合、これを審議する。委員会は、会議の結果を取締役会に文書で伝える。取締役会は、委員会の会議の結果を尊重する。

いものの、それらと同様に「職務上知りえた秘密」として新聞・放送・通信・雑誌の記者が取材で得た情報に関し、法廷で証言を拒否しても罪に問われないことが個別事例で確定している（**法ジャ 42** 参照）。

　ただし、これが刑事事件でも同様に言えるかどうか、地方議会の百条委員会など、地方議会でも通用するのかという課題のほか、そもそも、個別裁判事案の裁判長の判断に拠っている危うさはあり、公正な裁判を維持する上で取材源の開示が必要とみなされれば、証言拒否が認められない可能性は常につきまとう。しかしその場合であっても、ジャーナリストはあくまでも取材源の秘匿を貫き、民事訴訟法や刑事訴訟法の証言義務違反として有罪となる（収監される）覚悟を持つ必要があるとされる。

　議論を呼ぶ可能性があるのは4つ目のカテゴリーで、たとえば逃走中の容疑者の一時的な隠避あるいは警察への非通知があたる。逃亡の幇助にあたるような場合であれば、通常は許されないことは明らかであるが、容疑者側の言い分を聞く絶好の機会であることには間違いがない。公共の関心事に応え公益性を有するインタビューが可能な唯一の機会であるとか、冤罪の可能性があり十分に言い分（反証）を聞く意味があるなどの場合、組織的了解のもとで行う余地があるだろう。正統性の主張はすべきだが、ジャーナリスト個人にはしかるべき刑事罰を受ける覚悟が求められることになる。

　また、裁判員裁判での裁判員に対する接触も、場合によっては違法行為に該当する場合もありうる。とりわけ、接触された側は一般市民であって「ついうっかり話してしまう」可能性もある上、その結果情報を漏らした側に大きな刑事罰が科されるだけに、取材者により慎重な事前準備と環境整備が求められる（たとえば、取材源がわからないような工夫を強化した上での報道など）。

　報道過程でいえば、少年事件の実名報道もそうだ。もともと逃走中は指名手配中の凶悪犯の場合、すでに法務省との合意事項として実名・顔写真報道がありうることを決めているが、より広範に自主的判断として実名報道が行われてきた。戦後すぐの新聞しかり、近年の週刊誌がそうであろう。罰則がないがためにハードルが低いこととも関係するが、法による表現の自由の規制がよくないという立場に立つ限り、「原則」に戻しただけともいえ、こうした報道を一方的に非があるものと断定するのは難しい側面がある。

　むしろ、きちんとした報道基準があるかということに尽きるともいえ、それが「売らんがため」であったり、形式的な「みんなの関心事だから」であるな

開かれた新聞委員会規程　2000年10月14日

　開かれた新聞委員会は、社外の複数の有識者で構成される、毎日新聞の編集局から独立した第三者機関で3つの役割がある。

1．人権侵害を監視：記事による名誉やプライバシーに関する問題など、当事者からの人権侵害の苦情や意見に対する本社の対応について、見解や意見を示します。毎日新聞ニュースサイトのデジタル報道も対象とします。

2．紙面へ意見：委員が本紙の報道に問題があると考えた場合、読者や当事者からの苦情の有無にかかわらず、意見を表明します。

3．メディア提言：委員は、これからの新聞のあり方を踏まえたより良い報道を目指し、メディア全般の課題について提言することができます。委員の見解は、原則として毎日新聞紙面で報告します。また、委員の活動をサポートする事務局は、編集局からの独立を担保するため、本社の編集最高責任者である主筆の直轄組織とします。

※注意　(1) について、訴訟が見込まれるものは対象となりません。また、政治家や高級官僚など「公人」からの苦情も対象となりません。(2) について、編集方針に関するテーマは除きます。

毎日新聞社企業理念　1991年10月制定　2018年2月改定

○基本理念

　毎日新聞社は、人間ひとりひとりの尊厳とふれあいを重んじます。生命をはぐくむ地球を大切にします。生き生きした活動を通じて時代の創造に貢献します。

基本理念を受け、毎日新聞社は以下の指針に沿って行動する。

○指針

1．言論・報道・情報・文化企業として、読者をはじめすべての人々に個性的で質の高い商品を提供する。

2．販売店、関連・協力企業と手を携えて毎日グループの総合力を高め、広告主などあらゆる取引先とゆるぎない信頼関係を築く。

3．従業員の能力を開花させ、その生活を豊かにするとともに、株主の期待に応えて経営基盤の強化を図る。

4．あらゆる事業活動において、ひとりひとりの人権とプライバシーを尊重し、性別、年齢、国籍、人種、民族、出身、思想、信条、宗教、疾病、障がいの有無、性的指向、性自認等による差別を行わない。

毎日憲章　1946年2月制定

一．毎日新聞は言論の自由独立を確保し真実敏速な報道と公正な世論の喚起を期する。

一．毎日新聞は全従業員の協同運営により社会の公器としての使命を貫徹する。

一．毎日新聞は社会正義に立脚し自由、人権、労働を尊重する。

一．毎日新聞は民主主義に則して文化国家の建設を推進する。

一．毎日新聞は国際信義に基づき世界平和の確立に寄与する。

ら、違法性を阻却するとはいえまい。とりわけ、2021年少年法改正によって「特定少年」（18・19歳少年）は実名報道が可とされたことに伴い、よりジャーナリスト自身の判断が問われることになった。特定少年を未熟な存在であるといった少年法の基本枠組みの中に残したうえで、一般の刑事事件手続きにのせたことで、少年の更生機会を大きく損ねることになる実名報道を法律上「解禁」したことで、法と倫理のせめぎあいが明らかになったといえる（**法ジャ328**参照）。

　もう1つ、日常的に問題になりやすいのが、取材対象先に立ち入る行為だ。少なからず「相手が嫌がる」内容や時期に取材をすることがあり、その結果、相手方に近づくこと自体を拒否されることが想定される。その場合、どこまで「勝手に」取材をすることが許されるかの問題だ。

　後述する危険地取材以外でも、沖縄では日常的に、米軍の事故があると公道などの公共空間であっても、一方的に規制線が張られ、取材はおろか日本の警察・行政関係者の立ち入りも制限（禁止）されることが続いている。官公庁も、気に食わない報道があると一方的に「出入り禁止」措置（出禁）をとることがあるが、それに粛々と従う記者はいないだろう。一般には抜け道を探して果敢に取材を続けるのが一般的だ。

　このように公的機関もしくは公道・公園などの公共空間の取材制限は、それが法の根拠がある場合であっても、原則として無断立ち入りは倫理上問題とされないし、むしろ制限自体に対してきちんと抗議するなどの対応をしていくべきカテゴリーである。次には、一般には立ち入りが認められている空間への無許可の取材のための侵入だ。例えば、公共施設、商業施設、あるいは学校などが該当しよう。

　こうした場所では通常、事前に許可を取って取材をすることになるが、緊急性を有する場合、立ち入り先がまさに取材対象で許可をしない場合等は、公共性・公益性の観点から、無許諾の立ち入り取材が倫理上許される場合が多いと考えられる。ただしその場合には、可能な限り組織的判断を行うなり、行った場合はその必要性を事後的に（通常は報道に際して）、きちんと読者・視聴者に対し説明することが求められる。

　さらにこれが、私的空間（病院や家の中などプライベートな閉じた場所）になると、盗撮・盗聴や潜入取材という領域となる（第9講参照）。より取材のハードルが高くなることは言うまでもないが、倫理上一律に許されないわけではな

◆ 不当な取材

特定秘密保護法の立法段階で、法務省が示した「不当」と「正当」の線引きを整理すると、おおよそ以下のとおりであった。

大臣の取材で執務室に入ったとき大臣が席を外した。その時に許される取材行為としては、
〇机上の書類を盗み見る
×引き出しやロッカーを開けて書類を出して見る
〇机上のパソコンのキーを押したら、画面のスリープ機能が解除できたので閲覧する
×机上のパソコンを起動させてフォルダ内の文書を開いて閲覧する

しかし実際どうだろう。さらにいろいろなパターンがあるだろうし、ここで×とされたものについても、阿吽の呼吸もあるだろうし、もし「30分ほど会議で抜けるけど、ここにいてよい」と言われたときに、むしろ黙って椅子に鎮居している方が記者としては失格ともいえ、むしろ漏洩可能性のある状態に置いた安全管理上の義務が問われる場合も少なくなかろう。しかしいずれにせよ、それら情報へのアクセスが、常に「不当」とみなされ懲役を含めた刑事罰を科される可能性があることを理解しておく必要がある。

さらにこれに追い打ちをかけるのが、「特定秘密」のわかりづらさだ。指定が行われるのは「情報」であって、指定段階ではまだ実体化していない。この特定秘密を含む文書に「特定秘密」と表示して、はじめて実体のある秘密が完成することになる。

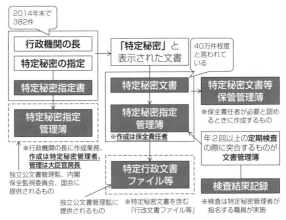

（三木由希子作成の図を基に整理）

「正当性」が争われた事案としては、民間私有地・建造物に立入取材する行為が裁判になった事例もある。2018年に宗教団体の施設に取材目的で立ち入ったジャーナリストに対し、東京地裁は建物の管理権を不当に侵害したとして罰金（執行猶予付き）を命じた（東京地判2021年3月15日）。判決では、繰り返し立入禁止を破ったことなどを挙げるなどの特殊性を顧慮したことがうかがえるだけに、一概に取材の自由の制限事由とは言えない余地がある。

い。いずれにせよ、取材先の都合で取材をするかしないかを決めるのではなく、現場で何が起きているかを確認することが、事実報道のためには欠くことができないというのがスタートラインだ。そのうえで、公共性・公益性に鑑みて必要だと思えば、それは知る権利の代行者として一般的なルールに反することが「正当な業務行為」であり、違法性が阻却されるとともに、倫理上も許容されるということになる。

2　不当性

　違法性議論の延長線上として存在するのが不当性の問題である。特定秘密保護法は、「不当な方法」で情報（この場合は特定秘密）を入手することは「違法」であると法に定める。いわば「正当な業務行為」である場合は、表現の自由として尊重するにせよ、そうではないと裁判所が判断すれば（その前段として、警察・検察の判断があるが）、当該行為は認められない。

　では、ここでいう「不当」が何を指すかであるが、前述保護法の立法時の国会審議では、外務省沖縄密約事件における記者の振る舞いが事例として挙げられた。取材先との関係性が問題とされたわけであるが、その判断は一般的な社会的常識とされるものの、あくまでも裁判官の判断である。しかも当該事件で明白なように、実際は「政府の意向」が色濃く反映しており、始めに有罪ありきといって差し支えない状況がみてとれる。

　すなわち、記者は自分の取材態様が「許される範囲」と思っても、それは取り締まる側の判断でいかようにも変化してしまう。さらにいえば、それらは、あくまでも倫理上のレベルの話であるはずだが、実際は倫理違反を行政なり司法が判断し、倫理的に許されないものは「違法」であると判示されることを知っておく必要がある。

　したがってここでも、まずは報道機関が、あるいはジャーナリスト個々人が、自らの基準として「正当性」判断をできるよう準備をしておくことと、それでもなお違法性を問われても揺るがぬ覚悟が必要になる。なぜなら、公務員に対し時にそそのかして、守秘義務に反して彼（彼女）が職務上知りえた秘密を洩らしてもらうことは、極めて一般的な取材行為そのものであって、その行為自身に自信を失ってしまっては、取材の第1歩が踏み出せなくなるからである。

　では、許されない取材態様とは何か。かつては「殺し」以外は何でもあり、といわれていたという。もちろんこれは比喩的言い方にすぎないが、「打つ買

◆ 法と倫理の関係

　人道的配慮というとあまり馴染みがない用語になるが、日常会話の中でも「人の道に反することはしてはいけない」といった言い方ならよくされるだろう。しかも、人道法（ヒューミニティ・ロー）は、戦争などにおける〈最後の一線〉を守る拠り所でもある。したがって、倫理規範でもあるが、もっとも哲学的な法規範ともいえる。こうした法と倫理の関係を取材・報道の場面にあてはめると、おおよそ以下の６つに分けられよう。

①絶対守るべき法規範

　社会規範としても確立しているものといえ、殺人や傷害は絶対だめで、人を傷つけてまで情報を奪い取ることはしないということである。刑事罰のうち、個人や社会に対する罪の過半は、社会人として必ず守るものといってもよかろう。株式等のインサイダー取引もその１つだ。

②原則遵守すべき法

　破る場合にはそれなりの理由が必要なもので、少年法がその代表だろう。また、人のものを勝手に盗むことはよくないに決まっているが、ウォーターゲート事件の秘密ファイルのように、証拠となる物証をこっそり盗み出して複写してから返却する、などの可能性は否定しえない。裁判員法に基づく裁判員への取材も、原則は法順守の対象だ。これらを破る場合には、十分に公共性・公益性テスト（判断基準を基にした検証）を行い、発表を予定している媒体の責任者など（企業ジャーナリストであれば上司や編集長など）にあらかじめ許可を得ることが必要な場合が多い。その段階で訴訟リスクなどを踏まえた法律チェックがかかることになろう。

③通常はあまり法を意識しないもの

　個人情報保護法、ストーカー規制法など、ジャーナリストであるがゆえに特別扱いをされているものが該当しよう。ただしこれら取材行為は、従来からの取材態様を後追いで認めた色彩が強いため、日常的に意識することはまずないものの取材・報道活動を守る重要な規定ではある。あるいは軽犯罪法も、形式的には取材過程で破ることもあろうが、これまた気にはしていないのが実情ではないか。

④世間の目を気にしつつ破ることを想定している法

　撮影禁止のルールがあっても、目の前で事件が起これば　シャッターを押すだろう。通常は事前に取材許可が必要な場所でもあっても、同様に緊急性があったり、先方の不正を暴くために立ち入る場合など、公共性・公益性が十分に読者・視聴者に説明できるケースでは、一定程度の軽微な法規範に形式的に反することはありうる。いわゆる建造物侵入など、その場の現場のとっさの判断で行った場合も、あとで第三者の判断を仰ぐことが望ましいし、報道に際してはそうした取材行為によって収集した情報であることを必要に応じて説明する義務があろう。

⑤あらかじめ破ることを前提にしている法

　情報源秘匿（情報漏示の幇助、法廷証言拒絶）のための行為は、法では認められない可能性があるが、必ず守ることで結果的に法には背くことになるものだ。あるいは、尊重はするが一般には破ることが前提の法律群もある。被報道者の人格権（プライバシー侵害、名誉毀損、肖像権侵害）は、報道の公共性・公益性から取材・報道を優先する領域である。

⑥明示的な法規範がないもの

　たとえば差別表現など、ほぼ全面的に倫理基準での判断に委ねられているものである。憲法上の被疑者・被告人の権利、井戸端会議の延長線上の無責任発言の放送が許されないなど、あえて探せば法規範がなくはないが、だからこそ、自らの姿勢を正す必要がある領域だ。事実や知識の裏付けがない、一面的な見方に基づく判断は許されない。

うは芸の肥やし」が通用しないのと同様、こうした時代が終わったことは明らかだ。また、人権意識の高まりの中で、取材先が望まない行為をすることが難しくなっていることもある。さらには、SNSの広まりで、取材行為が可視化されて批判の対象になりやすい。

そこでややもすると、むしろ取材に萎縮が生まれることも起こりやすい。あるいは、嫌われてまで取材する意味はあるのか、という疑問も生まれがちだ。しかしそもそも誰からも嫌われない取材なるものがありうるのか、とりわけ事件・事故に関していえば、何らかの軋轢があるのが一般的であろう。それは報道（記事や番組）の段階でも同じであるが、その軋轢を超えた「公共性」や「公益性」があるとの判断があるかどうかにかかっている。

さらに今日では、それをきちんと説明できることが求められる。以前であれば、「俺がそう思った」ですませていたが、いまは「きちんと説明しきる」ことができなかったならば、その取材態様は許されない可能性が大きいということである。

最後に、「命との選択」の例を挙げておきたい。有名なのは「ハゲワシと少女」の写真である。人命救助か取材かという命題は、どんな場面でもつきまとうが、救える命が目の前にあるならば、人道上救助するのが当然だ。自分が手を差し伸べれば助かることが明らかであるにもかかわらず、溺れる人を撮影し続けて放置する選択肢はない。あるいは道徳的感情としても、目の前の命を見捨てたという思いが残れば、その行為は本人の心の傷になりうるかもしれない。

しかし一方で、多くの死傷者が出ているような場面、あるいは自分以外にも救助者がいるような場面で、撮影を継続することで、より多くの人に窮状を伝えることができるという判断ができるならば、救助より取材を優先する選択はありえよう。そこではプロフェッショナルとしての「冷酷な暖かさ」という言葉が使われたりするが、基本はヒューミニティ（人間的な暖かさ）がベースにあった上で、冷静な判断が求められるという意味合いと解される。

大切なのは、「命を救う」ことの意味で、この救うには、自分の目の前の人の命を救うことともに、その人を含む戦禍あるいは飢餓等に苦しむ人々を救うという意味も含む。ジャーナリストの役割・使命は後者に重点がおかれていることを理解したうえで、現場の緊張関係の中で自らの確信のもとで選択することが期待される。

ただし2011年の東日本大震災のような大規模災害で、記者もまた当然に被

◆ 撮るか救うか

人命救助か撮影かという
わかりやすい選択肢を示す
ことで、人としてのありよ
うや良識を考えさせる素材
として、いまや日本の教科
書にも登場する「ハゲワシ
と少女」の写真だ。南アフ
リカの写真家ケビン・カー
ターが、1993年にスーダ
ン内戦で撮影した1枚であ
る。ニューヨーク・タイム
ズに3月26日付で掲載さ
れたのち、1994年度ピュ
リツァー賞企画写真部門賞
を獲得した。同氏はその後、
自殺。撮影直後から、なぜ
助けなかったのか、との非

（『精選現代文B』三省堂所収の岡真理「虚ろなまなざし」の1ペー
ジから）

難が沸き起こったとされる。ちなみに同氏は、撮影の後、ハゲワシを追い払い、少女が立ち
去ったのを確認しているといわれるほか、ハゲワシは近くの食糧供給センターの食べ屑に集
まっていたもので、ことさら少女を狙っていたわけではないとの証言もある。

　一方で逆の状況も生じる。報道腕章を他者（報道関係者以外）に貸与する行為の是非だ。た
とえばスポーツイベントで選手に近づける取材ゾーンに特別に入れる便宜を与えるために、腕
章を知人に貸すといった行為がNGであることはいうまでもない。では、目の前の誘拐犯から
子どもを救うため、警察官に報道腕章を貸すことで、犯人に近づき命を助けることができるな
らば、その人命救済行為は許されるのか。

　これに似たことが千葉日報記者の腕章貸与事件で（2011年11月）、研究者のなかでも意見
が割れ、緊急性に鑑み許される場合があるとする意見が少なくない。逆に警察手帳を記者に貸
与することがありうるか（代替性が成立するか）、あるいは、中立性がゆえに安全を担保され
ている医師や記者に偽装することで、社会全体の合意に反し例外をいったん作ってしまった場
合の将来的影響を考えると、人命救済を優先すべきとの意見に簡単には与しえない。

害者であり、周辺に多くの犠牲者が生まれたような状況の中で、建前的に事実の記録性を重視し、情緒的反応を押し殺す努力をすべきとはいかない状況が生まれうる。特に地域ジャーナリズムにおいては、住民＝被取材者・被報道者との共感の中で取材・報道が成立する側面が強い（共感報道）。そこでは、歴史の記録者といった、いわゆる傍観的な立場は極めて取りづらい場合も多く、むしろ目の前の人を救うことこそが、全体の状況を伝えることにもつながるのではないかとされる。

　ジャーナリズム活動は、誰かが不幸になっている場合や、惨事に巻き込まれている状況の中で取材・報道することが少なくない。むしろ、その上に成り立っている職業といってもよいかもしれない。常に人道的道徳的な批判を受けやすいだけに、時代状況の中で修正しながら、自らの倫理観を機会あるごとに自問し確認し続けることが求められている。

［参考文献］

〈ジャーナリズムの教科書〉 マス・コミュニケーション全般を含む。

稲葉三千男・新井直之編『新聞学』（日本評論社、1988 年・第 3 版 1995 年・新訂 2009 年）、天野勝文・村上孝止編著『現場からみた新聞学』（学文社、1986 年）、天野勝文・生田真司編著『新版 現場からみた新聞学 取材・報道を中心に』（学文社、2002 年）、天野勝文・橋場義之編著『新 現場からみた新聞学』（学文社、2008 年）、天野勝文・松岡由綺雄・村上孝止編著『現場からみたマスコミ学 新聞・テレビ・出版の構造』（学文社、1996 年）、天野勝文・松岡由綺雄・村上孝止編著『改訂版 現場からみたマスコミ学 新聞・テレビ・出版の構造』（学文社、1997 年）、天野勝文編著『現場からみたマスコミ学Ⅱ』（学文社、1996 年）、松岡由綺雄編著『現場からみた放送学』（学文社、1996 年）、松岡新児・向後英紀編著『新 現場からみた放送学』（学文社、2004 年）、植田康夫編著『現場からみた出版学』（学文社、1996 年）、植田康夫編著『新 現場からみた出版学』（学文社）、天野勝文・植田康夫・松岡新児編著『新 現代マスコミ論のポイント』（学文社、2004 年）、天野勝文・植田康夫・松岡新児編著『「現代マスコミ論」のポイント 新聞・放送・出版・マルチメディア』（学文社、2001 年）、山本明・藤竹暁編集『図説 日本のマス・コミュニケーション』（NHK ブックス・日本放送協会出版、1987 年）、藤竹暁編『図説 日本のマスメディア』（NHK ブックス・日本放送協会出版、2000 年）、藤竹暁・竹下俊郎編集『図説 日本のメディア 伝統メディアネットでどう変わるか』（NHK ブックス・日本放送協会出版、2018 年）、田村紀雄・林利隆・大井真二編『現代ジャーナリズムを学ぶ人のために』（世界思想社、2004 年）、田村紀雄・林利隆編『ジャーナリズムを学ぶ人のために』（世界思想社、1999 年）、山本泰夫『メディアとジャーナリズム これから学ぶ人のために』（産経新聞出版、2012 年）、青木塾・天野勝文・山本泰夫編『ジャーナリズムの情理 新聞人・青木彰の遺産』（産経新聞出版、2005 年）、寺島英弥『シビック・ジャーナリズムの挑戦 コミュニティとつながる米国の地方紙』（日本評論社、2005 年）、立岩陽太郎『NPO メディアが切り開くジャーナリズム 「パナマ文書」報道の真相』（新聞通信調査会、2018 年）、日本ジャーナリスト会議 60 周年誌編纂委員会『真のジャーナリズムとは。 JCJ 賞受賞作で読み解く』（日本ジャーナリスト会議、2016 年）

第5講 真実性～誤報・演出

Ⅰ　正確さ

1　真実追求努力とリスペクト

　報道倫理の最高位は「事実」報道であることは冒頭で触れたとおりである。また、事実であるがためには正確性が求められることもすでに述べた。ただし、立ち位置によって見える景色は多くの場合異なり、それゆえに報道が報道たる真価が問われることになる。たとえば、戦争が起こればその両当事者によって歴史は大きく異なる。

　日本への原爆投下についても、それが米兵の多くの命を救ったものとして正当化する意見がアメリカではいまでも根強いが、その根拠となる数字だけでもさまざまあることが知られている。あるいは意思決定のタイミングや、日本の敗戦受諾の理由も立場によっていろいろだ。同じことは日本軍の南京虐殺においてもいえるだろう。そこに、政府の意思が入り込むと話が余計にややこしくなりがちだ。

　より身近なところでは、沖縄戦で「実際に起こった出来事」でさえ、いまだに歴史教科書の記述一つとっても、何が事実かで大きな議論が続いている。近年、戦中や戦後の事項についてGHQ等の米国資料の公開が進み、新しい史料が発見されたり、生存者が重い口をようやく開いたことで、事実の解明が進んできた。その一方で、高齢化によって直接証言が減少したことを利用したかのような、伝聞に頼った「歴史の上書き」も始まるなど、新しい課題が生まれつつある。

　こうした時に、先入観をもたないことも大切であるが、より大きな課題は、歴史を意図的に歪めたり、時代性を忘却したり、政治的な主観に基づいたりして真実追求努力を怠ることである。もちろん、時間的制約もあるだろう。力量の問題もあるかもしれない。誰もがスーパージャーナリストで、完璧な取材、非の打ち所のない報道ができるわけでもない。そもそも、すべての事象に100％の力を注いで取材・報道するのは理想ではあるが、現実にはありえない。だからこそ、その時々の状況の中でベストを尽くしたかが問われることになる。それが真実追求努力なるものである。

　その時に、面倒がって現場に行くのを省略したり、自分のストーリーに合わないので特定の内容に関してあえて取材しないというのは、問題外だ。しかし

　フジテレビ系列（関西テレビ制作）で 2007 年 1 月 7 日に放送された「発掘！あるある大事典 II」で、実験データやアメリカの大学教授のコメントを捏造していたことが判明、大きな社会問題となり、関西テレビは謝罪放送を行い、番組放送を打ち切った。また、政府が放送法を改正し行政処分を行えるような動きを見せたことから、放送界は対応策として BPO 放送倫理委員会を設置することにした（第 1 回審議案件）。

　同番組は、紹介された食品が翌日のスーパーマーケットからたびたび売り切れる状態になるなど、全国的な人気番組であった。同回では、納豆を食べるとダイエット効果があるとの内容が放送され、市中で品薄状態になるなどした。しかし実験データなどに疑問があるとの指摘が週刊誌からなされ、関西テレビで調査した結果、①ダイエット研究でやせたと紹介した写真は被験者と無関係、②インタビュー先のアメリカの大学教授のコメントの日本語訳スーパーは、話した内容とは異なり捏造したものでダイエット効果があるとの発言はなかった、③実験したと紹介した被験者 8 人のコレステロール値や中性脂肪値などは測定していなかった——などが判明した。

　関西テレビは 2007 年 1 月 21 日、同番組の放送を休止するとともに、虚偽だった内容を説明、謝罪した。単独スポンサーが降りることを決め、関西テレビは 1 月 23 日に同番組の打ち切りを発表した。この番組は、関西テレビが外部プロダクションに制作を発注していたが、過去の番組でも実験データや専門家のコメントに疑惑があることが浮上した。同局は、「発掘！あるある大事典」調査委員会を設置、調査報告書を公表、「関西テレビ再生委員会」「関西テレビ活性化委員会」を設置した。同年 4 月には検証番組「私たちは何を間違えたのか 検証 発掘！あるある大事典」を放映、同月には民放連から除名処分が下された（1 年半後に復帰）。同委員会の特徴は、番組関係だけにとどまらず、放送外事業や経営全般を審議対象にしている点である。その後、2009 年には「オンブズ・関テレ委員会」に改組、審議対象から経営課題をはずした。また検証結果を踏まえ、『番組制作ガイドライン』（現在は 2012 年改訂版）を刊行している。

あるある事件を機に制作された関西テレビのポスター。左上には「関西テレビ　倫理・行動憲章」とある。

事前準備不足で、その時代背景や、基礎的知識がないばかりに、取材をしなかったのならば、それもまた明白な真実追求努力の不足である。

　ここでの問題は、そうした取材は取材対象に対する「リスペクト」がないということにつながろう。どんな場合であっても、取材対象者に対しては尊敬の念をもって取材することが求められる。専門家に対する取材に対してさえ、テレビに出してやるとか新聞に載せてやるといった態度での、「上から目線」の取材が問題視される近年の状況があるが、たとえば容疑者（被疑者）であっても、事件を起こしたからには何らかの理由があるであろうし、それをきちんと聞くという姿勢はどこかに持っておく必要がある。

　あるいは、虚偽の事柄を喧伝する組織や個人を批判する場合でも、「デマだ」と一刀両断するのではなく、それら主張の史実の誤りなど事実に反する「エビデンス（確固たる証拠）」を報じることが大切だ。そうした証拠を執拗に集め「事実」として読者・視聴者・ユーザーに提示することが、ジャーナリストには求められている。初めからレッテル貼りをして、自身の主張にあった内容のみを事実として報道するという姿勢は、その報道内容に結果的に歪みや隙<ruby>隙<rt>すき</rt></ruby>を生む可能性が高まる。

2　覚悟と誠実さ

　事実を伝えることは時に残酷なことである。とりわけ当事者にとっては、知りたくなかった事実を知ることになるかもしれないし、その結果、人生が大きく変わってしまうこともありうる。ジャーナリズム活動は、多かれ少なかれ、社会に影響を与えるものであり、その影響が個人に直接及ぶ場合、その当事者にとってはとてつもなく大きなものになる。

　そうした大きな力を有していることを、ジャーナリストは常に意識することが必要だし、それだけ重い責任をもって職務にあたることが求められる。社会的責任や役務・役割といわれるものである。

　だからこそジャーナリストには、ペン1本でカメラ1台で、こうした大きな影響を与えうることの「覚悟」が求められている。逆に、そうした重い覚悟があってこそ、被報道者との間の信頼感も生まれうる。通りすがりのことを書く、撮るのではなく、被取材者・被報道者に向き合い、関係性を構築して、はじめて本当の意味での取材が可能になる。

　対象物の前を通過していくだけのリポーターやフォトグラファーではなく、

◆ NHK の事例

　1992 年に NHK で 2 回にわたって放送された「奥ヒマラヤ禁断の王国・ムスタン」が、取材スタッフに高山病の真似をさせたり、住民に金品を渡して雨乞いをさせるなどのシーンに対し、新聞報道をきっかけに、やらせ行為であると指摘され批判された。NHK は、「ムスタン取材」緊急調査委員会により内部検証したが、その報告書では事実と異なる点や行き過ぎた表現があり、番組の基本テーマの描き方に誤りはなかったものの、番組を面白くしたいと思うあまり過剰な演出をし、また事実確認を怠り誇張した表現をしたと分析したものの、「やらせ」とは認めなかった。これをきっかけに、「放送現場の倫理に関する委員会」が設置された。

　2014 年 5 月放送分の「クローズアップ現代」やらせ疑惑では、外部委員を含む検証委員会は、調査報告書の中で「過剰な演出」や「視聴者に誤解を与える編集」はあったものの、「やらせ」はなかったと結論付けた。当該報告書を逆手に取って政府は、放送法違反の番組であったとして行政指導を行い、「企画や試写等でのチェック」体制についてまで踏み込み、事実上の事業改善命令を出した。2015 年 11 月に BPO は、「『情報提供者に依存した安易な取材』や『報道番組で許容される範囲を逸脱した表現』により、著しく正確性に欠ける情報を伝えたとして『重大な放送倫理違反があった』」と判断するとともに、総務省が、放送法を根拠に 2009 年以来となる番組内容を理由とした行政指導（文書での厳重注意）を行ったことに対しては、「放送法が保障する『自律』を侵害する行為で『極めて遺憾である』」と指摘した。

◆ 新聞の事例

　確認作業が不足するまま、スクープ狙いで走ってしまったと思われる例が、2012 年 10 月に起こった読売新聞の iPS 細胞報道だ。ちょうどノーベル賞受賞直後だけに大きな話題となったが、後追いした日本テレビのほか、共同通信の配信記事を掲載した多くの地方紙が、後日お詫びをする結果となった。一方で、同じ持ち込みネタを怪しいと見抜いて掲載しなかった社があるものの、そうした社においても過去は同一人物の記事を掲載したことが図らずも明らかになり、検証に追われることになった。

　同じく 2012 年には、兵庫県尼崎市を中心とする殺人事件の主犯格と目されている女性の顔写真の取り違えでは、毎日、読売、日経の在京各紙のほか、共同配信記事を掲載した多くの地方紙が、別人を容疑者として誤って掲載している。新聞以外も放送局各社や、週刊朝日、サンデー毎日、週刊文春、週刊新潮などの雑誌各誌でも誤掲載が起きた。そのほか、同年夏以降に断続的に続いたパソコン遠隔操作犯罪予告メール事件では、4 人の誤認逮捕に合わせて、報道各社はほぼ例外なく実名で犯人視報道を行った（一部、少年については匿名）。

　興味深いのは、iPS 報道では該当社はすべてお詫びをしているが、写真取り違えではお詫びをしたりしなかったりバラバラで、PC 事件ではお詫びした媒体は存在しないと思われる。このことは報道界全体として捉えた場合、後二者については、少なくとも深刻な誤りとは捉えていない節があることだ。

優れたジャーナリストになりうるかどうかの境目がここにあるといってもよかろう。昔から、ジャーナリストのことを「時代の目撃者」と呼んできたが、被報道者との関係性が構築されたその時に、本当の意味での真摯な目撃者になりうるということだ。

　もちろん、相手方が口を閉ざしている場合、社会一般的な空気として敵対心を持っているような場合は、よりジャーナリスト個人の力量が問われる。たとえば、事件・事故の被害者が該当する。こうした場合に、関係性の構築もなく、時に表層的な寄り添いの気持ちで接することで、大きなハレーションを生んできた過去がある。

　ただし一方では、はじめの一歩がなければ、関係性の構築が始まらないことも事実だ。人権配慮という名目で、一切の取材を諦めてしまっては、確かに侵害は起きないかもしれないが、それではただの通過者であって、「事実」に接近することはできない可能性が高い。感情に流されることなく被取材者に対する「思いやり」を持ち続けるという、難しい作業が期待されていることになる。

　当然、ここでいうような取材行為や報道には限界もある。ジャーナリスト自身がその限界を十分に理解し、「誠実さ」を忘れないことも大切である。どんなに取材しても、取材しきれないこと、被対象者から聞けなかったことが残る可能性は大きい。むしろその方が普通である。書いたこと、撮った画が絶対ではなく、別の書き方見え方もあるだろう。時間の経過の中で、報じた内容が誤りである可能性も否定しえない。

　不足や誤りの可能性が常にあることを意識できるか、被取材者・被報道者に対して、そうした姿勢をもって誠実に対応していけるかが、とりわけいまの時代には必要である。

Ⅱ　誤報・虚報・捏造

1　深刻性認識の差

　ジャーナリズムにとって「誤報」は命取りだ。それは事実の報道に反するからにほかならない。そして一般に、なぜ誤報が問題になるかを考える場合、その記事や番組が報道倫理に反することが1つの基準とされてきた。

　近年を振り返ってみると、2010年代は報道界が「誤報」「捏造」に揺れた時

◆「ニュース女子」事件

　「ニュース女子」は、化粧品メーカー DHC が制作するインターネット放送番組であり、東京メトロポリタンテレビジョン（TOKYO MX）ほか全国の地上波・衛星放送に販売（放送局に完パケ（完全パッケージ＝完成品）を納品し放送するスタイル）していた。問題となったのは、2017 年 1 月 2 日に放映された第 91 回「マスコミが報道しない真実〜沖縄・高江ヘリパッド問題」で、沖縄・高江の米軍ヘリパッド建設工事に対する反対運動を行っている団体をめぐり、現地取材した内容だった。

　番組内容は『週刊新潮』11 月 3 日号をなぞったもので、それ以前からの抗議活動を行っていた沖縄県民に対し警備にあたった大阪から来た機動隊員が「土人」発言をしたことに対し、派遣元の松井一郎府知事が「どっちもどっち」的な発言をするなど、抗議活動に対する偏見や差別的言動、いわゆる「沖縄ヘイト」が巻き起こっていたことがある。これに在日コリアンに対するヘイトが重なり、いわばネット上でのデマを含めた誹謗中傷を地上波放送が流したことで大きな社会的問題となった。批判を受け同番組は、独自の「反論」番組（第 101 回）を制作・放映した（地上波では未放送。内容は、批判は当たらないとして自身の放送内容を正当化するもの）。

　BPO 放送倫理検証委員会は 2017 年 12 月 14 日、当放送について「重大な放送倫理違反があった」との意見を公表。抗議活動を行う側に対する取材の欠如を問題としなかった、「救急車を止めた」との放送内容の裏付けを制作会社に確認しなかった、「日当」という表現の裏付けの確認をしなかった、「基地の外の」とのスーパーを放置した、侮蔑的表現のチェックを怠った、完パケでの考査を行わなかった、の 6 点を問題として指摘した。

　同局の番組審議会も報告と検証を求める中、TOKYO MX は局独自の検証番組を 9 月 30 日に放送。ウェブサイトでは当初、「番組『ニュース女子』に関する当社見解」と題し、「事実関係に捏造、虚偽があったとは認められず、放送法や放送基準に沿った制作内容だった」「適法に活動されている方々に関して誤解を生じさせる余地のある表現があったことは否めず、遺憾」と掲載していたが、その後、考査の強化をすべきとの BPO 決定を受け「今回の意見を真摯に受け止め、全社を挙げて再発防止に努める」とするコメントを出した。

　同決定を受け、TOKYO MX は供給元である DHC シアターおよびスポンサーである親会社の DHC に対し、責任所在確認のために TOKYO MX が番組制作の段階から関わる協議を行ったが、DHC 側は受け入れず 2018 年 3 月に同月 31 日にて放送終了を発表した。なお、DHC は TOKYO MX 全体のスポット CM の出稿を引き上げたと伝えられている。その後も同番組は、地上波地方局および BS での番組販売は継続していたが、2021 年 3 月末にて配信も含め終了した。なお 2018 年 3 月まではテレビ放送が先行扱いとなっていたが、同年 4 月以後から動画配信プラットフォームでの定時動画配信に移行していた。

　同番組の進行役を務めていたのが東京新聞論説委員であったことから、東京新聞論説主幹が遺憾を紙面で発表、それに当該論説委員が反発するという動きもあった。

　DHC は 2021 年にも、公式サイトに同社会長の在日コリアンに対する差別発言を掲載するなどし、日本テレビや毎日折込等から広告出稿を拒否されるほか、地方自治体との包括連携協定も見直しになるなどしたと伝えられている。

期だった。もちろん、これらの「誤り」は古くて新しい問題である。古くは、昭和新元号幻のスクープ（毎日新聞）や、戦後すぐの伊藤律架空会見記（朝日新聞）、少し前では1989年の三大誤報と呼ばれる、グリコ森永事件犯人逮捕（毎日新聞）・宮崎勤アジト発見（読売新聞）・サンゴ落書き（朝日新聞）など、報道に誤りはつきものともいえる。しかも、報道の根幹である「正確さ」にストレートに関わる事項であるだけに、報道全体の信頼性を揺るがす問題だ。

　報道するにあたり、多くの場合は時間的な「締め切り」が存在する。テレビであれば番組の開始時間で、週1回の放送ならばおおよそ毎週決まった時間に締め切りは訪れる。同様に新聞ならば、基本毎日1回、締め切りがあり、記者はその時間に合わせて出稿し編集作業が行われる。その結果、報道機関の宿命として締め切りがある以上、迅速さとの相克の中で十分な裏付けなしに記事化・番組制作し、一定程度、最大目的の正しい事実の伝達を犠牲にする場合もありうる。

　いわゆる広義の誤報にはいくつかの段階が存在し、最も悪質な無から有を作り出す〈捏造〉に始まり、針小棒大の作り話で読者を騙す〈虚報〉、ミスによって間違った事実を誤って伝えたいわゆる狭義の〈誤報〉、報道段階では事実と信じる相当の理由があったが後に誤りがわかった〈結果誤り〉、などがあろう。こうしたグラデーションからすると、最初の2つ（「捏造」「虚報」）は深刻な誤りでお詫びに値するが、あとの2つ（「（狭義の）誤報」「結果誤り」）は、それほど悪質重大ではないとの判断が各報道機関にあろう。

　このどの段階に当てはまるかで、社の対応も変わってくるのが一般的だ。通常は捏造になると、記事や番組を取り消し、社長ほか責任者が辞任するという対応をとることが多く、逆に冤罪事件や人事の観測記事に代表される最後のカテゴリーでは、メディアは誤りも訂正もしないという場合がむしろ一般的である。そのほか、取材上の瑕疵なのか、報道上の誤りなのかという分け方や、記者やディレクターといったメディア側に責任があるのか、取材先や投稿主が嘘をついていた場合に分けることも可能だ。

　それに加え、すでに他社が報道している場合には、つい「安心感」が支配することもある。これは、他媒体に頼ることによる思考停止にほかならない。悪しき横並び意識や他力本願で確認作業を軽んじることは、何気ない写真一葉や記事一行が、被報道者の名誉やプライバシーを傷つけ、人生を変えることすらあることに対する思い、報ずることへの覚悟が欠如していることの表れだ。

　「国益損ねた朝日、反省なし」「国益害した慰安婦報道」――これらはいずれも在京紙の2014年9月12日付朝刊の1面や社説の見出しである。前日の朝日新聞社の一連の記事に関する社長謝罪会見を受け、多くの新聞は大きなスペースを割いて、慰安婦報道、原発事故報道、連載不掲載問題について紙面展開をした。同様に総合月刊誌でも、「国益とメディア」「さよなら朝日」といった特集タイトルが背表紙を飾った。同時期の週刊誌も含め、記事の中では保守系論客が朝日新聞の廃刊を求めるものも目に付く。こうした言説は、沖縄地元紙に対する批判とうり二つである。「国益」に反する報道は許されない、という考え方である。

読売新聞2014年9月12日付朝刊3面　　産経新聞2014年9月12日付朝刊1面

　吉田証言（慰安婦報道）は、〈国益毀損〉という新たな理由付けによって批判されているという点で、注意が必要だ。これが報道倫理に反するのか、あるいは国益に反することがジャーナリズムにとってどのような問題があるのか、についてである。今回の場合でいえば、国際社会に誤った情報を伝え、それによって国のイメージを著しく傷つけた、ということがいわれ、朝日新聞社自身も、その点を重くみて、検証委員会の主要テーマに設定している。確かに、報道がどのような影響を与えたかは大きなポイントではある。たとえば、報道で風評被害が起これば、当該関係者に大きな被害や迷惑をかけることがあれば、これは批判の対象にも、場合によっては損害賠償の対象にもなりうるだろう。さらには、こうした報道によって読者の信頼を失うとなれば、報道機関にとって最大の損失である。

　政府が報道の事実誤認に抗議し、場合によっては国益に反するとの批判をすることはありうるとしても、同じ理屈をメディアの相互批判に適用できるのか、ましてや国益を守ることをメディア自身が自らに課す行為が好ましいかには強い疑問がある。ジャーナリズムの本旨は権力監視であり、時の政権を厳しく批判することで、少なくとも短期的には国家イメージを損なう、あるいは政権の信用を失墜させることはままあるからである。しかも、憲法で検閲や盗聴を明文で禁止しているのは、国家による表現行為の強制を認めていないことにほかならず、それは言論が国益とは一線を画すことの裏返しである。それは同時に、「お国のためジャーナリズム」を敗戦を機に拒否するという報道界の誓いだったはずである。

捏造や虚報が起きた場合は大騒ぎをするものの、狭義の誤報や結果的な誤りは事件報道にはつきものとして、通り過ごしてしまいがちだ。とりわけ誤認逮捕に関しては、警察捜査のミスであって報道した側には責任はないという態度がみてとれる場合が多い。しかし、むしろ構造的な問題を孕んでいるのは、こうした日常的に起こる可能性がある誤報群だ。

　誤報を防ぐには、そもそも警察発表を基にした逮捕時に報道のピークをもってくる、日本的事件報道の「慣習」自体をもう一度考え直してみる余地がある。あるいは、何がなんでも被疑者の顔写真・実名が必要だというのは、報道機関の「思い込み」にすぎない可能性はないか。たとえば、逮捕段階よりもはるか昔の写真を報じるのは、どんな顔か見てみたいという覗き見的な「好奇心」の発露であって、それは事件報道の本質であるとともに、人権侵害のきっかけでもあることに思いを馳せる必要がある。

　もちろん、さらに遡ればこうした一連の犯罪報道の必要性自体も議論の俎上に載る可能性があるが、いずれにせよこれらの日常的な誤りの積み重なりによって、媒体の信頼性が傷つけられていることを、もっと真剣に受け止めなくてはならない。

　また2010年以降の「誤報」事案である、朝日新聞の過去の慰安婦報道や原発事故報道、東京メトロポリタンテレビジョンの「ニュース女子」は、従来のある意味では単純な誤りとは違う、記事や番組の検証のあり方、事後処理のあり方などについても議論を呼んだ。

2　ストーリーとメッセージ性

　古くて新しいジャーナリズムが抱える大きな課題に「ストーリー」作りがある。とりわけ時間がないと、はじめに結論ありきで、それに合ったストーリーを作ってしまうことになりかねない。それに構造的な問題、たとえば人手不足、慢性的な時間不足（無理な締め切り設定）、労働過多、予算不足などが重なると、むしろこうしたストーリーに当てはめた取材・報道（番組作り）をせざるをえなくなるともいえる。それは時に捏造や虚報にもつながりかねない。

　そこまでいかなくても、はじめから結論をもって取材をすることは、事実を見る目をはじめから瞑っているともいえ、せっかくの取材の機会を活かせないことになるだろう。場合によっては、読者に誤ったイメージを形成するきっかけを与えてしまうことにもなりかねない。往々にして1つのテーマに没頭して

◆ 朝日新聞「誤報」事件～検証の仕方

　朝日新聞の2つの吉田事件でのもう1つの注目は、記事の是非ではなく、自らの記事を検証し改善するために作った「組織」についてである。社は事案の収束を企図し、原発「吉田調書」記事の取り消し・社長謝罪ののち、既存の組織（報道と人権委員会）に検証を委ねた。ただし、すでに社の結論（記事の取り消しや謝罪など）が出ている中、それを補強するものにしかなりえない宿命を背負っていたといえる。

　そして慰安婦「吉田証言」記事については、統一的見解の困難が予想できる委員からなる「慰安婦報道検証　第三者委員会」を設置。これとほぼ同時に、同じく外部委員を含む「信頼回復と再生のための委員会」を立ち上げ、慰安婦報道や池上コラム不掲載の検証を同時進行で行うことになった。その結果、同じ課題について複数の委員会で別の結論が出かねないという状況を作り出してしまった。さらに少なくとも朝日は、当事者による検証を放棄し、外部にその判断を委ねてしまったとの批判を、引き受けざるをえないことになった。

　朝日新聞社組織図にはライン系統から独立して、いずれも外部委員からなる「紙面審議会」（2016年4月に「あすへの報道審議会」へ発展的解消、前・審議会同様に会社組織図には不掲載）「報道と人権委員会」の2つの組織が存在していたが、これに加え「編集権に関する審議会」「パブリックエディター」を設置した。前者は有識者3名から成り、経営に重大な影響を及ぼす事態で記事に関与する必要がある場合は、審議会の助言を得て取締役会で決めるという手順をとるという。また後者は社員と外部識者の混合体で、「統括・担当・代表」の管轄下におかれ、組織上の地位は「記者規範幹事」や「ジャーナリスト学校」と同列である。こうして外部の意見を多方面に受け入れ、社の意思決定過程に関与させる手法は、意思決定の公正性や紙面化過程の透明化として斬新ではある。しかし一方で、検証・検討組織が多すぎて責任の所在をかえって不明確にする危険とも隣り合わせであるといえるのではないか。

　このように編集と経営の関係については、逆に新しい課題を作ってしまった可能性もある。2014年12月26日付の「第三者委員会の報告書に対する朝日新聞社の見解と取り組み」でも引用されている、「新聞企業が法人組織の場合には取締役会、理事会などが経営管理者として編集権行使の主体となる」という一文だ。その結果、経営的観点から問題があると思えば、事実上、経営者は報道内容に口出しができることになる。実際、NHKの慰安婦を扱った番組をめぐって政治家の介入があったとして争われた事案で、裁判所は事実上、編集権を対外的な独立を守るものとして位置付け、経営陣の現場に対する番組変更の指示を問題なしとした。

　社見解で「経営陣は編集の独立を尊重し、原則として記事や論説の内容に介入することはしません」としているのは、まさにその延長線上にあるといえるだろう（1月5日『「ともに考え、ともにつくるメディアへ」信頼回復と再生のための行動計画」で社方針として同趣旨を発表）。社見解では続けて、関与の責任の明確性や介入の場合のルール化などを掲げているが、従来の大原則に変更はないといえ、その限りにおいて「分離」は中途半端なものにならざるをえない心配が残る。むしろ、編集権声明の抜本的見直しこそが求められているのではなかろうか。

取材を進めているときは、自分のストーリーにあった情報ばかりが集まりがち
だ。そうした時こそ、むしろ不都合な事実によって新しい視野が広がることを
忘れてはなるまい。それは、取材の限界を自覚することでもある。

　一方で、記者や番組の作り手が、強い「思い」や「主張」を持つことを否定
するものではない。そもそも、強い関心、疑問等なしに、取材のきっかけは生
まれないだろうし、執拗な取材もなされない。深みのある記事や番組は、こう
した作り手の強い思いから発していることが多いからだ（たとえば、各顕彰事
業の受賞作品のコメントをみるとよくわかる）。

　しかもこうした「メッセージ」性は、記事にせよ番組にせよ必須のものでも
ある。とりわけ、多くの調査報道や、キャンペーン報道の場合、当然ながら社
会に対し強いメッセージを発し何らかの影響を与えてはじめて、報道目的が達
せられるといってもよかろう。さらにいえば、編集方針が明確であれば、紙面
作りや番組制作自身が、一定のメッセージ性を有することはよくあることだ。

　たとえば、憲法改正に賛成か否かに始まり、原発再稼働反対、辺野古新基地
建設反対と、その媒体の立ち位置が旗幟鮮明な場合は少なくない。さらにいえ
ば、戦争はしない、弱い者の立場に立つ、といったジャーナリズム活動の原点
ともいえるような「思い」もまた、見方によっては１つの立場である。地方の
報道機関の場合、社是として地方経済の発展や住民の幸福の実現などを掲げる
場合も少なくない。

　強い関心をもとに取材に取り組み、あらゆる視点から情報・資料を集め、そ
の上で場合によっては仮説を設けて、それを検証すべく独自の取材を行うとい
うのが、望まれる筋道だろう。その時に、意図的に意に沿わない事実を抛棄す
るのではなく、実証的にそれを上回るだけの事実をもって結論に到達すること
が必要ということになる。

　それが先に述べた真実追求努力であり、また誠実さの表れでもあるというこ
とだ。また同時に大事なのは柔軟性だ。作業の途中で疑問が生じたり、瑕疵を
感じたならば、立ち止まって見直す余裕と、軌道修正する柔軟性や勇気が求め
られる。それなしに突っ走ったときに、先にあげたような大きなトラブルが生
まれることになりがちだからだ。

　なお関連して、当該媒体や、社会全体の多様性との関係もある。すなわち、
１つの媒体でより多くの考え方を紹介することも、とりわけ意図的に少数者
（社会的マイノリティ）の意見を取り上げたり、社会を二分するような課題の場

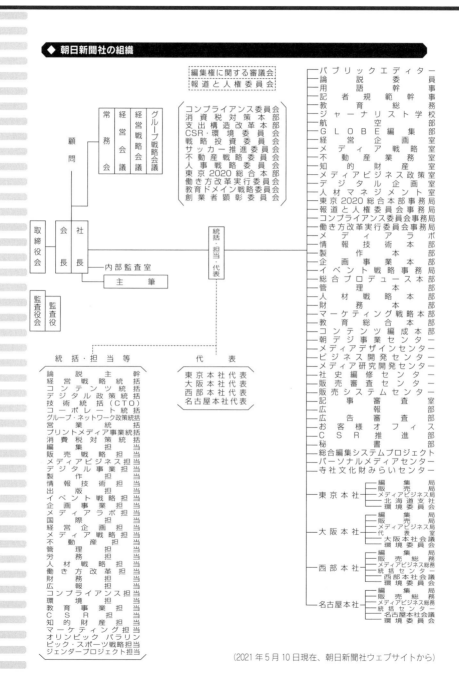

◆ 朝日新聞社の組織

編集権に関する審議会
報道と人権委員会

常務会・経営会議・経営戦略会議・グループ戦略会議

顧問

コンプライアンス委員会
消費税対策本部
支出構造改革本部
CSR・環境委員会
戦略投資委員会
サッカー推進委員会
不動産戦略委員会
人事戦略委員会
東京2020総合本部
働き方改革実行委員会
教育ドメイン戦略委員会
創業者顕彰委員会

取締役会
監査役会・監査役

会長・社長
内部監査室
主筆

統括・担当・代表

パブリックエディター
論説委員
用語幹事
記者規範幹事
教育総校部事務室
ジャーナリスト学
航空編集
GLOBE編集
経営企画
メディア戦略室
不動産業室
知的財産室
メディアビジネス政策室
デジタル企画室
人材マネジメント室
東京2020総合本部事務局
報道と人権委員会事務局
コンプライアンス委員会事務局
働き方改革実行委員会事務局
メディアラボ
情報技術本部
製作本部
企画事業本部
イベント戦略事務局
総合プロデュース本部
管理本部
人材戦略本部
財務本部
マーケティング戦略本部
教育総合本部
コンテンツ編成本部
朝デジ事業センター
メディアデザインセンター
ビジネス開発センター
メディア研究開発センター
社史編修センター
販売審査センター
販売システムセンター
記事審査室
広報部
広告審査部
お客様オフィス
CSR推進部
秘書部
総合編集システムプロジェクト
パーソナルメディアセンター
寺社文化財みらいセンター

東京本社
　編集局
　販売局
　メディアビジネス局
　北海道支社
　環境委員会

大阪本社
　編集局
　販売局
　メディアビジネス局
　代表室
　大阪本社会議
　環境委員会

西部本社
　編集局
　販売総務
　メディアビジネス総務
　統括センター
　西部本社会議
　環境委員会

名古屋本社
　編集局
　販売総務
　メディアビジネス総務
　統括センター
　名古屋本社会議
　環境委員会

統括・担当等
論説主幹
経営戦略統括
コンテンツ統括
デジタル政策統括
技術統括(CTO)
コーポレート統括
グループ・ネットワーク政策統括
営業統括
プリントメディア事業統括
消費税対策統括
編集担当
販売戦略担当
メディアビジネス担当
デジタル事業担当
製作担当
情報技術担当
出版担当
イベント戦略担当
企画事業担当
メディアラボ担当
国際担当
経営企画担当
メディア戦略担当
不動産担当
管理担当
労務担当
人材戦略担当
働き方改革担当
財務担当
広報担当
コンプライアンス担当
環境担当
教育事業担当
CSR担当
知的財産担当
マーケティング担当
オリンピック パラリンピック・スポーツ戦略担当
ジェンダープロジェクト担当

代表
東京本社代表
大阪本社代表
西部本社代表
名古屋本社代表

(2021年5月10日現在、朝日新聞社ウェブサイトから)

合は、両者の見解を紹介するといった多様性が求められる場合もある。

　日本の場合は、新聞の地域寡占が進んでいる状況があったり、地上波放送の場合は、チャンネル数が限られていることなどから、ジャーナリズム活動においては多様性の維持を意識することが大切だ。あるいは、社会全体として多元性が維持されていて、多様な情報の流通が確保されていれば、そうした心配は杞憂(きゆう)だ。インターネットの登場で流通する情報量は増え、意見・論評の多様性もおおよそ実現しているとはいえ（必ずしも特定のユーザーがさまざまな意見に接しているとは限らない）、事実報道の多様性についてはいまだ従来メディアに負っている部分が少なくない。

　放送の場合は法律上でも政治的公平さや多角的論点の呈示を求められており（放送法4条）、これは1つのチャンネルの中で、特定の党派的な立場のみに寄った番組だけではなく、さまざまな政治的見解を紹介することを求めており、これは多様性の実現を要請するものである（第7講参照）。

Ⅲ　価値付け・わかりやすさ

1　演出・編集・切り取り

　一般に「演出」は許されるが「やらせ」は認められない、といわれることが多い。実際、今日において、さまざまな演出は新聞でもテレビでも行われている。たとえば、新聞写真やテレビのニュース報道によって、報告書を手渡す場面や握手の場面は、報道向けのいわばセレモニー撮影といってもよい。これは、その場を表現するための「お約束事」として、撮影時間が設けられ取材用のポーズがとられるなど、演出が行われている。

　似たものとして「編集（editing）」もある。掲載する写真も、トリミングによって伝わり方は大きく変わる。たとえば、ある集会を伝えるのに最前列のみの密集した熱狂的な参加者だけを切り出した場合、実際の会場がガラガラであっても読者にはわからないままだ。テレビでの街角インタビューも、実際の人々の反応と、放映される比率が同じであるとは限らない。

　ただしこの点に関しては上記のどちらも、恣意的な編集は許されないと考えられている。それは誤ったイメージを伝えることになるからだ。あくまでも、その時の状況を「正しく」伝える上で、よりわかりやすく編集するということ

◆ 朝日新聞「誤報」事件～お詫びの仕方

　吉田調書（原発事故報道）の場合は、記者が調書の中から自分の主張に合うかたちで、いいとこ取りをしたことで、〈公正さ〉に反しているのではないか、が問われていると考えられるし、吉田証言（慰安婦報道）の方は、社自らが〈正確性〉に欠けると判断したことになる。さらに、訂正の遅れが多く指摘されており、これは〈誠実さ〉に反するといえるだろう。その結果としてかつての松本サリン事件のように、犯人視報道によって大きな権利侵害を及ぼすこともあり、これも誤報が問題だとされる理由の１つである。ほかにも〈真実追求努力の不足〉や〈表現の不適切さ〉、さらには〈意見と事実の分離〉が報道倫理上で問題になることもある。

（朝日新聞 2014 年 8 月 5 日付朝刊、慰安婦報道検証紙面、吉田証言を取り消すなどした）

（朝日新聞 2014 年 5 月 20 日付朝刊、吉田調書を報じる紙面、この紙面は取り消しとなった）

　とりわけ報道倫理が強く求められる今日において、読者・視聴者の誤報に対する批判はこれまで以上に厳しくなっている。たとえば戦争証言に代表される当事者インタビューは、裏取りが事実上不可能な場合も多く、内容の不正確性はある程度織り込み済みという場合も少なくなかろうし、怪しいと思っても逆に絶対間違いを証明することも難しく、「使わない」あるいは別の証言を報道することによって、事実上の訂正を行うという手法もこれまでは一般に活用されてきたと思われる。

　厳格性を求めることで、沖縄の集団自決も含め、体験者の証言は今後、報道が困難を極めることが想定され、戦後 70 年以上が経過し生の声を紹介する「最後」の機会といわれる中で、報道の自粛が起こりかねない状況を強く危惧されている。さらにいえば、被害体験（証言）は、最後の「掘り起こし」によって新証言が生まれているが、一方で加害体験の証言者は年齢的に皆無に近い。その結果、加害責任が薄まるという新たな課題も指摘されている。

だ。この時に「切り取り」という課題も発生する。

　当然、何らかの価値観をもって編集をする以上、誰がやっても同じ結果にはならない。むしろ違うことにジャーナリズムの価値がある。たとえば、1時間の国会論戦のどこを抽出して15秒のニュースで流すのかということだ。

　近年はこの編集に関して、極めて強いアレルギー反応が起きている。いわばマスメディアの勝手な編集で、自分たちの都合のよい情報だけを「つまみ喰い」しているのではないか、それによって読者・視聴者を誤導あるいは情報操作していないか、という疑念である。その結果、たとえば記者会見にしても「そのまま」流すのがメディアの仕事であって、それを「加工」するのは越権行為であるという意見が幅を利かせたり、マスメディアの編集行為は不要で、さらにいうならばマスメディアの仕事は害悪だという意見も強まっている。

　いわば「価値付け」に対する拒絶反応であるが、この点においても「恣意的な切り取り」ではなく、「意味がある編集」であることを、伝える側が説明する必要がある時代になっている。もちろん、それには受け取る側のリテラシーの問題が常につきまとうが、たとえば2つの対応策が、実際にはすでになされている。

　1つは、上記の記者会見に関しても多くのメディアはネット上で生配信を実施したり、ビデオクリップを用意してオンデマンドでの視聴が可能な視聴環境を整備してきている。そもそも、国会をはじめ一部の地方議会、そして首長の記者会見では、公的機関自らが生もしくは録画の中継を実施している事例も増えているほか、ネットメディアの中継も少なくない。その意味では、悪意をもった切り取りか価値付けかは、いつでも検証可能になっている。

　もう1つは、取材過程や報道の背景を、記者自らが説明する機会の増大である。公式・非公式のTwitterほかでの情報発信もあるし、動画で記者が記事を解説したり、多媒体の番組に出演する機会も増えている。これらは、ジャーナリズムの仕事を伝える新たな機会であることは間違いない。もちろん、それが逆効果を生むこともありうるが、基本は報道過程が透明化されることで、編集・価値付けの必要性の理解が高まることを期待したい。

2　再現・やらせ

　では、正しいイメージであれば意図的に作ってもよいのだろうか。たとえば満開の桜の状況を伝えるのに、過去の撮影素材を使うことは許されない（資料

　取材や報道に際し、対象等によって人権配慮や真実追求努力に濃淡はないと言いつつも、原発事故取材のように科学的見地から一定の取材制限をかける例が少なからずある。同様に、今日では犯罪被害者取材においても心理的配慮を求める観点から、専門的知識を持った記者が取材を行う必要性の指摘がある。これまでは、警察取材同様、事件・事故取材の被害者・犠牲者（遺族）取材は、「話したがらない取材対象から（無理やりにでも）話を聞き出す（コメントをもらう）」という意味で、「新米（駆け出し）記者」の「訓練の場」として位置付けられてきた面があるが、記者トレーニングの方法も含め、こうした取材対応は見直しの時期にある。むしろ、専門的職業訓練を受けたジャーナリストが範を示すべく、「望ましい」取材の在り方を、透明性をもって社会に提示し合意を得ていく時期に来ているといえよう。以下の取材パターンの組み合わせによって、考慮すべき倫理基準が変わることになる。

【取材類型】
〈アドホックな公共の関心事＝一般に私人が対象〉
・遺族取材（ex. 地下鉄サリン事件、神戸小学生殺傷事件、京アニ事件）　被害者取材（ex. 東電女子社員殺害事件、桶川ストーカー殺害事件、北朝鮮拉致事件、相模原事件、座間事件）
・被疑者取材（ex. ロス疑惑事件）　家族取材
・周辺取材（ex. 和歌山カレー事件）　当事者取材（ex. 臓器移植）
・災害取材（大規模、台風・地震等）　パンデミック取材（ex. コロナ）
・事故取材／事件取材（現場、警察ほか、関係者）
〈恒常的な公的事象・公的取材対象＝一般に公人が対象〉
・警察・検察取材　弁護士取材
・裁判（法廷内）取材　裁判員取材
・国会（政治家）取材　官公庁（官僚）取材
・企業（経済人）取材
・戦争取材ほか危険地取材（ex. 湾岸、イラク）
・原発事故取材
【取材方法】
・記者会見（正式発表）　記者懇談　代表取材（ex. 皇室、ペルー公邸）
・メディアスクラム対応
・傍聴（議会、裁判）
・インタビュー　直接取材／電話取材／オンライン取材　寄稿
・裏取り取材　調査・掘り起こし　オープンデータ（ビッグデータ）
・覆面／隠密取材（ex. 精神病院）　盗撮取材（ex. 田中角栄）
・囲み取材　ミックスゾーン　待ち伏せ取材　抱きつき取材　夜討ち朝駆け
【取材で知り得た情報の取り扱い】
・取材源の秘匿　オフレコ（完オフ、バックグラウンドブリーフィング）／オンレコ
・取材協定（解禁設定）　報道協定（ex. 誘拐報道協定）
・情報源の明示
・内部告発　持ち込み（投稿、情報提供）
・少年　被害者

映像等の断り書きを入れればもちろん可能）。では、評判の本や商品の販売風景として、それを手に取る様子を近くの顧客にお願いして撮影するのはどうか。それをスタッフにやらせるのは NG だが、実際に買いに来た客にお願いするのであれば問題なし、というのが一般的な感覚だろう。

　いわばこのあたりまでは、もちろん倫理の問題ではあるが、常識的な判断ということで済ませられる範囲だ。しかし、とりわけテレビ・ドキュメンタリーの領域ではさらに悩ましい議論がある。たとえば、2 年に一度行われる祭事を、撮影用に行ってもらうことはどうか。この時に「再現」といったクレジットを入れないことは許されるか。

　一般的なニュース映像でも、容疑者の声をそれらしく作って法廷の様子を「再現」する手法は一般的だ。その時、画面にはわざわざ断りのクレジットを入れない場合もある。いわば「明らかにわかる」場合は、画面がうるさくなる（汚れる）などの理由で、わざわざクレジット表示をしないことが一般には許されると考えられている。

　さらに広げると、スポーツ中継などでの効果音も、必ずしも生の音とは限らない。スケートの氷を削る音、ジャンプの飛び出しの瞬間の摩擦音など、実際には放映段階で人工的にかぶせている場合もあるという。この際、わざわざ「お断り」は入れない。いわば「うそではない、実際の生じている音を再現しているにすぎない」ということになる。

　一方で情報バラエティ番組などで事件の再現をする場合は、「再現です／実際の映像です」というテロップを神経質に使い分けている。これがドラマになれば、普通は全編すべてフィクションであるから、こうしたクレジットは必要なくなる。

　かつて、有名ディレクターが「撮れなかったものは存在しないのか」という言葉を残した。これは逆説的な言い方であるが、ノンフィクションであっても、実際にあったことを受け手に伝える手法として、それが目の前の事象をリアルタイムで撮影したものか、再現したものかは問題ではないということになる。

　「事実」を伝えているかという観点から、起こった事象を正しく受け手に伝えるのであれば、再現や演出は許されるということになる。あるいは、作り手と受け手の間に齟齬がないのであれば（間違いなく理解され、両者間で了解されていれば）、わざわざそれがフィクション（再現）であることを断る必要もないと理解できよう。

◆ 報道対象カテゴリー分け②

　以下の報道パターンの組み合わせによって、考慮すべき倫理基準、匿名実名の判断基準が変わることになる。

【公人】
〈個人〉
・政治家（現役、前職、立候補予定者　国政政党・地方政党）　高級官僚
・皇室（天皇　皇族　皇室）
・企業人（一部上場企業のトップなど）
・宗教人　教員・医者・弁護士・ジャーナリスト
・有名人（タレント・芸能人ほか）　スポーツ選手（現役）
〈法人〉
・政府（官庁、地方自治体）　政党　公共団体（博物館等　学校等）
・宗教団体　企業　NGO

【私人】
・犯罪被害者（性被害　風俗業ほか　未成年）　原告　自殺者
・精神障碍者　マイノリティ　LGBTQ＋　患者（感染症患者　回復者）
・未成年容疑者（特定少年）　被疑者（参考人）　被告人　受刑者　死刑囚　別件逮捕者
・家族　関係者
・取材協力者　内部告発者　インタビュー（有識者　街角）　野次馬（映り込み）　元有名人

【メディア】
・ペン（新聞　通信　放送　雑誌）
・カメラ（スチール　映像）
・インターネットメディア
・フリージャーナリスト

【報道種別】
・選挙（公示前・選挙期間中・投票日・選挙後）　政治　経済（エネルギー）
・生活・教育・文化（学校、文化財）　皇室（天皇、皇族）　暴力団（反社）
・厚生・労働（医療、高齢化）　環境（公害、地球環境）　気象・災害
・軍事・防衛（在日米軍、防衛省・自衛隊）　戦争　原発　パンデミック
・加害者　微罪　少年　被害者　誘拐
・疑惑　逮捕　裁判　あの人はいま　前触れ　死亡
・違法　不正　不道徳（ex. 不倫）　前科前歴

【内容種別】
・グッドニュース　バッドニュース
・ストレートニュース　フィーチャー　論説（社説　コラム）
・一人称　署名　無署名　外部寄稿（署名　仮名）

同じことは活字の世界でもあり、政治記事によくある「舞台裏」記事は、関係者からの伝聞による再現記事だ。記者が直接目にしたものではない。しかしこれを、再現だからNGということはない。もちろん、当事者からすると「勝手な作り話」と捉えることもあり、稀に抗議の対象にもなる。こうして「幅のある事実報道」が、読者との間での慣習上の合意があって許されているのである。ただしいずれの場合も、第3の目で読者・視聴者に誤解が生じないかの確認を行うなどの、ダブルチェックが望ましい。

　その上での話であるが、当然事実を勝手に変えることは許されない。それは捏造であって、再現でも演出でもない「やらせ」だ。報道界を大きく揺るがした過去のやらせ事案は、このレベルのものであって、ここで述べてきた議論とはレベルが違うことを念のために確認しておく必要があるだろう。関西テレビの「発掘！あるある大事典Ⅱ」事件（2007年）、NHKの「ムスタン」事件（1992年）、先にあげた架空会見記事や自作自演の紙面作りなどがその典型例である。

　なお、ストレートニュース（記事や番組）では原則、実際にジャーナリストの目や耳で直接確認したこと以外を、「あったこと」として伝えることがあってはならないと考える必要がある。再現写真や再現ビデオは認められず、より厳格に事実を報ずる姿勢が求められている。報道写真において、オリジナルプリントにはないものを付加したり、実際にあるものを消す行為は、絶対に許されない加工だ。フィルム時代にも稀に問題になることがあったが、デジタル時代を迎え市販のアプリケーションを使って、まったく痕跡なく、しかも容易に「書き消し」ができるだけに、自らの作品の完成度を高めるために、つい誘惑にのりがちな現実がある。

　ペンの場合でも、日常的についやってしまいがちな罠はそこここにある。伝聞情報を伝える場合、その主語は「○○さんによると……」であって、主語を省略して、さも見聞きしてきたように報じることは厳に慎むことが求められる。従来はとりわけ、警察情報をさも見てきたようにレポートしてきた経緯があるが、今日ではそうした事例はようやく少なくなってきた。

[参考文献]

〈ハンドブック類〉『取材と報道 改訂5版』（日本新聞協会、2018年）、『実名報道 事実を伝えるために 改訂版』（日本新聞協会、2016年）、『データブック2021』（日本新聞協会、2021年）、『取材源とどう付き合うか』（日本新聞教育文化団、1999年）、『報道と取材源 新聞／放送／第一線記者のためのハンドブック』（日本新聞教育文化団、2000年）、新聞研究別冊『新聞の公共性と事件報道——裁判員制度、取材源秘匿から考える』（日本新聞協会、2008年）、『事件の取材と報道』（朝日新聞社、2018年・最新版は未公表）、『書かれる立場 書く立場 読売新聞の「報道と人権」』（読売新聞社、1982年）、『新 書かれる立場 書く立場 読売新聞の「報道と人権」』（読売新聞社、1995年）、『社会記事を書くための基準集』（共同通信社、1974年初版）、『NHK放送ガイドライン2020 インターネットガイドライン 統合版』（NHK、2020年）、『放送倫理手帳2021』（日本民間放送連盟、2021年）、『民放連 放送基準解説書2014 2017補正版』（日本民間放送連盟、2017年）、『放送人権委員会 判断ガイド2018』（BPO放送人権委員会、2018年）、『放送倫理検証委員会 2012〜2020』（BPO放送倫理検証委員会、2021年）、『番組制作ガイドライン』（関西テレビ放送、2007年）、『エディトリアル・ガイドライン BBCの価値観および基準』（日本放送労働組合放送系列、2007年）、『ローカルジャーナリストガイド 地域で暮らし、地域から発信する人のための教科書』（日本ジャーナリスト教育センター、2018年）、ルイーズ・F・モンゴメリー編・日本新聞協会国際部訳『危険な任務を帯びたジャーナリスト 命を保つための手引き』（日本新聞協会、1987年）、報道人ストレス研究会編『ジャーナリストの惨事ストレス』現代人文社、2011年）

〈ジャーナリスト〉河﨑吉紀『ジャーナリストの誕生——日本が理想としたイギリスの実像』（岩波書店、2018年）、河﨑吉紀『制度化される新聞記者——その学歴・採用・資格』（柏書房、2006年）、斎藤貴男『ジャーナリストという仕事』（岩波ジュニア新書、2016年）、国谷裕子『キャスターという仕事』（岩波新書、2017年）、横山秀夫『クライマーズ・ハイ』（文春文庫、2003年）、黒田清『新聞記者の現場』（講談社現代新書、1985年）、読売新聞大阪社会部『ドキュメント新聞記者——三菱銀行事件の42時間』（角川文庫、1984年）、ジェイソン・レオポルド、青木玲訳『ニュースジャンキー』（亜紀書房、2007年）、樋田剛『記者襲撃 赤報隊事件 30年目の真実』（岩波書店、2018年）、古賀純一郎『アイダ・ターベル ロックフェラー帝国を倒した女性ジャーナリスト』（旬報社、2018年）、読売新聞東京本社教育支援部『ジャーナリストという仕事』（中央公論新社、2008年）、坂本龍彦・生井久美子『新聞記者の仕事』（岩波ジュニア新書、1997年）、筑紫哲也『若き友人たちへ 筑紫哲也ラストメッセージ』（集英社新書、2009年）、柴田鉄治『新聞記者という仕事』（集英社新書、2003年）、原壽雄『新聞記者 私の仕事』（東洋経済新報社、1979年）、鈴木隆敏『新聞人 福沢諭吉に学ぶ 現代に生きている「時事新報」』（産経新聞出版、2009年）、新聞労連編『新聞記者を考える』（晩聲社、1994年）、斎藤茂雄『新聞記者を取材した』（岩波書店、1992年）、「ジャーナリスト人名辞典」編集委員会編『ジャーナリスト人名事典 戦後〜現代編』（日外アソシエーツ、2014年）、滝鼻卓雄『記者と権力』（早川書房、2017年）、阿武野勝彦『さようならテレビ ドキュメンタリーを撮るということ』（平凡社新書、2021年）

第6講 人権配慮〜実名・匿名

Ⅰ 基礎的公共情報と配慮

1 犯罪報道の歴史的経緯

　人権配慮のテーマでは、事件報道における匿名・実名問題を避けては通れない。すでにメディア批判の大きな流れについては確認したが、ここでは市民のプライバシー意識が一層高まった2000年以降から話を始める。

　ＳＮＳの普及などと相俟って、これまでオープンにされてこなかった取材過程や番組制作過程の実態が「暴露」されるなどし、ますます報道の信頼性は崩れていくことになった。さらには2010年代に入り、東日本大震災の原発事故報道などで、大手報道機関のだらしなさがネットメディア等で可視化され、その立場は決定的なものになった。

　そしてこの流れに重なるように進んだのが法制化だ。2000年代に入り個人情報保護法の強化（2004年全面施行）と、それに伴う市民社会におけるプライバシー意識の向上、そして被害者救済のための法律と政策が整備されていった。犯罪被害者等基本法や同基本計画だ（2004〜2005年）。こうした制度が下地となって、2010年以降は被害者が属する企業も、警察を含む公的機関も匿名発表が一般化していったという経緯がある。ここにおいては、その善し悪しは別として、メディアと市民と行政のスパイラルができあがり、その大きな流れは取材や報道の抑制作用として働いたといえるだろう。

　ここからわかるのは、警察と報道が密接な関係を有し、それゆえに圧倒的な取材・報道の質量が確保されてきたが、その事件・事故報道が引き金になって、メディアの信頼感が下降線をたどっていることだ。同時に、両者の間に溝が生まれ深まりつつあるという、ある意味では皮肉な結果がみられる。

　ここでいう個人情報あるいはプライバシーなるものについて、簡単に抑えておこう。大きく４つのカテゴリーに分けて考えられる（**法ジャ103**参照）。

　　・センシティブ情報（絶対秘）　　憲法により保護
　　・プライバシー情報（原則秘）　　個人情報保護法により保護
　　・プライベート情報（相対秘）　　犯罪被害者等基本法などにより保護
　　・オープン情報（公開秘）　　政治家資産公開法などで公開義務
いまこれに、
　　・ビックデータ情報（利用秘）　　改正個人情報保護法により活用促進

◆ 刑事事件のプライバシー

　いわゆる犯罪報道について、実名報道を原則とする報道スタイルを転換し、「匿名報道主義」と称されるような匿名を原則とする報道にすべきではないかとの主張が、1980年代以降みられるようになる（たとえば浅野健一『犯罪報道の犯罪』（学陽書房、1984年）、河野義行『「疑惑」は晴れようとも』（文藝春秋、1995年）、三浦和義『情報の銃弾』（日本評論社、1989年））。事件・事故の見直しをより早い段階で提唱したものとしては、1970年代に書かれた日本弁護士連合会編『人権と報道』（日本評論社、1976年）や疋田桂一郎「ある事件記事の間違い」（朝日新聞社内報）がある（柴田鉄治・外岡秀俊『新聞記者——疋田桂一郎とその仕事』（朝日新聞社、2007年）に再録。概要は、上前淳一郎『支店長はなぜ死んだか』（文春文庫、1982年）でも知ることができる）。

　事件の「真実」には、犯罪の動機・背景といった主観的事実から、犯罪の態様や結果、犯罪者の経歴といった客観的な事実に至るまで、個々の犯罪者ごとに個人的情報が当然に含まれる。また、被害者が生存していても故人である場合も、その被害者に関する事実は、どの事件であっても極めて個人的であり、プライベートな性格そのものである。したがって、刑事事件において事件関係者のプライバシー（権）を十分に保護しようと思えば、可能な限りすべてを「非公開」にすることが相当という結論にしなければならないことになる。

　しかし刑事事件のありようを考えるとき、事件関係者の個人的な問題としてのみ考えるのではなく、その事件の社会性＝社会的性格を重視することが必要だ。すなわち、刑事事件においては、行為者（犯罪者）個人の問題にとどまることなく、不特定多数の人々、つまり社会一般の問題として理解すべき問題が含まれている。つまり、国家的法益に対する犯罪であれ、社会的法益に対する犯罪であれ、犯罪者個人を含めた社会一般の問題が反映されていると考えられてきた。「犯罪は社会の病理を映す鏡」といわれる所以である。そこで、刑事事件においてプライバシー保護を考える場合、刑事事件の社会性よりも個人性を重視すべき実質的な理由がある場合に限って、はじめて犯罪者（行為者）のプライバシーを保護すべきことになる。

◆ 海外でのプライバシー

　フランスの場合、活字メディアとインターネットについては広範な反論権を認めており、元の記事と同等の分量の反論文の掲載を請求できる（1822年に法制化）。記事で言及されていれば発生する権利で、違法である必要もないし、肯定的な言及であっても行使できる（曽我部真裕『反論権と表現の自由』有斐閣、2013年）。さらにプライバシー権（私生活尊重請求権）が法定化されていることも被報道者を守るうえで重要である。

　また韓国でも、マスメディア名誉毀損罪とサイバー名誉毀損罪が定められていて一般の名誉毀損罪より重いほか、報道被害救済法（2005年）で人格権を厚く保護している。さらに言論仲裁委員会が法定されており、反論権も規定されているほか、報道機関には苦情処理者の設置が義務づけられてもいる（韓永學『報道被害と反論権』明石書店、2005年）。

が加わってきている。

　警察では、上記の４つ（あるいは５つ）のカテゴリーのすべての情報を扱うことになる。いわば捜査情報は、場合によっては思想・信条といった絶対秘の個人情報も保有する可能性が高いし、当人の行動履歴も含め、犯罪情報はすべて原則秘のカテゴリーに入ることになる。しかも本人からの直接収集ではなく、その多くはむしろ第三者からの強制もしくは任意の情報提供（たとえば捜査関係事項照会書）によって収集された個人情報でもある。

　ただし一方で、収集した情報は公権力を行使して収集したものであって、公的情報である限りは公開の対象である公文書になる側面があることも知っておかねばなるまい。その上で、もっぱら個人のプライバシー等に配慮して、非公開（不開示）の扱いをしていることになる（さらに一部の高度な機密情報は特定秘密保護法による保護の対象でもある）。

　ということは、たとえば事件当事者（加害者も被害者も）の個人情報を公的機関（たとえば警察）が捜査等によって入手した場合、それらは公的情報であって一義的には公開原則に服する。その上で人権配慮の観点から、氏名等の個人情報を伏せるのが適当か、公共性・公益性（あるいは汎用性）が高く開示するのが適正かという判断がなされる（こうした観点から海外の場合、逮捕情報や起訴情報は情報公開の対象としている国もある）。

　その時、とりわけ被害者については、個人情報保護法のほか犯罪被害者等基本法、災害対策基本法などの関係から秘匿性が高まると考えられてもいる（この論点については次項参照）。これは、事故の場合でも大きな差異はない。しかし一方で、公的情報であることには変わりなく、とりわけ社会的関心が高い事件や事故でだれが犠牲となったかは、社会全体が知っておくべき「基礎的公共情報（公共基本情報）」として整理しておくことが大切だ。

　もう１つ付け加えておくならば、そもそも「プライバシー権」という考え方は、スキャンダル報道を抑制するために編み出された法理論であって、プライバシーと報道は対抗的な関係にある。19世紀末のアメリカにおいてイエロー・ジャーナリズムと称される、有名人や芸能人のプライベート（私生活）を暴露することで人気を博した大衆紙に対し、「放っておいてもらう権利（一人にしてもらう権利）」の主張がなされたことに端を発する。

　これがその後も、メディアの行き過ぎたプライバシー侵害行為を抑制させるものとして、判例上、発達してきた。一方で、個人情報の保護という考え方が

第６講　人権配慮〜実名・匿名

◆ 基礎的公共情報（公共基本情報）

　自動車事故があったとすれば、運転者やその車の情報はもちろん、事故現場の状況、その時の天候や交通事情などは、事故を理解するための必須の情報だ。と同時に、事故にあった被害者の属性（たとえば通学中だとか、信号待ちであったとか）とともに、本人の証言も真相の解明のためには欠かせないだろう。昔から報道の基本スタイル（あるいは文章作法のイロハ）として、5W1Hといわれてきたが、そのなかの「誰（Who）」は紛れもなく、こうした必要十分な情報の最初の一歩になりうる。

　この取材（情報収集）過程における端緒ともいえる、事件当事者たる被害者の名前や住所が秘匿された場合、その真実追求の壁は大変大きなものになると言わざるをえない。だれが被害にあったのかわからなければ、情報はいわば片面的なものになるし、そこまでいかなくても、本当にあったこと（事実）がわからないまま、未来永劫隠されてしまうことにさえなりうるからだ（たとえば、あおり運転の状況）。

　事故の場合も、地震や大雨などの天災による被害者（犠牲者、傷病者など）も、基本は事件の場合と同じだ。安否情報という意味では、氏名や住所は、事故とりわけ天災の場合に最も社会全体で共有することが求められる大切な情報であるといえる。こうした基礎になる情報は、事件・事故の場合もっぱら行政機関とりわけ警察に集約されていることが多い。もちろん、場合によっては病院（その関係で消防庁）が保有していることもあるし、東日本大震災のような大規模天災の場合は、行政機関が十分に情報の集約ができない場合も否定しえない（大規模震災であっても消防庁が一元的に情報を集約するのが法の建前上のルールではある）。

　こうした「基礎的公共情報（公共基本情報）」はあくまでも開示されるものである、という考え方は、報道段階では人権配慮が進んでいるとしてモデル化されている欧州各国やアメリカでも、共通認識として存在していることを念のため確認しておきたい。事件・事故での犠牲者が誰であるかは、社会として知っておくべきことだ、ということになる。

◆ 個人情報保護法と過剰反応

　個人情報保護法制定後、プライバシー意識の向上の中で、ややもすると「過剰」に保護をするばかりに、必要な情報が必要な場所に到達しない事態が生じた。たとえば、学校のクラスでの緊急連絡簿を作らないとか、要介護者の情報は地元の自治体でも把握できず、地震等の時のサポートができない、などである。こうした必要以上に個人情報法の保護を求める空気感の中で、取材や報道がしづらくなっている。取材に応じてもらえない、取材に応じても氏名などは教えてもらえない、などであり、さらに公的機関においても、匿名発表が増加している。

　2020年のコロナ禍でも、感染者情報の発表の際に特定化を回避しようとしたがため、感染者の情報を「病院」「市内」「高齢者」などと個別に発表したことで、実際は特定の市立病院内でのクラスターであったにもかかわらず、その事実の把握ができなかったとの事例などが生まれた。また教育委員会での、教員の戒告事例の発表でも、性犯罪に関わる場合は被害者特定を避けるために学校名を秘すがために、どこの事例かまったくわからずニュース化が困難との声も聞かれる。これらも、いわゆる「過剰」な事例である。

　東京2020オリンピック・パラリンピックにおいても、組織委員会がPCR検査陽性者の氏名はおろか、国名、競技名、感染ルートを一切公表することを拒んだ。また濃厚接触者の検査結果については、陽性・陰性別も非公表とし、単に競技が成立するか否かのみを発表した。そうした対応が結果的には、一部選手の選手村入村拒否に繋がったなどの指摘がされた。

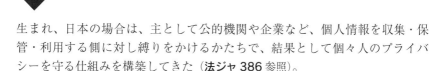

生まれ、日本の場合は、主として公的機関や企業など、個人情報を収集・保管・利用する側に対し縛りをかけるかたちで、結果として個々人のプライバシーを守る仕組みを構築してきた（**法ジャ 386** 参照）。

　言論報道機関は、個人情報保護法の「適用除外」の対象として、個人情報の収集（取材）・利用（報道）が特別に認められている特別な存在だ。ただし、先に挙げたようにプライバシーを守るべしとの強い社会的要請を受けて、取材等で入手した個人情報を、自律的な判断のもとケース・バイ・ケースで報道していることになる。

2　デジタル時代への対応

　デジタル・ネットワーク時代のジャーナリズム倫理の構築が急がれている。もちろん、その前提には市民社会全体が、この「新しい」メディアにどう付き合っていくかが重要であることはいうまでもない。2021 年通常国会では、一部に強い反対があったものの、特段の修正もなく新しいデジタル戦略に基づく法律群が成立した（**法ジャ 125** 参照）。

　政府基本方針でも「人に優しいデジタル化」が最初に謳われているが、その内実はというと心許ない。むしろ 2021 年の個人情報保護法全面改正でみえてきたのは、保護よりも利活用に重点をおいた法制度や運用のあり方である。同じ国会ではプロバイダ責任制限法の改正も行われ、SNS 等で誹謗中傷を書き込まれた者が、被害救済を受けやすい制度への変更が盛り込まれた。被害救済に向けた貴重な一歩であることは間違いない（**法ジャ 205** 参照）。

　しかし、残念ながらこれらの多くは、事業者の自主的な取り組みや、使う側のリテラシーの向上に期待せざるをえない状況にある。まさに情報発信をする者、その情報を届ける者、そして情報とりわけ個人情報を扱う者が、きちんと人権に配慮した行動をすることが必要である。当然、この三者の立場を兼ね備える報道機関、そしてその主体であるジャーナリストが、一般市民や企業以上に高い倫理観を求められることはいうまでもない。

　リアルだからネットだからと、媒体によって守るべきことが異なるわけではないものの、デジタル時代だからこその注意点は間違いなくある。

　その第 1 は、アクセス数競争に染まらない、ということだ。これまでも新聞や雑誌であれば発行（販売）部数、放送であれば視聴率が、行動原理として強く作用してきた。放送局に行けば、「祝！視聴率トップ」の貼り紙がある。多

　匿名性に守られた人格攻撃を含めた誹謗中傷が溢れ、しかもそれがリツイート機能等によって瞬く間に拡散している。インターネットに流れる情報を組み合わせることで「晒し」というプライバシー暴きを目的としたような書き込みも数多くみられる。あるいは「まとめサイト」と呼ばれる、デマも含めた情報の寄せ集めであるキュレーションサイトが人気を博す実態がある。2020年コロナ禍においても、感染者をめぐる暴露や関係者を含めた差別が問題になった。

　個人発の情報は組織的なチェックが働かないため、倫理にもとる情報もすべてスルーで出て行ってしまう。しかも、むしろその類いの情報をアクセス数稼ぎのために意図的に流しているともいえる。差別情報の流布をビジネスにしている、極めて悪質なサイトも存在する。同じことは裁判報道でも起こり始めている。傍聴は誰でもできることから、だれでもがプライベートな内容の法廷記事を書き、ネット上で発信することが容易だからだ。

　こうしたインターネット上の情報発信への対策案として「共同規制」という考え方が以前より取られてきた（**法ジャ206**参照）。「特定の問題に対応するにあたり、効率的かつ実効的なコントロール・ポイントを特定し、それらが行う自主規制に対し一定の公的な働きかけを行うことにより、公私が共同で解決策を管理する政策手法」（生貝直人『情報社会と共同規制──インターネット対策の国際比較制度研究』勁草書房、2011年）と定義されてもいる。あるいは「ソフトロー」という言い方で、一般的な法規制（ハードロー）との対比のなかで制度化する動きも強い。

　確かに制定法をもとに刑事罰を科すことに比べ、その強制性は低い場合もあるものの、〈ソフト〉という語感とは裏腹に、実際の拘束力は法に基づくものよりも強い場合もあり、だからこそ運営する側の判断力が問われることになる。法制度でないばかりに、救済の手立てが十分でなかったり、そもそも判断基準がブラックボックスである場合など、制限された側にとっては致命的な規制であることが少なくないからだ。

　関係する省庁も、警察庁、法務省に加え、文部科学省、経済産業省、総務省がそれぞれさまざまな政策を打ち出し、関係団体を通じて規制を実施しつつある。アピール合戦の様相もあり、そうなると効果を上げるためにより広範な規制を求められることがあるだけに、「自主」規制の本領が発揮されるべき領域といえるだろう。

　一般に従来は、自主規制の善し悪しを判断する場合、①正統性、②網羅性、③拘束性、④公正性、⑤独立性、⑥透明性──が挙げられてきた。すなわち、その規制機関のメンバーの正統性（選出過程の正しさ）、その調査や救済対象が関連分野を網羅しているか、実施した運用やサンクションに一定の強制力があるか、判断がフェアか、きちんと独立した判断を行っているか、運営が透明であるか、などである。

　インターネットの場合、とりわけ共同規制にみられるように公権力との一体化が危惧されているだけに、余計にこれらの点での評価を厳しくみていくことが大切だろう。なお、省庁の取り組みの一端は以下のとおり。

　　　・インターネット上における違法・有害情報等に関する関係省庁連絡会議（IT・安心会議）
　　　　報告書「インターネット上における違法・有害情報対策について」2015.6
　　　・インターネット上の違法・有害情報への対応に関する検討会　2017.11〜
　　　　最終取りまとめ「『安心ネットづくり』促進プログラム」2019.1
　　　・インターネット上の違法・有害情報への対応に関する研究会　2015.7〜
　　　　最終報告書　2016.8

くの人に自分が作った番組を観てもらえることは幸せだし、社としては率がそのまま広告収入に直結するだけに、気にせざるをえない。

　同様にインターネットの世界では、アクセス数や、時には滞留時間が広告収入に直結する場合もあるし、しかもリアルタイムでユーザー動向がわかる。その結果、「釣り見出し」と呼ばれるような、ついクリックしてみたくなるような見出しが好まれ、表現はどんどん過激になりやすい。見出しに限らず、内容そのものも同じ傾向が生まれがちだ。

　さらに、新聞やテレビと違って固定し限られていたマーケットの勝ち負けではなく、すべての情報発信者は「フラット」な中での戦いだ。そうなると、これまでだと「それはやり過ぎ」として歯止めをかけていた情報の出し方や表現の仕方についても、競争相手が格段に増えただけに緩めてしまいがちだ。

　結果として、少しでもユーザーが飛びつきそうな表現を、担当者はとりがちになる。それは、これまでの倫理を緩めることにほかならない。もちろん、社としてオフィシャルに緩和しなくても、経験則上、現場の判断でより緩やかな方向に流れがちである。その歯止めは、あえてデジタルにこそ厳しい行動規範を、明示的に定め適用することが必要だろう。

　第2には、一度ネット上にアップ（掲出）した情報は、事実上、未来永劫、ネットの世界を浮遊し続けることに対する責任である。新聞社の場合、大手（朝日、毎日、読売や主要な地方紙）は「縮刷版」を発行し、すべての発行済み紙面を市民はいつでも自由に閲覧することが可能だった。ただしそれは「紙」であり、通常は図書館などの決まった場所にしか置かれていなかった。

　こうしたアクセスに一定の歯止めがある紙媒体に比して、ネットは明らかに異なる。発信者の意思とはまったく無関係に、コピーされ、瞬く間に世界中に拡散されていくことになるからだ。これに対し、ジャーナリストあるいは報道機関はどこまでどのような責任を有するか、自ら考え方を示す時期にきている。

　そして第3は、プラットフォーム事業者がいよいよ社会的責任を発揮する時期が到来している。これまでは、憲法で絶対的に保障されている通信の秘密の担い手として、表現内容には一切立ち入らないことが是とされてきた。また、書店と同様に情報の仲介者としても、流通を遮断しないという一線を強く意識してきた。

　しかしいまや、Twitter や Facebook、Instagram や YouTube、あるいはLINE などのSNSは、その圧倒的な社会的影響力と、その情報のやり取りに

◆ インターネット上の取り組み

一般財団法人インターネット協会 2001.7〜
　有害情報対策ポータルサイト　インターネットにおけるルール＆マナー検定
一般社団法人インターネットコンテンツセーフティ協会 2011.3〜
　児童ポルノブロッキングリスト
一般社団法人セーファーインターネット協会 2013.11〜
　誹謗中傷ホットライン　権利侵害投稿等の対応に関する検討会
一般社団法人ソーシャルメディア利用環境整備機構 2020.4〜
　緊急声明（2020.5）、「#NoHeartNoSNS（ハート がなけりゃ SNS じゃない！）」サイト
　青少年ネット利用環境整備協議会を母体に設立
インターネット・ホットラインセンター 2006.6〜　←総合セキュリティ対策会議（警察庁）
　警察庁からインターネット協会への業務委託として運営開始

迷惑メール相談センター
　総務省の委託を受け日本データ通信協会が運営　迷惑メール白書を発行
　あわせて迷惑メール対策推進協議会、迷惑メール情報共有アソシエーションも設立
インターネット違法・有害情報相談センター 2008.2〜
　違法有害情報の相談窓口で、総務省支援事業　ホットライン　2016.6〜
　削除要請、発信者情報開示等への対応アドバイス、ネットいじめへの対応アドバイス
一般社団法人インターネットコンテンツ審査監視機構（I-ROI）2008.5〜
　青少年のネットリテラシーの育成　デジタルコンテンツアセッサ（DCA）資格
一般社団法人モバイル・コンテンツ・フォーラム（MCF）2008.4〜（旧・一般社団法人モバ
　イルコンテンツ審査・運用監視機構（EMA））
　サイトの第三者認証　ユーザーの啓発、フィルタリングの改善
安心ネットづくり促進協議会 2009.2〜
　青少年インターネット環境整備法をうけて、安全・安心なネット作り推進を目的
　省庁・自治体・教育委員会等の支援
セーフライン
　権利明白性ガイドライン相談窓口

よって広告収入を得るビジネスモデルを完成させている。契約に基づき、ユーザーからは見えないブラックボックスの中で、一方的な「内部検閲」を実施している実態があり、十分に表現活動の直接的な担い手とみなされる存在だ。

そうであるならば、一義的にはこれら SNS をはじめとするプラットフォーム事業者自らが、表現の自由の担い手としての認識と、それがゆえの社会的責任を果たすための実効的な施策を打ち出すことが必要だ。同時に、これらを活用しての情報発信を行うことが報道機関においても一般化している中で、SNS事業者に削除判断基準を明らかにさせるなど、プレッシャーをかけ続けることが求められている。それもまた、表現の自由の護り手としての仕事である。

アクセス数稼ぎとみられるようなセンセーショナルなネット情報が流れることは、現時点では防ぎようがない。従来の基幹メディアでは、そうした場合に一定の「ゲートキーパー（関門）」の存在によって、「ふさわしくない」情報を取り除いていたが、個人発信が多いネットの世界では、そもそもこうしたクッションを期待することが難しい。そうした中で、既存メディアの規範力を示すことも重要だ。

Ⅱ 匿名・仮名の課題

1 実名報道へのこだわり

プライバシー保護の大きなうねりの中で、報道機関は事件報道の重要性を説き、実名報道が必要だと主張し続けてきている。まず新聞社・放送局がいってきた事件報道の大切さとは、①市民の関心に応える、②正確な情報の社会での共有、③予防や再発の防止、④構造的な問題の摘出により安全でよりよい社会の創生に寄与、⑤権力の監視、⑥不正や基本的人権の侵害の監視──である。この点において、社会の認識と大きな齟齬はなさそうだ。

一般に報道機関の使命としてあげられる、①知る権利への奉仕、②不正の追及と公権力の監視、③歴史の記録と社会の情報共有、④事故・犯罪の予防、などと重なり合っていることがわかる。

そしてこれらを実現するためには、①訴求力と事実の重み、②権力不正の追及、③訴えたい被害者の声、④人としての尊厳、が大切であり、実名報道が必要という結論を導いている。⑤ありのままを伝えることができる重要性、⑦氏

◆ プラットフォーマー

　SNS事業者をはじめ検索事業者や動画配信サービスなどの事業者の一部は、プラットフォーマー（プラットフォーム事業者）と呼ばれるインターネットの世界の巨大なインフラだ。日本国内サービスでいえば主たるプラットフォーム事業者は、Google、Amazon、Apple、Twitter、Facebook の GAFA ほか米系企業に、Yahoo!、Nifty、NTT コミュニケーションズ、楽天、LINE などが該当するとされる。

　デジタルプラットフォームの運営事業者と利用事業者間の取引の透明性と公正性確保のために必要な措置を講ずる「特定デジタルプラットフォームの透明性及び公正性の向上に関する法律」が 2021 年 2 月 1 日に施行された。大規模な物販総合オンラインモール運営事業者とアプリストア運営事業者が、規律対象者として指定されることとなる。特定デジタルプラットフォーム提供者として指定されたのは、アマゾンジャパン合同会社の Amazon.co.jp、楽天グループ株式会社の楽天市場、ヤフー株式会社の Yahoo! ショッピングで、後者の利用事業者が Apple Inc. 及び iTunes 株式会社の App Store、Google LLC の Google Play ストアである。

　これらの企業のいくつかは、共同規制の一環としてブロッキングやフィルタリングを行うとしているが、もし自主的に情報遮断をする主体となるのであれば、それは自らが内容審査をするということにほかならない。第三者の判断に自動的に従って、情報を遮断しますという態度は、通信の秘密を守る重要な責務を放棄することになる。しかもその要請元は、多分に取締り当局の意向が反映された結果であることが想定されている。

　一方で、プラットフォーム事業者の情報流通における支配力が拡大の一途をたどっており、検索エンジンに象徴的なように、情報の流れは彼らの掌の上にあるといっても過言ではない。だからこそ、プラットフォーム事業者が、価値中立的であるという主張によって表現の担い手としての責任を回避して、一方では情報遮断を広範に行う社会制度ができあがっていくことが危惧される。社会全体の情報流通を歪めにし、かつ表現規制の責任所在が曖昧な状況を作り出すことになるからだ。

　プラットフォーマーは表現者なのか（表現の自由を享受し、実行する者）、ネット上での商売を行う事業者にすぎないのか（経済活動の自由の行使者）という別れ道ということだ。その圧倒的な社会的影響力や事実上の編集機能を有していることからすると、十分に表現者の資格を持っているように思われる一方で、それらが知る権利に奉仕する存在としてジャーナリズム活動の一環として、旧来型言論報道機関同様の機能と社会的役割を果たしているか、あるいは果たすことを期待するかはまだ結論が出ていない。それはインターネットの世界が新たな思想の自由市場として、どこまでどのような自由を認めていくかということでもあろう（**法ジャ194** 参照）。

　ただし少なくとも、プラットフォーム事業者がその場の提供者として内容（流通コンテンツ）に関与する場合は、ジャーナリズム同等の倫理性を求められてしかるべきだし、プラットフォーム上で行われる表現活動（情報発信）においては、その情報主体はジャーナリストもしくはジャーナリスト同等の倫理性が求められる場合が少なからずあることを認識することが求められよう。

名（実名）は具体的事実の最も根幹をなす要素である、との言われ方をすることもある。この段階で、報道する側とされる側で、認識のズレが出てくる。

　社会全体の空気はもっぱら、「人権侵害の実名報道はやめろ、自分が必要性を判断するという上から目線は時代遅れ、権力と結託した情報隠しは醜い、自分都合の偏向報道はやめろ、人の不幸で金を稼ぐな」といったものだからだ。ただしそもそも、ほぼすべての事件報道は個人情報の暴露という意味で、人権（名誉やプライバシー）を侵害する。しかし公憤（公共性や公益性）があるからこそ、こうした人権「侵害」が特別に許されてきた。それからすると、こうした厳しい報道批判は、最初に言及したように市民からの信頼と付託（負託）が欠如しているということにつながっていることになる。

　改めて手段としての実名報道により、獲得する目的を確認しておくことにしよう。「事実の伝達」のためには、5W1Hの基本である名前はリアリティを保ち、その人の存在の証しであるとされる。「真実追求や事実関係確定への第一歩」のためには、震災報道での安否確認や、事件の重大性についての社会全体の共有、特定できることによる疑念の払拭（匿名による混乱の防止）、知る権利の実現があるとされる。

　「抑止効果や再犯防止」のために、悲惨さや悲しみの共有（共感、同情）が必要で、実名はそのためのものということになる。記録することの社会的役割や社会における情報の共有化としての「歴史の記録」がある。もう1つ「公権力監視の必須条件」として、匿名発表により不都合な真実の隠蔽可能性があることや、情報操作の防止、不正の追及のために実名報道が求められるとされることも多い。

　名前は人が個人として尊重される基礎であって、個人の人格の象徴といえるかもしれない。あるいはまた、伝えるべき事実の核心が名前ということもあるだろう。しかし、対象が偶然巻き込まれた事件や事故の当事者であった場合に、「本人（や家族）が望まない」ことを無理強いしてまで名前を社会に知らしめることが必要なのかという問いに、これらの理由付けが応えているのかどうかだ。

　では報道するかしないかの判断基準とは何なのであろうか。第1は「当事者性」とされる、確かに、当事者（遺族・本人ほか）の意向が大切であることに間違いない。これらは現在、警察や弁護士経由で確認されるのが一般的だ（海外では、専門のソーシャルワーカーによってなされていたりする）。取材の集中や

「ブロッキング」は見たくない・見せたくない情報を遮断する有効な措置だ。Twitterでいえば、自分に対する嫌がらせも含めた「見たくない」書き込みをブロックしてはね返すことで、根本的な解決とはならなくても、直接的な被害はいくばくか緩和されることになるだろう。あるいは、インターネット上の子どもポルノ画像を強制的に見られなくする「ブロッキング」も導入されてきているし、子どもの健全育成目的に、特定サイトについては見られなくする措置もある（ここでは「フィルタリング」として後述する）。子どもポルノについては、閲覧者の同意を得ることなく、プロバイダが一方的に接続を遮断することができる措置だ。こうした流通・閲覧の制限は、防止対策の強力な切り札でもある。2000年代に入り法規制の厳格化が進む中で、警察庁主導で児童ポルノ流通防止協議会が設置され（2009年）、ブロッキングの導入に向け官民合同会議である児童ポルノ排除対策推進協議会が発足するなどした。その後、表現の自由とのバランスなどの観点から民間事業者による自主的な団体が好ましいとされ、インターネットコンテンツセーフティ協会が設立された。

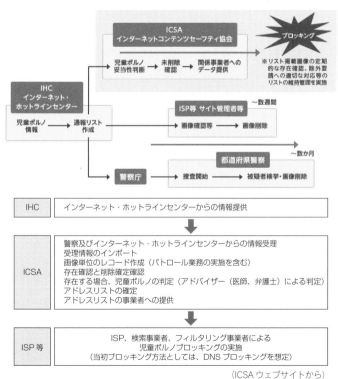

（ICSAウェブサイトから）

報道による二次被害の回避や、生活圏の侵害の有無がいわれる。後者には、暴力団や災禍（不倫の暴露）、心中・自殺や家出の場合なども含まれる。

第2は「社会性」だ。公的な報道価値の有無で、公共性や公益性が問題になる。最もわかりやすい例でいえば、有力政治家の病状報道は本人の希望の有無に関係なく報道する意味があるが、一方で誘拐事件では事件発生自体を伏せること（不報）になる。

ただし実際に報道現場で、実名報道を下支えしているのは法規定ではないかと想定される。刑法230条の2（公共の利害に関する場合の特例）は、名誉毀損の免責要件を定めている。刑法の名誉毀損罪は、報道など広く世の中に公表することで、社会的評価を低下させることを罪として定めている。しかし一方で、主として政治家や官僚などへの批判をよりしやすくするために「免責要件」という特別な仕組みを用意している。これは戦後、表現の自由が憲法で厚く保障されるようになったことに合わせて出来上がった制度だ。公憤に基づく政治家の汚職や官僚の不正義を報道したことによって、記者や報道機関が訴えられないようにした、戦後の報道の自由の根幹をなす法制度である。

この公憤は法律上、公共性・公益性と呼ばれていて、公人もここにいう公共性の1つの要素である。いわば、公的な職位にある者が職務上行ったことがもとで批判を受けるのは当然であって、それによって社会的評価が低下しても、（当たり前であるが）名誉毀損の罪は問わないということになる。

そしてここからはちょっとしたトリックであるが、同じ法律条文に「公訴が提起されるに至っていない人の犯罪行為に関する事実は、公共の利害に関する事実とみなす」とある。この規定によって、警察が逮捕事実を正式に発表（一般には記者会見で公表）したら、その加害者に関する事柄は公的な事実として、氏名・顔写真はじめ成育環境など、社会的評価を低下する内容を報じても、報道した側は刑事罪は問われないという〈免罪符〉を手にすることになる（**法ジャ 370** 参照）。

このような法に裏打ちされたかたちで、警察発表にそって報道機関が呼称の変更（敬称→容疑者呼称）を行っている側面を否定できない。もしそうならば、「権威」に依拠した報道といえるだろうし、さらに厳しくいえば権威を利用した自己判断回避といえなくもない。

なおネット記事をめぐる事件では、事実の性質や内容、公表による被害の程度（プライバシーが伝達する範囲と公表されることによって被る具体的な被害の程

◆ フィルタリング

　未成年を対象としたいわゆる「有害」サイトアクセス制限サービスが実施されている。総務省によると、「フィルタリングは青少年を違法・有害情報との接触から守り、安心して安全にインターネットを利用する手助けをするサービスです。現在は携帯電話事業者をはじめ各社がフィルタリングサービスを提供しており、年齢や家庭のルールに応じてカスタマイズすることが可能なものもあります」とある。「青少年が安全に安心してインターネットを利用できる環境の整備等に関する法律」（2018 年法 79）の施行によって、携帯電話事業者には、契約締結時の青少年確認義務や説明義務、フィルタリングの設定やインストールを行う有効化措置義務が課された。しかし実際には、フィルタリング機能の利用率が未就学児や高校生では 3 割に満たず低迷しており、メッセージアプリを利用するために解除する事例が多いという（我が国における青少年のインターネット利用に係るフィルタリングに関する調査結果、2021 年 4 月 20 日）。

　フィルタリングの仕組みとしては、携帯電話事業者は、携帯電話インターネット接続サービスの使用者が青少年である場合には、原則としてフィルタリングサービスを提供する義務が課せられる。その対象となる基準としては、「ホワイトリスト方式」は、子どもにとって安全で有益と思われる一定の基準を満たしたサイトのみにアクセス可能で、それ以外のサイトへのアクセスを制限する方式、「ブラックリスト方式」は、原則すべてのサイトにアクセス可能だが、出会い系やギャンブル等、子どもに有害と思われる特定のサイトへのアクセスだけを制限する方式、である。

　法に基づく自主規制の 1 つであって、行政主導の取組である。このほか総務省が行うものとしては、迷惑メール相談センター、e-ネットキャラバン、専用サイト「上手にネットと付き合おう！〜安心・安全なインターネット利用ガイド〜」の運営、「#NoHeartNoSNS（ハートがなけりゃ、SNS じゃない！）」キャンペーンなどがある。

◆ ビデ倫（日本ビデオ倫理協会）事件

　2008 年 3 月 1 日、日本ビデオ倫理協会の審査担当者が刑法の猥褻図画販売幇助罪容疑で逮捕、起訴された。前年 8 月 23 日、警視庁生活安全部保安課から同協会が強制捜査を受け、約 40 人の捜査員による押収は 281 品目 565 点、パソコンからメモ用紙まで根こそぎであったという。翌日には役職員自宅も家宅捜査を受け、その後、警視庁による任意の事情聴取が年をまたいで延々と続き、翌 2009 年 2 月 4 日までに延べ 309 人（審査員、事務局員、役員の計 31 人）、延べ 152 回に及んだ（内田剛弘『「ビデ倫」捜索事件の意味するもの』『人権新聞』2008 年 2 月号参照）。年明けからは東京地検による任意事情聴取も行われ、有罪判決が確定した（最高裁上告棄却決定 2014 年 10 月 7 日）。

　過去にはビデ倫にも、組織の性格から、審査済みビデオは刑法上の猥褻図画にあたらないとの社会的認識があることを認めた事例が存在する（東京地裁八王子支部判決 2000 年 10 月 6 日）。一方で当該事件は、アダルト DVD のモザイク処理が不十分なまま審査をパスさせ市場に流通させたと報道されているが、当該作品の猥褻性がことさらに高いのか、曖昧な取締り基準に恣意性はないのか、組織決定の審査基準緩和と現場審査員の個別作品判断がなぜ同列で扱われるのか、警視庁天下り人事と関係があるのかなど、多くの疑問が残ったままであった。最も懸念すべきは、自主審査機関の審査のあり方自体に捜査のメスが入ったことである（2008 年 3 月 1 日付の緊急声明）。

度)、その人の社会的地位や影響力、記事などの目的や意義、掲載時の社会的状況とその後の変化、記事などで事実を書く必要性——が判断基準として判決で示されてもいる（忘れられる権利訴訟、最高裁決定2017年1月31日）。

　間違いなく、これまでのメディア側が実名報道の意義として説明してきた理由付けが、社会一般に通じにくくなっている。そこには1990年代以降のプライバシー意識の高まりや、さらに以前の1980年代後半からのメディアに対する批判の強まりがあることを指摘した。こうした時代状況の変化を受けて、たとえば取材過程の透明性を担保する、事案ごとに報道することの必要性をきちんと説明するといった工夫が、報道機関に求められよう。

　また、報道の仕方についていえば、紙面化された情報がネットを通じて独り歩きし、いわゆる晒しの対象になったり、ネットで知りえた情報をもとに被報道者の自宅に押し掛けるといった、過去には想定されなかった事態が発生してきている。また未来永劫、検索可能な個人情報として存在し続ける可能性があることを考慮すると、住所の表示の方法や氏名や顔写真の掲載を、必要最小限にするなどの配慮や工夫が、今後より一層求められてもいる。

　一方で、捜査機関が匿名発表をするケースが増えていることについては、強く危惧する。なぜなら、現実問題として捜査機関が意図的に自らの都合の悪い情報を隠そうとする事件が、一定程度存在し続けているからだ。さらに一般化していえば、公文書の改竄・隠蔽・廃棄にみられるように、行政機関全体が真実を覆い隠そうという動きがある中で、公権力の行使により、個人の人権を大きく制約する、逮捕や起訴の事実を明らかにすることは不可欠ではないか。

　その開示情報の中の核心の1つが、加害者や被害者の氏名であるだけに、警察が知りえた情報のうち、最も基礎的なだれが逮捕されたか、だれが被害を受けたのかは、きちんと情報開示するのが大前提と思われる。警察が知りえた情報のうち、どの情報を発表するかしないかを、一方的に当局だけの判断で決めるということには、大きな危険が潜んでいる。公権力が恣意的な情報コントロールを行うということにつながりかねないからで、こうした選択的な発表にならない、外形的にもわかりやすい基準を導入するなどの検討が求められる。

　その上で、報道に際しどういった配慮が必要かの報道ガイドラインを社会の中で共有することが必要だ。また、原理原則の「発表と報道の違い」を、発表する側と報じる側の双方が、理解するとともに実行することも必要である。現場の実態としては、記者発表されれば即報道ということになりがちで、それを

　法・倫理上からインターネットにおいて一定のアクセス制限が必要であることは認めつつ、制限が無制約に進むことには注意が必要だ。

　第1に、安心・安全のためには個人情報が無作為に収集されることに対し、寛容になっている風潮がある。たとえば、監視カメラなどはその最たる例で、地域の平穏維持のためには勝手に容姿が撮られ、その映像が警察に届けられることを許容している。同じことは、ネットを利用する限り、そのアクセスログ等が収集され、場合によっては捜査に活用されることもやむなしとしている状況がすでに存在している。しかし、それが無制約に拡大することについては、どこかでは歯止めが必要だし、そもそも自己情報の収集が第三者によって広範に行われる事態に無自覚であってはならないはずだ。たとえばブロッキングは、特定サイトに接続しようとすると遮断するという仕組みだが、実際はすべてのネット利用者のアクセスを監視することになる点に注意が必要だ。自分は、そのような怪しげなサイトは見ないから無関係、ではすまないのである。

　第2は、そうした社会全体の利益、この場合でいえば青少年保護のために、表現の自由は当然に一歩退くべきとの風潮にも落とし穴がある。なぜなら、表現の自由は基本的な人権の中でも優越的な権利と呼ばれ、それがゆえにやむなく制約をする場合には特別な理由付けを必要としてきた。しかしいま、いとも簡単にその権利を手放す状況にある。たとえば、事業者が遮断のために利用者の通信状況を覗き見する行為が、「通信の秘密」の例外たりうるかが議論されており、刑法の正当業務行為に該当するので問題ないとの意見が出されている。しかし、こうしたかたちで憲法原則の例外を認めていくことは、原則と例外の逆転を生むことになりかねない。

　そもそも、表現の自由に例外を作ってよいのかも原理的な大きな問題である。なぜなら、自由は無制約ではないという場合の限界は、あくまでも自由に内在的に含まれている制約をさすのであって、明示的に最初から表現の自由の「枠外」に特定の表現行為をおくことを予定はしていない。この点で、厳格な定義のもと、一部の子どもポルノや人種差別表現を、憲法が保障する表現行為から除外している国とは、表現の自由の定め方が異なるのである。もし、国際的機運を理由に一部の欧州諸国と同じ法体系に変更するというのであれば、憲法体系の変更を含めた本格的な議論を、まずする必要がある。

　第3は、手続き上の瑕疵で、遮断対象のサイトを決める団体に正当性があるかだ。前述したような憲法上の問題をすべてクリアしたとして、次には独立性や中立性が担保された組織において、判断が下されることが絶対条件だ。しかし実施団体は当初より、警察庁が公募していることにも明らかなように、取締り当局のもとで運営されることが求められている。政府はこれを業界による自主的な取り組みと呼んでいるが、遮断のためのアドレスリスト作成管理団体は、警察庁が運営資金を出している有害サイト情報の受け付け・監視組織と連携をとって業務を遂行しており、表現の自由の担い手としての信頼性を期待すること自体が無理な構造がある。こうした、官のもとでの管理団体によって一方的に決められた結果で表現行為が規制される状況を、自主規制と呼ぶことには疑問が残らざるをえない。

知っているからこそ警察も、うかつには発表できないという面も否定しきれない。さらに、発表した側に責任転嫁が可能な法制度になっていることから、責任を負う行政側（警察）はますます非公開度が進むという悪循環にある。

2　モザイク・顔なしと肩書呼称

　一般に顔なし（顔抜き）インタビューでくくることができる〈匿名〉報道には、首下映像や背後映像などの画面構成、モザイク処理や音声加工、匿名・仮名のほか映像自体ない場合や関連映像や再現ビデオを使用する場合などがある。こうした特定回避の場合の理由付けとしては一般に、①情報源の秘匿（内部告発者で特定によって本人の不利益が容易に推定できる場合）、②本人が秘匿を希望（インタビューなどで秘匿を条件に取材を受諾した場合）、③局判断による名誉保護（本人意思とは無関係に被疑者・被告人などで名誉の保護が必要な場合）、④局判断によるプライバシー・個人情報保護（いわゆる映り込み事例など、本人意思とは無関係に被報道者・物のプライバシー・個人情報保護が必要な場合）、⑤当局からの要望（裁判員記者会見などによる裁判員映像など）が挙げられる。

　これに対したとえば、BPO放送人権委員会は、以下のような考え方を示している。

　　　・匿名やモザイク使用は報道における必要な方法の１つで、例外的な緊急
　　　　処理として有効だが、取材不足を補う便法としての使用は調査報道の本
　　　　質に反しジャーナリズムとして疑問である。
　　　・匿名やモザイク使用は真実性を阻害する恐れがあり、匿名やモザイク使
　　　　用が被報道者への疑惑を増幅させる可能性がある。
　　　・撮影時点でできる限りぼかしを入れない工夫をしたり、映像選択時点で
　　　　他の映像に代替する努力をすべきで、部分的ぼかし処理には限界がある。
　　　・匿名扱いでも社会的評価の低下はありうる。

　要するに、顔なしはあくまでも例外ということになるが、現場ではむしろその「原則と例外の逆転」が生じている実態がある。取材対象者への配慮というものの、抽象的な理由によって、むしろ匿名やむなしの空気ができあがっているからである。

　その結果、情報源の明示とプライバシーの保護のバランスを考えても、事実の特定が困難になったり情報の客観性が過度に失われている。しかも、使用映像の必然性が十分確認されているかといえばおおいに疑問だ。隠しカメラ（隠

◆ マスメディア性

　倫理のありよう、とりわけ自主規制制度を理解するうえで、日本の新聞、テレビ・ラジオ、書籍・雑誌は、とりわけ戦後において極めて特異な状況にあることを確認しておく必要がある。それは「マスメディア」であり続けてきたということだ。

　日本の新聞はその発行部数のほぼすべてを、宅配（指定場所へ毎朝夕の決まった時間に戸別配達する制度）よって購読されている。それはまた、パッケージ型メディアであるがゆえに折り込み広告等、付加価値をつけやすかったり、予約月極め購読であるため収入の安定が図れたりと、ビジネス上のメリットと表裏の関係でもあった。まさに「完成」されたかたちであって、紙であるがゆえのビジネスであったということだ。

　あるいは、過当とまでいわれる激しい販売競争と、厳しいタテ系列の統制された責任配達体制の結果、販売エリア全域ひいては全国どこででも新聞が購読できる（≒宅配される）実態を維持し続けている。広く社会全体をカバーしているという意味での「マスメディア」の存在だ。

　では海外と日本で何が異なるのか。たとえばアメリカを代表する新聞であるニューヨーク・タイムズ紙やワシントン・ポスト紙、あるいはウォールストリート・ジャーナル紙は、そのコンテンツ（紙面内容）で影響力を発揮している新聞である。同じことは現在、イギリスを代表するガーディアン紙も同じだ。それに比して日本の新聞は、あえていえば「部数」で影響力を行使している媒体である。しかもその大部数・高普及率が、紙面内容を規定している面が強い。

　たとえば、客観報道主義と呼ばれるのも、不偏不党・中立公正の報道方針も、これらが「足かせ」になっている。しかし一方ではその結果として、メディアは社会制度の中に組み込まれ、法と一体となって社会全体のバランスをはかり、めざすべき情報流通の仕組みを作ってきた。いわば、社会階層、職業、性別、年齢に関わることなく、「世帯メディア」（あるいは「お茶の間」メディア）としてみんなが読んでいる、あるいは見ている大衆メディアであることに意味があった。

　もう1つは、日刊紙法（株式会社としては唯一、株券の名義書き換えを拒否することで所有制限をかけることができる仕組みが担保されている）のほかにも、独立性を守っている重要な仕組みがある。それが再販売維持制度（再販）と、それと表裏一体の特殊指定制度である（**法ジャ152**参照）。これらによって宅配が支えられ、その結果、一気通貫のパッケージ商品として存在し続けている。その意味は、コンテンツの収集（取材）、編集、そして印刷（発行）、発送、配達と、すべての工程を自社で賄っているという、製造業としては非常に稀な商品生産システムだ。しかも、ビューアーを必要とせず、新聞という商品（記事コンテンツ）を読むことができる。

　近年、コストダウンを狙って自社ブランド化が進んではいるが、それでも、すべてを自社で賄うことは効率の点からありえない。しかし新聞の場合は、輪転機（新聞用の巨大印刷機）の稼働時間も短いし、新聞配達も限定的であるが、それらを原則すべて抱え込むことによって、言論の独立性を守っている（協業化が新聞社間で進んでいる事実はある）。

　同じように書籍・雑誌も、全国に存在する書店に取次と委託販売の制度を通じ、実用書から専門書まで、しかも様々なジャンルの雑誌を取り揃えた多彩な棚が実現している。おおよそ全国どこでも、実際に雑誌や書籍の現物を確認し購入が可能な環境にあるという意味で、まさに質量ともに「マスメディア」としての出版物ということだ（放送メディアのマスメディア性については後述）。

し録音）取材の場合の映像処理との関係に顕著であるが、本来は取材と放映は別個に判断されなければならないはずが同一視されて、報道できないものは取材もしないという思考停止の「ルール」が記者の中にある恐れもある。

　さらには、ニュース（報道）の信頼性や視聴者の番組信用性という最大目的を減じてしまう危険性すらある。こうした使用実態が、市民のプライバシー意識を誤導し、いわば個人情報保護の過剰反応が蔓延しているのではなかろうか。社会の中の顔出しNGの空気と、取材する記者の側の人権意識の向上が相俟ってできあがっている匿名社会の連鎖を、どこかで切らなければ報道活動自体が困難になる。

　こうした現実を変えるためには、まず取材報道側の意識を変えることから始める必要がある。情報源の秘匿は絶対であるが、それは事実の特定や裏付けが困難になることを意味するのであって、局の法的倫理的責任がより重大になることの覚悟が必要である。客観性や真実性を担保する必要があって、同一画面上で可能な限り発言の信憑性を確保するための努力を行い、形式的な取材対象者への配慮を排除することが大切になる。したがってもしプライバシー保護を目的とする場合は徹底的に行うべきで、中途半端なモザイク処理は目的を希薄化するであろう。

　安易な匿名・顔なしインタビューを避けるには、取材スタッフとの十分な企画意図の意思疎通と時間的余裕が必要である。必然ではない映像については、放映時に代替可能性を検討し、場合によっては画がないことも認め使わない勇気を持つことがあってもよいだろう。そして多少面倒でも、モザイク使用や顔なし映像の場合は、画面上でその必然性を注記することで市民意識を変える努力をすべきではないだろうか。そのほか、局内議論の活性化と具体的行動は必須である。逮捕時の連行映像など定型的にモザイク処理するものも含め、なぜ必要なのかの議論を日常的に継続していることが大切だからだ。

　報道における氏名扱いで実名・匿名とともに議論になるのが「呼称」だ。日本の場合、ざっくり分類すると、原則は呼称つき（敬称や肩書）だが、特定の領域（スポーツ、歴史的人物、新聞読者投稿）が呼び捨てである。ただし投稿欄では、職業呼称を掲載する場合が一般的だ。その場合、「無職」という呼称がよくみられるが、「年金生活者」とか「元会社員」とはならないのはなぜか、という素朴な疑問が生まれる。この投稿者さらに広く紙面への登場人物をどう呼ぶかは、報道において奥深い問題であって、ジャーナリズムの姿勢を示すも

　1990年代中ば以降、凋落の一途をたどる紙メディアに対し、地上波放送局の売上高（その
ほとんどは広告収入）はほぼ横ばいだ。スポンサーがついているということは、広告が消費者
にリーチ（到達）していると考えられている証拠だ。その源は、テレビが見られている、マス
であるということに尽きる。

　メディアとしての影響力を測る指標の1つが、視聴率であることはよく知られている。世帯
視聴率1％で100万人余という数字が正確ではないにせよ、テレビ視聴の実態を大づかみする
数字としては当たらずとも遠からずだ。あるいは各種のメディア接触度調査をみても、日常生
活におけるテレビの存在感の大きさははっきりしている。

　放送は戦後、意図的に2つの日本独特の制度を構築してきた。1つは、NHK（公共放送）と
民放（商業放送）の「二元体制」だ。前者は受信料制度という、世界で唯一の視聴者がボラン
タリーな支払いによって放送を支える仕組みに乗っかっている。国内在住者の8割以上が、あ
えていえばNHKの番組を見ても見なくても支払うことで成立している稀有なメディアであっ
て、「お布施ジャーナリズム」と呼ぶことができよう。後者は一転して、100％スポンサーが放
送コストを負担することで、視聴者は完全に無料で放送を楽しめる。

　もう1つは、全国（ナショナル）、地方（ローカル）、地域（コミュニティ）という「三層構
造」だ。NHKが全国放送を担い、各民放局は地域ごとの周波数免許という方法によって、地
元ローカル向けの放送を実行している。これによって、地域文化に根差す放送が実現する。も
ちろん実態としては、民放はNHKに対抗して全国ネットワーク化を実現するために大変な努
力と競争があったが、この理念は大切である。この二元体制あるいは系列別のネットワーク体
制の存在は、視聴率競争というかたちで「似た番組が増える」という弊害を生みつつも、全体
としては質の高い豊かな放送番組に貢献したと評価できるだろう。

　あるいは、NHKの場合は法で全国どこでも視聴可能という、「あまねく放送」が義務化され
ているということがある。そして対抗関係によって民放もまた、どこでも視聴できる放送環境
を作り上げている。日本はこうして、「全国どこでも、タダでテレビが視聴できる」極めて稀
な国に発展してきたわけである。

　この特徴がそのままビジネスモデルに直結し、このデジタル隆盛においても、先に述べたよ
うに売り上げがほぼ横ばいの状況が続いている。これを、成功モデルに固執していると考える
か、必然なのかは解釈の違いだろう。こうしたメディア特性が、そのまま倫理のありようにも
直結している。

　視聴率至上主義の弊害として起きたのが、2003年の日本テレビの不正操作事件である。番
組プロデューサが視聴率を上げるため、制作費を使って興信所に調べさせた視聴率調査対象世
帯に金品を配った。またこれを機に、視聴率を上げるために刺激的な映像等を使用していたこ
となども明らかになった。これに対しBPOは3委員長見解として、①視聴質調査の導入、②
新しい評価基準作りへの広告界の協力、③放送人の倫理研修、④視聴者の積極的な発言、⑤新
聞等が視聴率競争の増幅に加担しないこと、を求めた（これを受け、民放連も翌2005年、提
言を公表）。

のでもある。

　あえていえば、これまでの放送や新聞は「公人」（公的な人物）と「私人」（一般市民）を、特定の職業（肩書）呼称をつけることで区別している。もっと意地悪くいえば、特段肩書をつける必要がないと判断した人を、「無職」とか「主婦」とか呼んでいるといえなくもない。別の側面では事件の加害者で逮捕前の場合、公人であれば「実名＋肩書」になるが、私人だと「匿名」で名前を出さないという差が生じる。もちろんこれは、私人の名誉やプライバシーを守るための方策で、公人はその社会的責任を果たさせるために名前を出す代わりに、緩衝材として肩書をつけているともいえよう。

　しかし一方で、こうした人権配慮のための「例外」においてすら、有名芸能人やタレント等の場合、あえて容疑者呼称を使用せず、「リーダー」や「メンバー」などを使用した過去の例がいくつも存在する。これもまた、まさに権威への弱さを表すものだろう。さらにいえば、いわゆる敬称とされる「さん」「ちゃん」「氏」の使い分けもなかなか微妙だ。新聞紙面の中で、政治面や経済面のいわゆる「硬派」は肩書呼称が多く、社会面では職業呼称やさん敬称が多いのも、単に慣習というだけでは片づけがたい。天皇・皇室にのみ特別敬称を付すことも含め、被報道者の「序列」の根拠を再考する時にきている。

Ⅲ　被害者に寄り添う

1　犯罪被害者の扱い

　被害者情報の扱いについてはこの30〜40年間で、大きく様変わりしてきている。たとえば、1985年の日航機御巣鷹山墜落事故の際には、企業は乗客名簿を即時公開し、報道機関は乗客乗員全員の氏名・顔写真を報道した。中でも朝日新聞は、見開き2ページをすべて使い、搭乗の理由まで詳細に記載した特集紙面を作った。一部にはプライバシーの侵害ではとの声が出たものの、大勢は事故の悲惨さと悲しみの共有を実現した報道として評価された経緯がある。

　しかしその後、被害者が属する関連企業側も、そして被害者本人や家族も、名前を出すことに対する拒否反応が強くなり、こうした流れはいまに続いている。さらには、2020年のコロナ禍における死亡者も含めた感染者情報について、公的機関の発表は一様に消極的で、死亡者氏名も発表されないことが多い。

◆ 松本サリン誤報事件

　オウム真理教三大事件の１つで、1994 年６月に松本市で起きたサリン散布事件（他に坂本弁護士一家殺害事件、地下鉄サリン事件）。犯人として第一通報者が疑われ、報道は警察情報をもとにこぞって犯人視をした。以下は、事情聴取時の新聞見出し。「会社員関与ほのめかす家族に「覚悟して」薬品 20 点余　鑑定急ぐ」（信濃毎日新聞 1994 年６月 29 日夕刊）、「会社員宅から薬品押収　農薬調合に失敗か　松本ガス中毒」「隣人が関係　除草剤作りの会社員が通報　松本ガス中毒死」（朝日新聞同年６月 29 日朝刊）「毒物と隣り合う暮らしの怖さ」（朝日新聞同年６月 29 日朝刊社説）、「第一通報者宅を捜索「薬品調合、間違えた」と救急隊に話す松本のガス中毒死」（毎日新聞同年６月 29 日朝刊１面）、「松本の有毒ガス集団中毒　会社員宅から薬品押収　事情聴取へ」（NHK ニュース同年６月 29 日）また、『週刊新潮』は「毒ガス事件発生源の怪奇家系図」と題した記事で家系図を掲載した。

◆ メディアスクラム

　ラグビーのスクラムでボールを挟んで選手が密集しているように、取材対象者の周りに報道陣が群がっているさまをさす言葉で、海外では政治家を囲んでの即席記者会見をさすこともあるが（日本で「囲み取材」と呼ぶ）、日本ではもっぱら「集団的過熱取材」のことをいう。2001 年に日本新聞協会編集委員会が見解を発表し、その対応策を報道界として示した（民放連も同時期にほぼ同じ内容の対応策を発表）。「事件や事故の際に見られる集中豪雨型の集団的過熱取材（メディア・スクラム）に、昨今、批判が高まっている」で始まる見解は、「大きな事件、事故の当事者やその関係者のもとへ多数のメディアが殺到することで、当事者や関係者のプライバシーを不当に侵害し、社会生活を妨げ、あるいは多大な苦痛を与える状況を作り出してしまう取材」に対し、以下の遵守すべき点を掲げた。

1. いやがる当事者や関係者を集団で強引に包囲した状態での取材は行うべきではない。相手が小学生や幼児の場合は、取材方法に特段の配慮を要する。
2. 通夜葬儀、遺体搬送などを取材する場合、遺族や関係者の心情を踏みにじらないよう十分配慮するとともに、服装や態度などにも留意する。
3. 住宅街や学校、病院など、静穏が求められる場所における取材では、取材車の駐車方法も含め、近隣の交通や静穏を阻害しないよう留意する。

　また調整方法として、「調整は一義的には現場レベルで行い、各現場の記者らで組織している記者クラブや、各社のその地域における取材責任者で構成する支局長会などが、その役割を担うものとする。解決策としては、社ごとの取材者数の抑制、取材場所・時間の限定、質問者を限った共同取材、さらには代表取材など、状況に応じ様々な方法が考えられる。また、現場レベルで解決策が見いだせない場合に備え、中央レベルでも、調整機能や一定の裁定権限を持った各社の横断的組織を、新聞協会編集委員会の下部機関として設けることとする」とした。この中央組織は、全国紙５社（朝日東京、毎日東京、読売、日経、産経東京）、ブロック紙３社（北海道、中日・東京、西日本）、地方紙４社（火曜会、土曜会から各２社）、通信社２社（共同、時事）、NHK の計 15 社の編集・報道局次長ないし部長クラスで構成するとしている。

　制度発足後も含め、和歌山カレー事件（1998 年）、桶川ストーカー殺害事件（1999 年）、池田小事件（2001 年）、鳥インフルエンザ（2004 年）、福知山線事故（2005 年）、秋田児童殺傷事件（2006 年）と、立て続けに取材陣の態度が問題視されてきた。最近の京アニ事件（2020年）などでは、取材行為自体による深刻な侵害事例は少なくなってきているとされる。

実は、1985年の日航機墜落事故においてもすでに被害者取材・報道のあり方は議論の俎上に載っていた。その直後の女子高生コンクリート詰め殺人事件（1988年）から、1990年代に入ってからの神戸連続児童殺傷事件（1997年）、電力会社女子社員殺害事件（同年）、桶川ストーカー殺害事件（1999年）と、事件が起こるたびに大きな議論を巻き起こしてきた。

　とりわけ電力会社女性社員殺害事件は（犯人として逮捕・無期懲役となったネパール人は、2012年に再審無罪になった）、週刊誌を中心に当該被害者のプライバシーを根こそぎ暴く報道が続き、弁護士からの報道自制要請が出されるなど、事件とともに報道のあり方が大きな社会的関心を呼んだ。さらには、2002年の北朝鮮拉致事件の被害者帰国をめぐり、取材が集中して生活の平穏が保たれないなどの問題が生じ、メディアに対する批判が高まった。

　報道被害者という言葉が市民権を得る状況の中で、大阪教育大学附属池田小事件（2001年）が起こり、報道界は事件取材の見直しに着手、メディアスクラム対応などが決まり、実行に移された。また、「全国犯罪被害者の会」が設立されるなど（2000年）、被害者の声がまとまる機会も得て、具体的な支援政策にも結びついていった。

　この状況はさらに変わり、2003年の個人情報保護法制定に軌跡を合わせるように、2005年に大阪で起こったJR西日本の福知山線事故では、報道界の強い要望にもかかわらず、一部の犠牲者の氏名はいまだに公開されないままだ。2013年のアルジェリアでの日本人人質事件でも、企業も政府も実名発表はしなかった。そして、2016年の相模原事件、2017年の座間事件、2019年の京都アニメーション（京アニ）事件と続く。

　裁判員裁判や2008年から始まった被害者参加制度（被害者本人や遺族が刑事裁判に参加して意見陳述や質問ができる制度）の中でも、一部被害者の氏名は非公表とされ、報道段階においても匿名となっている。ただし後者の事例は、新しく拡大したのではなく、従来から行われている性犯罪被害者や、報復を受ける恐れがある場合に該当する配慮例の延長線上にすぎないとの見方もある。

　こうした状況に対応して、報道機関の取材ハンドブックでは「被害者取材・報道」の項が設けられ、在京新聞社の取材・報道心得としては要旨、「被害者との距離を縮める努力をしつつ、書けるときに書けることを等身大に報じる」「事件によっては発生当初ではなく、起訴後や裁判になってからもありえ、長期的・継続的な取材・報道にも重点をおく姿勢が大きな意味をもつ」と、過去

　呼称とりわけ事件報道における被疑者（容疑者）の呼び方は、今日においてメディア批判の要因の１つにもなっている。2019 年に発生した池袋での自動車暴走事故で、加害者を「実名＋元院長」と呼んだのが典型例だ。しかもこの肩書は約 30 年前の公務員時代のものであるから、ニュースによく登場する「無職」のほとんどは、相当程度が元職の「肩書呼称」にしなくてはいけなくなるはずだ。首相は亡くなるまで「元首相」であろうし、「元教員」もよく見かける職業呼称だ。そうなると、報じる側だけでなく読者・視聴者も含めた社会全体に、呼称についての見えない区分け線があるのではないかと思わざるをえない。たとえば、「先生」と呼ばれるような職業には「元」をつけてよいといった感覚だ。もしそうだとすれば、こうした〈権威〉に弱い社会の体質をそのまま紙面に反映することは、考え直してよいことかもしれない。

　もちろん、主婦という〈職業〉には十分な敬意を払うべきだが、「〇〇夫人」とか「〇〇の妻」と別の記事で使用しながら、一方で投書や社会面では「主婦」としていることに、どのような使い分けがあるのかを説明できないのではなかろうか。その場合も、たとえば「明恵夫人」とするのは、首相という権威を大切にしているのではないかともみえる。

　こうした、権威に依拠して同じ人物の肩書呼称を変える紙面作りの典型例が事件報道だ。すなわち、警察が逮捕・発表した段階で、私人から公人（公共の関心事の対象者）に転換したとして、「実名＋呼称（容疑者）」で報じ、さらに身柄が裁判に移れば被告（人）に、刑務所に入れば受刑者にと、次々と変わっていく。そして、「受刑者」が仮釈放されれば敬称（通例は「さん」）がつくし、再審が決定されれば「元被告」と呼び、さらに無罪が確定すれば敬称をつけるといったルールが、新聞社内ではおおよそ決まっている。いわば、呼称を変えることで当該者が「罪人ではない」ことを表そうとしているということになる。

　逮捕まではよほどのことがない限り実名報道はしないが、その理由は、報道側の判断で実名報道することで事実上「犯人視」し、当該人物の名誉を毀損したりプライバシーを侵害すれば、当然、損害賠償等のリスクを負う。そのわかりやすい例外が、前述の池袋自動車事故のようなもともと何らかの意味で公人であることで、訴訟リスクを回避できると判断できる時といえるのだろう。

　逮捕後の報道においても、報道側の主体的な人権配慮で、呼称の工夫を行っている例はある。政治的な色彩を帯びている事件や、微罪での恣意的な逮捕の場合、あるいは明らかに違法な別件逮捕が疑われる事案などでは、容疑者呼称ではなく「実名＋肩書」で報じられる。このときは、報道機関のカラーが出やすい場面ともいえる（たとえば、沖縄の辺野古新基地建設での反対活動の中で運動体のリーダー格が逮捕された場合、「容疑者」と「議長」で肩書呼称が分かれた）。

　こうした呼称によるある種の「イメージ操作」は、新聞報道自体が作り出しもしている。ちなみに「容疑者」呼称も、報道による犯人視を回避するために考えられた「特別呼称」である（法律用語は「被疑者」）。しかしいまでは、報道で容疑者を使用した瞬間、ほとんどの読者・視聴者は、「その人がやったんだ」と思ってしまっている。

の取材・報道スタイルの転換が示されている。

　また、従来の事件報道では、どうしてもヒューマンタッチの（いわゆる悲劇のヒーロー・ヒロイン的な）ストーリーを作り上げ、それに合わせた記事内容になったり、悲しみに沈む遺族に無理やりコメントを取ったり、さらには通夜や葬儀の会場に押し寄せるなどの状況もあった。しかし今日において、こうした取材は皆無ではないまでも、相当程度減じているといえるだろう。

　先にあげた相模原事件では、今日にいたるまで県警は一切の実名を公表していないし、起訴段階で被害者の実名はすべて伏せられた。座間事件でも遺族からの強い匿名要望を受け、日弁連ほか東京や神奈川の弁護士会も「報道の正義のために、社会全体の理解のために、犯罪被害者、遺族のプライバシーが損なわれることが許されるのか」などと、強いトーンで実名報道に疑問を投げかけた。裁判では、被害者のみならず関係者も含め、公判は匿名で進められた。

　報道被害の実相は、直接的な人権侵害的な記事や番組以外にも、各種メディアの総体としての取材や報道から受けるプレッシャー、さらには報道を受けての親戚や仕事関係など周辺の人々からの目（偏見など）、さらにはインターネット上に飛びかうデマも含めた誹謗や中傷（SNSを通じて直接届くものも想定される）など、極めて大量の「被害」が想定される。

　被害者にとってはこれら総体としての被害を念頭に、報道機関は責任を取れるのか、を問うているのであろう。しかし一方で、個々の報道機関（あるいは報道界）として、その責任の取りようは現実としてないがために、従来の実名報道の必要性といった建前や、紙面や番組上での「お詫び」等に代表されるような、プライバシーに配慮していくとの抽象的な対応しかできていない。

　それでは残念ながら、両者の溝は埋まることなく、被害者の声を受けた公的機関（その矢面に立つことになる警察）は、法の要請でもある被害者保護のために、「発表を控える」という選択肢しか残されないという帰結を生みがちだ。この構造が、問題解決を阻んでいる1つの大きな要因である。

　あるいはジャーナリスト自身が、被害者の精神的身体的状況を理解できていない問題もある。事件・事故の当事者である被害者に直接接する（少なくともその可能性が職業上極めて高い）報道関係者は、これまで物理的・精神的なストレスやトラウマ（心的外傷）、PTSD（心的外傷後ストレス障害）の専門的知識や接し方を、組織的・制度的に学んできた例は極めて限定的だと思われる。こうした職業上の訓練は、記事の書き方やカメラの回し方同様、すべてのジャーナ

◆ 記者会見における配慮

　記者会見における新しい課題も出ている。これまでも会見者の希望に沿って、匿名化などの「配慮」がなされてきた。一般には、顔出しによって嫌がらせ等が想定される場合などである。また、裁判員裁判における判決後の裁判員記者会見においても、裁判員の特定情報はすべて伏せられているが（住所・名前のほか、性別・年齢もすべて非公表）、それに加え「原則は顔出しNG」の中で会見が実施されている（本人が了解した場合を除く）。

　そうした中2021年6月には、テニスプレイヤーの大坂なおみが記者会見のあり方について問題を提起し、その後、大会開催中の会見の開催が契約上義務化されている中で、被取材者を精神的に追い詰めることが好ましくないとの指摘がなされている。準公人として一定の取材応諾（取材機会の提供）の社会的責任がある中で、記者会見の開催や出席自体を否定するのではなく、質問をする（会見に出席する）ジャーナリストの理解の問題と捉え、解決の道筋を探ることが必要だ。トップアスリートは精神的にもタフであるとのある種の思い込みにとらわれることなく、取材者は取材相手の精神的疾患や心理的状態についての、必要最小限の知識と理解をもって取材に臨む必要性があるということになろう。これもいわば、会見の様子がネットでも拡散され、世界中から被報道者が「監視」される新しい情報環境の中で、伝える側の身につけるべき倫理的立ち振る舞いということになる。

　会見がインターネット上で中継される機会が増え、一問一答がすべて可視化される中で、会見者の表情も含めリアルな状況（苦悩や疑惑も含め）が視聴者に伝わる一方、記者の行状もまた知られることとなり批判の対象となってきた。会見の基本的な手法としての「更問い」（重ねて同じテーマで質問すること）が粘り強く執拗な追及姿勢としてプラス評価されるのではなく、しつこい態度としてマイナス評価を受けたり、質問の仕方が横柄だとか偉そうだとしてネット上で炎上する事例も見られる。萎縮することなく自信をもって行うとともに、会見者の立場を慮る余裕や見られているとの意識が必要な時代となっている。

◆ 住所表記

　一般にニュースでは、事件・事故の当事者の住所を報じているが、不起訴になった容疑者の住所を地番まで掲載した静岡新聞の記事がプライバシー侵害にあたるとの判決が示され（静岡地判2021年5月7日）、各社での対応に変化が出ている。静岡新聞は、国民のプライバシーへの意識の高まりや、逮捕後に不起訴処分となるケースが増加傾向にあることなどを考慮し、「丁目」までを原則とし、居住地の特定につながる地番を伝えることは控えることを明らかにしている。

　判決では、プライバシーに関する情報は公表されない法的利益と公表する理由を比較衡量し、報道の必要性を判断するべきだとした上で、住所を一部にとどめても同姓同名の第三者との誤認を避けることは可能と指摘。住所自体の秘匿性は高くないものの、逮捕記事で地番が公表されれば、第三者から嫌がらせを受けるなど私生活の平穏が脅かされる可能性があるとした。

リストが必ず身に着けつけるべき必須条件である。少なくとも知識がない者は取材をする資格はないといった共通認識を、報道界が共有しなくてはならない。

この間、東日本大震災はじめ大きな自然災害については、安否情報や不明者情報も含め、積極的な実名報道がなされ社会もそれを許容し、むしろ求めてきた側面もある。その違いの大きな要因は、発表後のペンやカメラの放列に晒され、時には何年たっても追い掛けまわされることへの強い嫌悪感であるとされる。こうした取材ストレスに加え、SNS をはじめとしたネット上の晒し行為の恐ろしさ、それに伴う差別言動を受ける危険性をだれもが共有していることもある。

そうなると報じる側は、こうした二次被害も含め、報道することの責任の重さを自覚し、強い「覚悟」をもって報道することができるかが問われている。警察発表があったから名前を出すのではなく、どうしても出す意味があり、その責任を自ら負うことができるかどうかである。もちろん、社会全体に広がる現在の晒しや差別の体質を変えることも必要だ。後ろ向きの対応が続き、「匿名」社会が広がることは、息苦しい社会を招来することになるだろう。

2 被害者支援の制度設計

あえていえば、被害者情報については行政のコントロール権を強め、警察が防波堤になって情報の社会一般への流通をせき止める制度ができあがってきている。2004 年秋に成立した「犯罪被害者等基本法」では、「犯罪被害者等（犯罪やこれに準ずる心身に有害な影響を及ぼす行為の被害者及びその家族又は遺族）のための施策を総合的かつ計画的に推進することによって、犯罪被害者等の権利利益の保護を図ることを目的」としており、その基本理念として、「犯罪被害者等は、個人の尊厳が重んぜられ、その尊厳にふさわしい処遇を保障される権利を有すること」が定められている。

具体的な条文に、氏名公表についての言及はないが、これを根拠に具体的な政策が実行されている。同法に基づき「犯罪被害者等基本計画」が策定されることになっており（内閣府に設置された「犯罪被害者等施策推進会議」において案が作成され、閣議決定ののち公表）、2021 年度 4 月 1 日から 5 年間の予定で、「第 4 次犯罪被害者等基本計画」に基づく施策が実行中である。そこでは、氏名扱いについて、「プライバシーの保護、発表することの公益性等の事情を総合的に勘案しつつ、個別具体的な案件ごとに適切な発表内容となるよう配慮す

　犯罪被害者等基本法制定時に、被害者からは報道被害防止を明文化すべきとの強い要望が示されていた。これに対しては、法6条［国民の責務］の「国民は、犯罪被害者等の名誉又は生活の平穏を害することのないよう十分配慮するとともに、国及び地方公共団体が実施する犯罪被害者等のための施策に協力するよう努めなければならない」の「国民」に、報道関係者を読み込むということで妥協点が図られたとされている。

　そうしたことから基本計画においては、きちんと「被害者の氏名・住所を非公開とすること」があらためて要望され、法務省・警察庁は報道界の従来からの実名発表要請を考慮して「総合的に勘案し適切な発表内容になるよう配慮」との回答を示した。しかし検討会では被害者遺族会側から強い反対意見が出され、さらにパブリックコメントでもメディア批判が強まった。一方で新聞協会や民放連は、反対意見書を出すなどの“攻防”が続いた。

　推進会議の案がまとまった後も、被害者側からは「報道の使命は、繰り返される報道被害を正当化する理由にはならない」などの厳しい批判が続いたものの、そのまま閣議決定され公表された経緯がある。警察庁は各県警への通達の中であえて、「警察において現に行っている内容を記述したもので、基本的な考えが変更されるものではないが、盛り込まれた趣旨を踏まえ、個別具体の事案ごとに適切な発表内容になるよう指導をすること」（要旨）と言及した。

犯罪被害者等基本法
第15条［安全の確保］　国及び地方公共団体は、犯罪被害者等が更なる犯罪等により被害を受けることを防止し、その安全を確保するため、一時保護、施設への入所による保護、防犯に係る指導、犯罪被害者等がその被害に係る刑事に関する手続に証人等として関与する場合における特別の措置、犯罪被害者等に係る個人情報の適切な取扱いの確保等必要な施策を講ずるものとする。
第20条［国民の理解の増進］　国及び地方公共団体は、教育活動、広報活動等を通じて、犯罪被害者等が置かれている状況、犯罪被害者等の名誉又は生活の平穏への配慮の重要性等について国民の理解を深めるよう必要な施策を講ずるものとする。

第4次犯罪被害者等基本計画
Ⅱ　重点課題に係る具体的施策
第2　精神的・身体的被害の回復・防止への取組
2　安全の確保（基本法第15条関係）
(10) 犯罪被害者等に関する情報の保護
キ　警察による被害者の実名発表、匿名発表については、犯罪被害者等の匿名発表を望む意見と、マスコミによる報道の自由、国民の知る権利を理由とする実名発表に対する要望を踏まえ、プライバシーの保護、発表することの公益性等の事情を総合的に勘案しつつ、個別具体的な案件ごとに適切な発表内容となるよう配慮する。【警察庁】（89）（再掲：第5－1（269））
※この文面は、第3次とまったく同じである。また、「第5　国民の理解の増進と配慮・協力の確保への取組」でも言及があるが、ここでの記述も第3次と同文で、上記の15条関連個所と中身は同じである。

る」とある。

　ここからわかることは、「被害者情報の保護」にかかる警察発表の問題は、もっぱら被害者名を実名発表するのかしない（匿名発表する）のか、という課題設定に限定されていることがわかる。その上で、実名・匿名については両論併記をし、公益性等を総合的に勘案して「ケース・バイ・ケース」での判断を求める旨を記す。ここまでが法や政府方針で文言になっているわけだが、現場の運用はさらにもう一歩進んでいる。

　主として警察は、さらに具体的な保護の方法として「被害者の意向に沿う」ことと「発表するかどうかの判断は警察で行う」ことを定めている。当初はさらに、「匿名発表を原則」との方針を示したものの、報道界の強い反対によっていったんは取り下げ、法制定時の申し合わせでは、「従来の慣行（すなわち実名発表）を引き続き踏襲する」ことが確認され、今日にいたっている。

　多くの県では支援組織をもっており、「かながわ犯罪被害者サポートステーション」も、県・県警察とNPO団体である「神奈川被害者支援センター」が一体となり運営されている。この支援センターも警察OBなどによって組織されているため、実際は警察主体（主導）のサポート体制になっている、との指摘がある。最近では耳目を集める大きな事件の場合、人権侵害事例が起こりやすいとして、地元の弁護士（場合によっては弁護士会）は、発生直後にサポートに入り、被害者を担当する事例も少なくない。そこではもっぱら、「被害者とメディアを遮断すること」が目的化されているのが実情だ。

　そうなると、警察（もしくは支援組織や弁護士）が、取材の意向確認を担ったり、被害者との折衝窓口になることの是非も課題として出てくる。すなわち最初から、氏名は発表しないことを是として、「むしろメディアに出ないこと」を推奨するような状況が生まれていると指摘されるからだ。実際、報道の意義や、公的存在であることの意味について、的確なアドバイスはなされていないとされる。仲介・援助は警察ほかの行政組織ではなく、たとえばイギリスのプレスオフィサーのような民間組織が担うべきだろう。

　また、2017年に改正された個人情報保護法では、新たに「要配慮個人情報」とのカテゴリーが設けられ、そこには「犯罪被害情報」が含まれるとされた。このことが、取材や報道を制約的にしているという実態も報告されている。ただしここでも注意が必要なのは、個人情報保護法の「適用除外」として明確に、報道目的の報道機関による情報収集が除外されることが、明文化されているこ

◆ 犯罪被害者

　被害者支援の体制作りは進み、事件発生後、速やかにサポート体制が敷かれることになり、そこで配布されるパンフレットにおいては「犯罪被害にあうと、さまざまな問題や困難が一度に起こり、どう対処したらよいかわからなくなります」としていくつかの事例を挙げる。その１つが「周囲の人の言動による傷つき」で、事例として「配慮に欠けるマスコミの取材、報道」とする。

　大手弁護士事務所が主要業務に「犯罪被害者支援」を掲げ、その中身として、報道機関対応など犯罪被害者支援に関するご相談をお受けします——としている。もちろん、こうした犯罪被害者の報道被害（対応）の活動を否定するものではない。

　だからこそ、被害者救済に携わる弁護士を含む実務家に対し、取材・報道の自由についての理解を求めることは、報道側にとって自らの倫理向上とともに行うべきことの１

「かながわ犯罪被害者サポートステーション」の案内パンフ表紙

つであろう。また、ここにあげるような行政が作成するパンフレットやガイドブックとともに、報道界自身が『取材・報道にあたってのお願い』といった冊子を作り、問い合わせ先等を明記・公開することも、いまの時代に求められていることではなかろうか。

◆ 自主自律の条件と継続のためのポイント

①独立性
　　ヒト（人事）・モノ（組織）・カネ（財政）の透明性（公開性）・自立性
②拘束性
　　調査検証の強制性　採決・決定等の実効性
③網羅性
　　取り扱い対象の網羅性　加盟（構成）者の網羅性
④正統性
　　組織構成・委員（構成・選出方法）の妥当性・透明性・正当性・公正性
⑤実効性
　　救済の実効性・納得感　組織の社会的・業界的な権威・信頼感

表現の自由の絶対性
　　人権擁護と言論の自由のバランス
　　　　＋
・謙抑性の確保
　　圧力・干渉とならない自己抑制的態度
・自律性の尊重
　　萎縮効果を生まない　自浄作用を活性化させる
・穏やかな第三者性
　　ほどよい緊張関係の維持　「辛口の友人」論

とだ。したがって、報道機関が取材活動の一環として、犯罪被害者の情報を本人許諾なく（第三者である警察や病院などから）入手することは合法であるし、それは法が想定する行為であるということだ。

[参考文献]
〈事件報道〉高橋シズヱ・河原理子『〈犯罪被害者〉が報道を変える』（岩波書店、2005 年）、河原理子『犯罪被害者　いま人権を考える』（平凡社新書、1999）、大治朋子『歪んだ正義——「普通の人は」がなぜ過激化するのか』（毎日新聞出版、2020 年）、澤康臣『英国式事件報道　なぜ実名にこだわるのか』（文藝春秋、2010 年）、井上安『検証！ 事件報道』（宝島新書、2000 年）、鶴岡憲一『メディアスクラム　集団的過熱取材と報道の自由』（花伝社、2004 年）

〈調査報道〉山本博『朝日新聞の「調査報道」』（小学館、2001 年）、秋田魁新報社『イージス・アショアを追う』（秋田魁新報社、2019 年）、朝日新聞取材班『証拠改竄　特捜検事の犯罪』（朝日文庫、2013 年）、北海道新聞取材班『追及・北海道警「裏金」疑惑』（講談社文庫、2004 年）、毎日新聞旧石器遺跡取材班『古代史捏造』（新潮文庫、2003 年）、朝日新聞鹿児島総局『「冤罪」を追え　志布志事件との 1000 日』（朝日新聞出版、2008 年）、朝日新聞横浜支局『追跡　リクルート疑惑　スクープ取材に燃えた 121 日』（朝日新聞社、1988 年）、高知新聞編集局取材班『黒い陽炎　県闇融資究明の記録』（高知新聞社、2011 年）、下野新聞「鹿沼事件」取材班『狙われた自治体　ゴミ行政の闇に消えた命』（岩波書店、2005 年）、吉田慎一『ドキュメント自治体汚染　福島・木村王国の崩壊』（朝日選書、1984 年）、清水潔『桶川ストーカー殺人事件　遺言』（新潮文庫、2004 年）、清水潔『騙されてたまるか　調査報道の裏側』（新潮新書、2015 年）、高田正幸・小黒純『権力 VS. 調査報道』（旬報社、2011 年）、立岩陽一郎『NPO が切り開くジャーナリズム　「パナマ文書」報道の真相』（新聞通信調査会、2018 年）、マーク・リー・ハンター編、高嶺朝一・高嶺朝太訳『調査報道実践マニュアル　仮説・検証、ストーリーによる構成法』（旬報社、2016 年）

〈デジタル社会〉自主規制については、原田大樹『自主規制の公法学的研究』（有斐閣、2007 年）、生貝直人『情報社会と共同規制』（勁草書房、2011 年）、中山信弘編集代表・中里実編『政府規制とソフトロー』（有斐閣、2008 年）、中里実「情報、法、国家——電子社会における国家の役割」原田尚彦先生古稀記念『法治国家と行政訴訟』（有斐閣、2004 年）、ケン・オーレッタ、土方奈美訳『グーグル秘録　完全なる破壊』（文藝春秋社、2010 年）、水越伸『新版 デジタル・メディア社会』（岩波書店、2002 年）、宮下紘『ビッグデータの支配とプライバシー危機』（集英社新書、2017 年）、白戸圭一『はじめてのニュース・リテラシー』（ちくまプリマー新書、2021 年）、山本龍彦編著『ＡＩと憲法』（日本経済新聞出版社、2018 年）、成原慧『表現の自由とアーキテクチャ』（勁草書房、2016 年）、松尾陽編『アーキテクチャと法』（弘文堂、2017 年）、ドイツ憲法判例研究会編『憲法の規範力とメディア法』（信山社、2015 年）、マーク・タンゲート、氷上春奈訳『世界を制した 20 のメディア　ブランディング・マーケティング戦略』（トランスワールドジャパン、2005 年）、ヒュー・マイルズ、河野純治訳『アルジャジーラ　報道の戦争』（光文社、2005 年）、小田光康『パブリック・ジャーナリスト宣言』（朝日新聞社、2007 年）

Ⅰ 偏向と不偏不党

1 不偏不党の系譜

　日本の場合、伝統的に「不偏不党」は報道における中核的な「倫理」と考えられ、実践されてきた。しかし、ここでいう不偏不党の中身は何か、それは何のためのものか、あらためて確認をする必要があるだろう。なぜならいま、一部のメディアが「偏向」報道だと厳しい批判をされる状況にあり、それがジャーナリズム活動全体の信頼性を低下させる１つの要因にもなっているからだ。

　ちなみに、安倍晋三首相（当時）が国会審議の中で朝日新聞を名指しで偏向・捏造と批判し、政権党の議員勉強会では著名作家が沖縄地元紙を偏向しており潰すべきなどの発言がなされた。そうした政治家や有名人の言動を受け、ネット上でもいわゆる偏向報道批判がやまない。この特徴は、一般に政権に対して批判的な立場のメディアに向けられるというのも大きな特徴だ。

　こうした偏向キャンペーンは、メディア批判にとどまらず、政府施策に異論を唱える人・団体にも向けられるようになる。たとえば、辺野古新基地建設やオスプレイ配備に反対する沖縄県内を中心とする抗議活動がその顕著なターゲットだ。そしてこれらの批判をネットだけではなく、既存マスメディアが取り上げることで、さらに増幅してきたのが2010年代以降の流れであった。

　この不偏不党の源流は、明治時代の大衆紙・時事新報に遡ることができる。同紙は福澤諭吉が創刊し、時代をリードした一般日刊新聞である。それまで、多くの新聞は政論新聞系であり、当然に政治的主張が強かった。そうした中で福澤は、「不党不偏」を編集方針として掲げ、形式的な政治的中立を守った結果、同紙は大きく販売部数を伸ばした。

　そして1930年代、戦時体制が強化されていく中で、情報統制の一手段として、新聞は１県１紙体制が形成されていく。現在の大分合同新聞という題号はその名残である。いまの全国紙（朝日、毎日、読売）の各紙も「合同（統合）」化が予定されていたが、その実行前に敗戦になった。

　その残滓（ざんし）として、戦後の新聞発行体制は、全国紙（全国を販売エリアとする新聞）と県域を中心とする新聞に分かれ、後者については戦時中の統合紙がおおよそ、現在の県紙として残るかたちになっている（戦後すぐは復興紙として千を

　時事新報については、「当時の新聞が、多少とも政党色を帯び、世に政党機関紙時代とよばれたなかで、『時事新報』のみが創刊当初から編集の主眼を不偏不党においたのは、新聞史上画期的なことであった。……従来の政党臭のある新聞に反発を覚えていた一般読者から、好感をもって迎えられた……『時事新報』が内容的に「日本一の新聞」といわれるまでの高い評価を得たのは、先生が言論の自由と共にその責任を強く訴えたことによる。それは苟も他人を評するときは、「自分と其人と両々相対して直接に語られるやうな事に限りて、其以外に逸し」てはならぬこと、新聞にどんな劇論を書こうと自由だが、「扨その相手の人に面会したとき、自分の良心に愧ぢて率直に陳べることの叶はぬ事を書いて居ながら、遠方から知らぬ風をして、恰も逃げて廻はるやうなもの」を先生は「蔭弁慶の筆」と名づけ、言論の自由の主張には、それなりの責任の伴ふことを教えられた」と慶應義塾大学のウェブサイトは伝えている。

　また福澤諭吉自身が独立不羈（どくりつふき）・無偏無党（不党不偏、不偏不党）を経営理念にしたことについて、「他の新聞が政党機関紙や御用新聞となって、ある立場を代表することは、経営のための資金をその辺りから得ていることとも関係があったのである。あらゆるしがらみを断ち、誰にも遠慮のない発言をするとして、「独立不羈」を掲げる『時事』が、経営を重視しなければならないのは必然のことであった」（『福翁自伝』、一部表記変更）と説いている。

　これは福澤が啓蒙活動の一環としてより多くの人（読者）に新聞を届けたいという思いとも合致する。したがって、この編集方針は同時に経営方針でもあったということができ、この経営的成功に倣って、その後の多くの新聞は、今日でいう「不偏不党」を編集方針として掲げることになった経緯がある。

　当時、新聞は戦争報道によって売り上げを伸ばしていった。戦地の状況をいち早く知りたい読者が増えたからだ。出兵している家族も心配だし、商売にも大きく影響していた。そこで各紙はこぞって従軍記者を戦場へと送り出す。その時に、軍部に従軍を認めてもらうには、党派性は邪魔であったとされる。

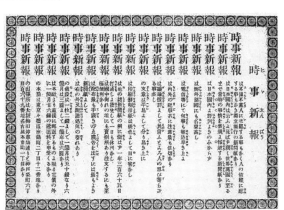

時事新報の宣伝チラシ裏面（日本新聞博物館所蔵）。最初の項目に「不偏不黨」とある。

超える新聞が発刊・復刊されたが、販売網の維持などができず多くはすぐに廃刊となった）。

その結果、当該エリアの市民は、圧倒的な占有率の県紙1紙もしくは全国紙が一般には購読可能になるということだ（もちろん、より小さい発行エリアの地域紙も選択肢ではある）。逆にいうと当該新聞は、そのエリアで幅広い購読層をカバーするために、より政治的中立性を維持することが求められた。

この特定の政治的主張に偏らないという考え方は、政治性を忌避する風潮にもつながっていくし、また、この政治的中立性は戦後、社会の仕組みの中にビルトインされ、制度上からも守ることが目的化されていくことになった。全国紙と県紙によって、おおよそ全国であまねく新聞の購読が可能になったことで、これを社会制度として活用する道が生まれたからだ。

その典型例が選挙制度だ。日本の場合は、選挙活動を厳しく制約する代わりに選挙報道に大きな自由を与えているが、同時に選挙広告というかたちで、税金を使っての候補者活動を制度として作った（**法ジャ246**参照）。これは、掲載媒体の新聞が当該エリアをおおよそカバーしていることが重要な要件であるが、もう1つ暗黙の前提は政治的におおよそ中立的であることだ。

さらにこうした特恵的待遇を保持しようと、各新聞社は、経営的選択としても政治的中立性を大切にするという循環が生まれる。まさに、不党不偏に始まった日本の新聞の党派性の排除は、政治的中立性を是とする経営方針として定着したということができる。

こうした特性は、戦後生まれた民間放送にもそのまま受け継がれることになる。その大きな要因は、日本の放送局の多くにおいて、新聞社がその発足に大きく関与しているからである。新聞と同じ番組編集（編成）特性を有するがゆえに、前述の選挙期間中には「政見放送」「経歴放送」といった、ユニークな仕組みができあがることになった。

2　数量平等と質的公正

偏向批判≒政権批判否定の傾向がより明白になって、基幹メディアで現れた事例から考えてみよう。

2015年、新聞に掲載された全面カラー意見広告が話題になった。そこでは特定民放番組のキャスターを名指しして、放送法の規定にある政治的公平違反を理由に批判する内容で、あわせて総務省により強力な番組監督を求めた。し

　20015 年秋、読売新聞と産経新聞にほぼ同様のカラーの全面意見広告が掲載され話題になった（朝日新聞ほか一部の新聞社は掲載しなかった）。「放送法遵守を求める視聴者の会」がTBS「NEWS23」キャスターの岸井成格・毎日新聞特別編集委員（当時）を、放送法違反を理由に名指しで批判する内容だ。あわせて、総務省により強力な番組監督を求めてもいる。わかりやすくいえば、安倍政権批判をする偏向番組は違法な番組で許されないし、政府はきちんと取り締まるべき、ということになる。この「偏向報道」批判は、沖縄2紙に対する「琉球新報・沖縄タイムスを糾す県民・国民の会」と極めて似通った考え方を持つものでもある。以下は、産経新聞 2015 年 11 月 14 日付朝刊と読売新聞 2016 年 2 月 13 日付朝刊に掲載された広告の一部。

◆ 取材拒否事件

　TBS の報道番組「NEWS23」2013 年 6 月 26 日放映で、国会会期末の与野党攻防の末に、電力システム改革を盛り込んだ電気事業法改正案などが廃案になったことを、ねじれ国会の象徴事例として報じた。約7分の企画特集の中で1分ほど、改正案の成立を望んでいた関係者のコメントが VTR で紹介され、「（与党が）もしかしたらシステム改革の法案を通す気がなかったのかも。非常に残念ですね」と話す箇所がある。この発言の前後を含め、廃案の責任が与党自民党にあると視聴者が受け取りかねない報道をしたのは、「民主党など片方の主張のみに与したもの」で、番組構成が著しく公正を欠くものであるとして、翌 27 日に自民党が TBS に対し文書で抗議した。さらに翌月 4 日には取材拒否を発表した。報道によると、取材拒否は報道内容に強い不快感を示した安倍晋三首相（当時）の意向を踏まえたものとされている。

　翌 5 日、TBS は報道局長名で「『説明が足りず、民間の方のコメントが野党の立場の代弁と受け止められかねないものであった』等と指摘を受けたことについて重く受け止める」「今後一層、事実に即して、公平公正に報道していく」との文書を提出。これを自民党は同日夜、謝罪であると解釈し、取材拒否を解除するにいたった。なお、TBS は政治部長名で「放送内容について、訂正・謝罪はしていない」とのコメントを発表している。

　また、2014 年には、自民党筆頭副幹事長・萩生田光一名で在京各局あてに「選挙時期における報道の公平中立ならびに公正の確保についてのお願い」と題した文書が発信された（11月 20 日付）。報道に「公正さ」を求めるものであるが、数量平等を守らせることで政府批判を抑制させる狙いがある（詳細は、山田健太『放送法と権力』田畑書店、2016 年参照）。

かし放送現場を縛る「公平さ」や「政治的中立性」の呪縛は、この意見広告に拠らずともすでに広がっている。そして同様の心理的圧迫は、監督官庁がない分だけ弱いにせよ、多くの活字メディアにも共通する。

　問題の第1にあるのは、「公正・公平」とは何か、である。この解釈には2つの可能性がある。1つは、放送法の条文の出自を重く見て、選挙報道の場合などにおいて「数量平等」を求めるという考え方である。もう1つは、一般原則化した経緯を重く見て、多角的論点の呈示との結びつきの中で「質的公正」を大切にするということになる。

　一般的なのは質的公正さを求める考え方で、これはまさに「公共」放送の考え方とも通じる（NHKのみならず広く地上波放送全般を「公共放送」と捉える考え方）。すなわち、多様性の確保であり、多角的論点の呈示と相俟っての公正さを求めるものである。さらにいえば、賛否を常に同等に扱うことは結果的に現状維持につながる可能性があり、むしろ社会的弱者の声を意識的に吸い上げることで、社会の問題点を明確化する考え方でもある。

　フェアネス（公正）には「みんなのため」になること、あるいは、社会的マイノリティの声をきちんと掬い上げ、社会全体に伝達することといった意味合いが含まれると考えられる。いわば「弱い立場の側に立つ」と言い換えることも可能であって、これ自体、ジャーナリズムの機能として重要であるとされてきた。フェアな社会を実現すること、そのためのジャーナリズム活動を行うこと、あるいは客観的外形的にフェアな活動をしていると認識されることの重要性である。

　しかし現実には、政権や政権党が放送法の条項を後ろ盾に、数量平等に反する報道を許さないという言い方で、政権批判を認めない姿勢を明らかにしている。関連して、数量平等を1つの番組内で貫徹すべき等の主張も意見広告内でなされている。現実的に困難であるという物理的な問題以前に、それが放送の自由の手足を縛り、法の趣旨からしても許されない。

　そして第2は、政府と放送の距離についてである。番組内容の是非の判断は、あくまでも放送局の自律によってなされるべきものであって、その際のいわば目標値が番組編集準則である。ちなみに、放送法の目的条項の中には「放送の不偏不党、真実及び自律を保障することによって、放送による表現の自由を確保する」とあるが、この保障する主体は政府＝公権力であって、放送局に不偏不党の立場が求められているのではないことも、あらためて確認することが大

単行本化されている神奈川新聞オピニオン欄の名物シリーズ「時代の正体」（現代思潮新社から刊行）の2015年10月16日付は、「だから空気は読まない。忖度しない。おもねらない。孤立を恐れず、むしろ誇る。偏っているという批判に『ええ、偏ってますが、何か』と答える。そして、私が偏っていることが結果的に、あなたが誰かを偏っていると批判する権利を守ることになるんですよ、と言い添える」（石橋学）だ。

似たようなキャッチフレーズを掲げるのが東京新聞だ。2020年3月から広告キャラクターに、吉田戦車さんの漫画『伝染るんです。（うつるんです）』に登場する「かわうそ君」を起用、それにあわせて「空気は、読まない。」というキャッチコピーを打ち出した。これには、「弱い人を応援し、権力や強いものを監視するため『忖度』せず、真実を追

（東京新聞ウェブサイトから）

求するという報道姿勢を込めました」と説明する（同紙ウェブサイトから、イラストも）。なお同紙には、「こちら特報部」といった「新聞内新聞」とでも呼べる名物欄があり、独自の視点での記事展開が評判である。

ただし、2020年現在、日本国内で最も偏向批判にさらされているジャーナリズムは沖縄地元紙の沖縄タイムスと琉球新報の2紙であろう。その大きな要因は、辺野古新基地建設やオスプレイ配備などの政府方針に強く反対する紙面を作っていること、日常的に米軍基地の事故等の報道を数多く掲載していることによる、「変わった新聞イメージ」が先行していることにあるとみられる。実際は、地方紙一般の特性である地元ニュースの比率が過半を占め、その中で生活に密接に関係する事件・事故を扱うことで、必然的に基地ニュースが多くなる「だけ」のことである。にもかかわらず、ことさらに沖縄の特異性を報じるメディアが多いことで、ネットを中心に誤ったイメージが定着・拡散している状況が続いている。

偶然ではあるが、県内で一定拮抗する地元紙があるもう1つの福島県でも、福島民報と福島民友はいずれも、放射線関連の記事が圧倒的に多い状況が続いている。それは、住民の命や健康に大きくかかわる重要事項であるからで、それを偏向しているとは呼ばないのと同じだ。

ここからも、日本国内とりわけジャーナリズムの世界における「偏向」論議は、時の政権に批判的であることを〈偏向報道〉とレッテル貼りする傾向が強いことがわかる。同じマスメディアの中で、こうした声を増幅させることの是非は、〈反中嫌韓ブーム〉を後押しすることと同様、倫理上の課題である。

切だ。

この点で意見広告では、主体と客体を意図的にひっくり返し、放送局に守るべき法的義務があるとした上で、その取り締まり権限が政府にあるかの誤った解釈を広めようとしている。その意味で、こうした解釈内容の広告を掲載した新聞と、事実上拒否した新聞に分かれたことは興味深い。

言葉のあやでもあるが、偏向という響きにはジャーナリズムとしてはよくないこと、というイメージがつきまとう。それが結局、おとなしい紙面や番組作りにつながり、読者・視聴者からは「わかりづらい」「つまらない」という批判を受けることにもなる。こうしたモヤモヤを一気に解き放したのが、神奈川新聞のオピニオンページでのシリーズ「時代の正体」における「偏っていますが、何か」であった。

記事や番組が、何らかの主張を持つことは当然であり、そうした価値付けの上に記事や番組は成立している。それ自体を恐れること、とりわけ「政治的中立」に反するという批判にたじろがないことが必要であろう。ただし、信頼性や真実性の項で述べたとおり、多様性の維持や自身のストーリーに合わせるような報道には細心の注意が求められることも忘れてはなるまい。

Ⅱ　公平公正・客観中立

1　偏向へのメディア加担

こうした不偏不党や中立公正を守らんがために、数量平等や両論併記を重視する報道姿勢によって、確かに形式的には「偏らない」報道が実現するであろう。しかしその本質は、むしろ「偏り」を助長している可能性があることに、大きな課題がある。いわば、メディアの〈消極的加担〉である。

それは政府が、政権批判を抑えるために数量平等を唱えることの裏返しで、数量平等を実現することで権力監視が弱まってしまう状況が生まれかねない。ただでさえ、政治でも経済でも、場合によっては社会事象を伝えるニュースにおいても、「権威」発の情報が多くなりがちだ。その最も大きな力を持つ者が、一般には公権力（政府）である。

したがって、政府の発表、政治家の発言をストレートに伝えること自体が、社会における情報偏在を生む可能性が高い。それを意識せずに「発表（伝達）」

現在の放送法4条に定められている「政治的公平」規律は、放送法制定時の法案ではNHKの番組を規律する45条として用意されており、しかも主として選挙報道を念頭においていたものであった。さらにいえば、現行法で同じ条文の中にある「事実報道」や「多角的論点の呈示」の規定は、1つ前の44条3項として定められていた内容である。これに対して修正が施され、45条にあった政治的公平の項が44条と合わさり、現在の放送番組準則と呼ばれる4条と同様の規定となるとともに、適用対象を一般放送事業者（民放）に対しても準用することが決まって53条（現行4条）になった経緯がある（**法ジャ176** 参照）。放送法案の提出時に政府は、「放送番組につきましては、第1条に、放送による表現の自由を根本原則として掲げまして、政府は放送番組に対する検閲、監督は一切行わないのでございます」と、明確に宣言している。ここからも、監督官庁である総務省が個別番組について「指導」を行える余地はない。

前述した2013年のTBS取材拒否事件以外でも、たびたび同じような事態が起こった。とりわけ安倍前首相には番組内容介入の「前歴」がある。官房副長官時代の2001年には、慰安婦問題を取り上げたNHK特集番組に関し、報道幹部に対し放送前に「公平公正にするよう」伝えた。さらに幹事長時代の2003年、衆院選に際し党幹部にテレビ朝日への出演拒否を指示している。そして第1次政権時代の2006年には大臣名で、北朝鮮拉致問題を積極的に取り上げるようNHKに命令を発している（この時の担当大臣が菅義偉）。

もう1つの大きな問題は、抗議を受けた社が事実上の謝罪と受け取られるような対応をせざるをえなかった環境を、他のメディアが作ったことだ。今回の報道内容について、さらに工夫や配慮をすべき余地があったかどうかはまったく別の問題であって、いわば「批判報道をしただけ」で取材（出演）拒否される事態を、他のメディアは重大視せず、少なくとも自分の問題として受け止めようとはしなかった。

1993年にテレビ朝日の報道局長が、放送関係者による内輪の勉強会において選挙報道をめぐって行った発言をきっかけに、本人は国会に喚問され、免許は極めて異例の短縮期限付きとなった。公権力は、なりふりかまわずやってくるのである。そしてこの時も、ほかのメディアはテレビ朝日を見捨てるどころか、公権力の介入を後押ししたのである。

海外との比較で考えるならば、前者は米国連邦通信法の「イコールタイム条項」と呼ばれる選挙時における平等原則で、候補者に対し厳格に平等な放送時間を与えなければならないとするルールである。ただし字句どおりに適用することは現実にそぐわないとして、ニュースやドキュメンタリー番組は適用外になった経緯がある。

これに似た制度として1949年に米国の放送監督機関FCCが策定した「フェアネス・ドクトリン（公正原則）」がある。これも、量的公平性を求めるものというより、公共的に重要な争点の放送には適正な時間を充てることと、一方の見解が放送された場合には、もう一方の立場に反論の機会を与えることが定められていた制度だ。その意味で、単純な量的公平原則ではないことがわかるだろう。その後、次々に押し寄せる反論機会の提供に放送局が手を焼き、しかも反論放送をしなかった場合にFCCの強制調査権が認められたことから、これは行政の介入であり表現の自由を定めた憲法に反するとして、1987年に当該規定が廃止された経緯がある。

し続けることは、政府の情報コントロールに利する結果を生むことになりかねないことになる。これは冒頭に述べたように、政権批判を抑制する空気感を醸成することに直結する。

　さらにより積極的・意識的に情報偏在を加速したものとして、2017年放映の「ニュース女子」事件がある（第5講参照）。同番組では、沖縄・高江のヘリパット建設工事への反対活動を含めた沖縄リポートが、政府の政策に対して批判的な言動を「テロリスト」を呼ぶほか「重大な倫理違反」（BPO）事例であり、まさにメディアの〈積極的煽動（加担）〉である。インターネット上とともに、全国の地上波放送局や衛星放送で放映されていた同番組だが、東京の地上波放送局で放映されたことで社会的に注目されることになり、大きな議論を呼んだ。

　同じことは新聞でも起こる。沖縄県知事の辺野古埋め立て承認会見の翌日、ある在京紙は県庁内での抗議行動を、革マル派等の運動家が県職員の規制を振り切ってなだれ込み、ロビーを占領したと報じるなどした。沖縄において「良識的な市民」は辺野古移設を望んでいて、「一部の過激派」が反対活動を行っているのであって、それを地元紙が煽っているという構図が作られようとした。

　こうした「異論の排斥」は、原発再稼働問題など国策とみなされるような論争で起こりやすい。為政者（時の政権）との符合は、多様で自由闊達な情報流通を提供する場としての言論公共空間において、「争点隠し」としても表れることになる。

　前節で、「公正さ」と「偏ること」は矛盾しないとしたが、報道にあたって主張をもつことと事実を歪めることの混同が起きないよう、常に自分の立ち位置や報じ方を見極める必要がある。

　似たような事例は、中央対地方で起こりがちでもある。そこには中央発の情報が、質量ともに地方発を圧倒しているという情報偏在が強く関与している。日本＝東京はさまざまなところで顔を出すジャーナリズムの課題であって、公共的なメディアに強く期待されている役割として、ローカリティー（地域性）があげられるのはそれゆえでもある。地方色豊かな報道を実現する力がローカル局や地方紙に維持されるよう、常に意識しないと、政府の「中央＞地方」の構図そのままの社会状況が生まれがちである。放送に関していえばいま、こうした公共性論議がなされずに、政府の管理下に放送を置くことで「健全な」番組を実現しようとする考え方は、「公共（パブリック）」に最もなじまない。

　2000 年代後半以降、政府は自らの「主張」を一方的に閣議決定して固定化する傾向を強めている。それは憲法 9 条をめぐる集団的安全保障の内閣法制局の解釈を人事によって変更したことに象徴的に表れたが、2020 年には日本学術会議の委員任命でも一方的に法解釈を変更し、任命を拒否した（**法ジャ 79** 参照）。同じことは、表現活動にも及んでおり、その最たるものが放送法に関わる解釈で、2016 年、政府は衆院予算委員会理事懇談会の席上で、放送法の解釈を「政府統一見解」として示すことで、放送に関わる倫理基準が政府によって歪められ強制されていることになる。

平成 28 年 2 月 12 日
総　務　省

政治的公平の解釈について（政府統一見解）

　放送法第 4 条第 1 項において、放送事業者は、放送番組の編集に当たって、「政治的に公平であること」や「報道は事実をまげないですること」や「意見が対立している問題については、できるだけ多くの角度から論点を明らかにすること」等を確保しなければならないとしている。

　この「政治的に公平であること」の解釈は、従来から、「政治的問題を取り扱う放送番組の編集に当たっては、不偏不党の立場から特定の政治的見解に偏ることなく、番組全体としてのバランスのとれたものであること」としており、その適合性の判断に当たっては、一つの番組ではなく、放送事業者の「番組全体を見て判断する」としてきたものである。この従来からの解釈については、何ら変更はない。

　その際、「番組全体」を見て判断するとしても、「番組全体」は「一つ一つの番組の集合体」であり、一つ一つの番組を見て、全体を判断することは当然のことである。

　総務大臣の見解は、一つの番組のみでも、例えば、

①選挙期間中又はそれに近接する期間において、殊更に特定の候補者や候補予定者のみを相当の時間にわたり取り上げる特別番組を放送した場合のように、選挙の公平性に明らかに支障を及ぼすと認められる場合

②国論を二分するような政治課題について、放送事業者が、一方の政治的見解を取り上げず、殊更に、他の政治的見解のみを取り上げて、それを支持する内容を相当の時間にわたり繰り返す番組を放送した場合のように、当該放送事業者の番組編集が不偏不党の立場から明らかに逸脱していると認められる場合

といった極端な場合においては、一般論として「政治的に公平であること」を確保しているとは認められないとの考え方を示し、その旨、回答したところである。

　これは、「番組全体を見て判断する」というこれまでの解釈を補充的に説明し、より明確にしたもの。

　なお、放送番組は放送事業者が自らの責任において編集するものであり、放送事業者が、自主的、自律的に放送法を遵守していただくものと理解している。

以上

2　ファクトチェック

　2000年代後半とりわけ2010年代以降、世界の「マスメディア」が直面しているのが、いま述べてきた偏向報道批判であり、これは日本固有の問題ではない。アメリカでは、2010年代後半、当時のトランプ大統領の口癖であった「フェイクニュース」で、政権に批判的なメディアを罵（ののし）る合言葉になっていった。同じころドイツほかヨーロッパ各国でも、既存の新聞やニュース雑誌、公共放送が「うそつきメディア」呼ばわりされる事態を招いた。

　建前しか言わないマスコミを揶揄（やゆ）する言い方であって、難民政策に際し受け入れを維持しようとするメルケル首相について、その「理念的正しさ」をもって支持するメディアを批判するのに使用された。その結果、難民受け入れに反対する移民排斥を掲げる右派政党の台頭を支えているといわれる。いわば「ポピュリズム」の前には、「正しいことをいう」（正論を主張すること）は難しい時代になっているということになる。

　こうしたメディア批判の言説は、主としてSNSはじめインターネット上で流布されることになり、それがネット世論を形成し、社会を動かすまでになっていった。同時にこうした批判が、従来からあったメディア不信をより強める効果を生んだ。あるいは、社会の分断を進めたともいえるだろう。この状況は、日本にもそのまま当てはまるといってよかろう。その時、これを押しとどめるべきジャーナリズムの倫理的正しさは、圧倒的に弱いことを思い知らされる。

　こうした状況を2016年から2017年当時、欧米のメディアはポスト・トゥルース（post-truth politics）と呼ぶようになった。いわば「誠実な政治の終焉」（直訳すれば『ポスト真実』の政治」）いうことになろう。『オックスフォード英語辞典』は「世論形成において客観的事実が、感情や個人的信念に訴えるものより影響力を持たない状況」と説いている。これは2016年のEU離脱（ブレグジット）においても、いわゆる高級紙（クオリティペーパー）がこぞって離脱に反対したにもかかわらず、大衆の選択は逆だったことにも現れる。

　事実に基づかない主張、あるいは事実に反するような感情的な物言い（いわばデマの類）が繰り返し喧伝されることによって、事実を超えて虚偽が現実として定着し、政治的選択として市民に支持されていく状況をさしている。当時のトランプ大統領が「実際は事実無根の主張に依拠した政治」といわれたのは、この点にある（政権最後の2020年大統領選挙がまさにその象徴であった）。

　もちろん、こうした「うそも方便」的政治手法は、もしかしたら日本の方が

　2010年以降、保守系政治家や著名人からのメディアバッシングが続いている。その最たるものの1つが、安倍晋三（元首相）による朝日新聞に対する「捏造」批判であり、ことあるごとに繰り返される。2021年5月にも、AERAdot.（朝日新聞出版）、毎日新聞、日経クロステック（日経新聞（その後、東京新聞はじめ各紙が報道））が、防衛省が担当するワクチン大規模接種のウェブ予約システムに不備があることを指摘し、アエラと毎日は記事中で、問題を検証するため架空の予約をし、キャンセルしたことを明かしていた。これに対し、岸信夫防衛相の「朝日と毎日に抗議する」に続き、安倍元首相も「朝日、毎日は極めて悪質な愉快犯と言える」とツイートした（抗議を煽る「犬笛」ツイート）。毎日新聞は記事でこの抗議に対してただちに反論したが、朝日新聞は抗議があったことをストレートに伝えるにとどまった。

　なお「デイリー新潮」などは記事を「ハッカーまがいの行為」とし、自衛隊基地や原発の収容施設に欠陥があることがわかった場合、「ここから攻撃可能です」という手口まで言及したら問題だと主張、ネット世論でも賛否は二分しているとされる。それゆえに、よけいに取材過程の透明性を担保し、正当な取材であることの説明をしきることが求められている。

　あるいはより悪質なものには、沖縄タイムス記者に対する百田尚樹（作家）の差別的言動がある。2017年10月の沖縄県名護で行われた講演会で百田は、取材中の記者に対し名指しで「娘さんは中国人の慰み者になる」「沖縄のほとんどの新聞は新聞じゃない。機関紙です」と発言、22回にわたり名前を挙げ挑発を続けたほか、普天間基地の周囲は畑だったと主張し、「辺野古での基地反対運動の中核は中国の工作員」「中国、韓国から来ている。怖い」と断言するなどした（史料から、普天間飛行場の土地は戦前、宜野湾の中心部で村役場や学校があり、9000人以上が住んでおり、明らかな虚偽発言。詳しくは山田健太『沖縄報道』ちくま新書、2018年参照）。こうした「沖縄差別」発言は、保守系政治家にみられる傾向で、小池百合子や松井一郎も過去に行っている。

　ここで重要なポイントは、当該記者が紙面等で事実関係を報じ、きちんと反論している点だ（沖縄タイムス2018年4月23日付、阿部岳『ルポ沖縄　国家の暴力』（朝日文庫、2020年）。なお同書の中で阿部は上記講演会を振り返り、「当日聞き役に徹したことを『間違っていた』。ヘイトやデマに傷つく人がいる以上、『意図を尋ね、言質を引き出すだけでなく、反論すべきではないか』『取材モードと執筆モードを都合よく切り替えていて、ヘイトやデマを根絶できるか』と考えるに至った」（要旨）と記している）。

「先進的」なのかもしれない。安倍首相（当時）自らが、福島第一原子力発電所事故について「状況は完全にコントロールされている（アンダーコントロール）」と全世界の前に公言しているし、その後の「モリ・カケ・サクラ」事件をはじめとする公文書の隠蔽・改竄・廃棄は、うそをうそで固めるがゆえの「悲劇」であった。

こうした中で、うそを見破ろうとの動きも始まっている。とりわけインターネット上の虚偽情報をチェックし、その虚偽を見える化する動きである。欧米で始まり、日本でも 2010 年代後半から実際に始まっている。「感情に結びついた『事実もどき』」を「理性に基づいた『事実』」に戻す作業だ。そしてこの主体として、ジャーナリズム（ジャーナリスト）が期待されている。

さらにいえば、フェイクニュースの拡散されやすい状況は、情報不足に起因するものが多く、時に為政者が意図的に情報を隠すなどした結果、市民は不安に陥ることになり、そうしたなかでは不確実な情報（とりわけ、一部に事実が含まれる場合や、もっともらしくみえる情報）が流れた場合とされている。まさにこうした情報の空白や隙間を埋めるのは、ジャーナリズムの役割そのものであろう。

もちろん、プロパガンダに代表される悪意ある偽情報を為政者が流す場合も、一般市民が流しがちな何気ない噂話（偽情報を多分に含む確証なき情報）も含め、事実を伝えるという意味で、ジャーナリズム倫理からしても放置をすることなく、きちんと対処すべき義務と役割が期待されている。

それはいわずもがな、事実を見抜く技量や目をもっているからである。そしてまた、うそ呼ばわりされた汚名を晴らすためでもあろう。ただし一方で、報道自体が事実を追求するのが仕事で、そうした日々のジャーナリズム活動との折り合いをどうつけるのか、正しいことを報じてきた中で、あえて正しくないことを報じることが混乱を招かないか、などの課題もある。

実例としては、琉球新報や沖縄タイムスが行った「ファクトチェック」がわかりやすいだろう。これまで、とりわけ選挙期間中は候補者を批判することは控えてきた日本のメディアが、2015年の沖縄県知事選でとりわけインターネット上に流布する情報をチェック、その正誤を伝えることで、有権者（読者）に正しい政治選択をするための情報提供をした。

これは、まさにあるべき公正さ（公正な選挙の実現）を追求するあり方であって、形式的な数量平等に縛られた選挙報道から生まれないという意味でも、

◆ ファクトチェック

　2018 年の沖縄県知事選をめぐって行われた地元 2 紙の「ファクトチェック」。琉球新報は紙面で、沖縄タイムスはデジタル版で、主としてインターネット上の虚偽情報の「正誤判定」を行った。それまでも朝日新聞などで同様の試みはされていたが（安倍首相の虚偽発言チェック）、選挙期間中に立候補者をめぐっての情報の正誤を報道する（すなわち、有権者の投票行為に対する政治選択情報を発信する）試みは初めてであった。いずれも複数事例について実施された。

琉球新報 2018 年 9 月 8 日付紙面　　　　　　沖縄タイムス 2018 年 9 月 27 日配信デジタル版
「㊚ファクトチェック　フェイク監視」

同 20 日付紙面
「ツイッター分析」

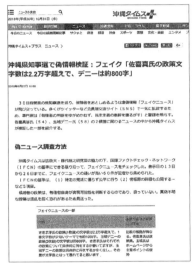

　かねてより選挙時には怪文書が出回るのが常ではあったが、インターネットの登場によりそれがより大規模に、それゆえ強い社会的影響力を行使しうるようになり、ビジネスとしてあるいは政治的策略として実行される場合も少なくないとされる。その対応策として欧米の一部では、政府がソーシャルメディア各社に自主的な対応を求めたり法規制を行う例も出ている。また、Twitter 社がうそ情報の拡散を理由として、トランプ前大統領のアカウントを永久凍結したことも話題になった。

ジャーナリズム活動の新しいかたちを具体的に示すものといえるだろう。

Ⅲ　人道的配慮

1　批判の限界

　批判は面と向かってできる範囲にとどめる、というのは昔からいわれてきた「心得」である。旧・新聞協会倫理綱領にもその一文が入っていた。しかし実際は、「論評」の範疇（はんちゅう）において、誹謗中傷や罵詈雑言（ばり）の意見表明がなされることが少なからずある。とりわけ、偏見に基づくものである時、それらは差別的言動として大きな問題を引き起こすことになる。近年、市民権を得た「ヘイトスピーチ」と称される言説だ。

　差別的言動が許されないことは自明だ。それらをどこまで法的に取り締まるか──刑事罰の対象としたり、公的施設の貸出禁止やデモ・集会などの不許可といった事前規制を行うかについては、別途慎重な検討が必要である（**法ジャ284** 参照）。一方で、倫理的観点からは明白な問題点が指摘されよう。

　主張が偏っていること自体、あるいはその主張が政治的であっても何ら問題ない。ただし、明らかな事実誤認をもとに一方的な見解によって読者・視聴者を誤導することは問題だ。まずは、事実報道という基本原則に外れる可能性である。また、そうした事実確認を意図的にサボタージュしている可能性である。これは真実追求努力に欠けた姿勢である。

　また、意図的（恣意的）に視聴者を誤導することは誠実さにも欠けるであろう。これらについては原則、報道する側が事前に内部的チェックで確認をすべきレベルのものだ。そしてもう１つ、一方的批判の言動が「批判の内在的制約」を明らかに超えるものであってはならないということだ。

　テレビの場合はとりわけ「威勢のよい言葉」に視聴者の人気が集まりやすい。それはテレビの情報系番組（ワイドショー）がスタジオトークで出演者に求める、納得感とかすっきり感の延長線上にある。いかに複雑な出来事を単純化し、しかも世の中がモヤモヤしている問題であればあるほど、一刀両断に切ることが視聴者を引き付けるという現状である。

　コメンテーターもその結果、舌鋒鋭く世の中の出来事、あるいは対立した意見の相手方を一刀両断する強い言葉をもった者が人気を博すし、より出演回数

　批判でなく人格攻撃を含んだような誹謗中傷や名誉毀損の言動については、2020 年段階では在日コリアンへのヘイトスピーチが社会的関心の高い問題。少し長いレンジで 1970 年代以降の差別表現とメディア対応の流れをみると、以下のようにまとめることができよう。

・第 1 期　部落差別：部落解放同盟による糾弾行為とマスコミ自主規制
　　　　　　「ちびくろサンボ」・カルピス騒動（1988 年）、筒井康隆〈言葉狩り〉事件（1993 年）
・第 2 期　ニューカマー、女性差別：国際条約への加入とメディア規制の動き
　　　　　　人種差別撤廃条約（1995 年）、人権擁護法案（2002 年）
・第 3 期　在日コリアン差別：在特会・規制法令整備とメディアの関心高まり
　　　　　　ヘイトスピーチ解消法（2016 年）、ヘイトビジネス、公的差別
・第 4 期　差別問題の一般化：LGBTQ+ とメディアの積極的取組み
　　　　　　格差拡大と閾値低下、厳罰化待望論

　表現をはじめとする差別的行為は、残念ながらなくなるどころ、かたちを変え続いており、しかもインターネットの登場により、日常会話や自分の頭の中で思っていただけの激しいまたは汚い言葉を、そのまま他者に簡単に伝える状況が生まれている。

　法制度上は、ヘイトスピーチ解消法（2016 年）のほか、男女雇用機会均等法（1972 年）、障害者差別解消法（2013 年）、部落差別解消推進法（2016 年）、さらにはハンセン病問題解決促進法（2008 年）、アイヌ文化振興法（1997 年）といった、差別の存在を認め解消・解決をめざす法律群がようやく日本でもそろいつつある。このことによって、差別＝悪であるとの共通認識ができてきていることと裏腹に、ネット上をはじめとするヘイトスピーチが深刻化している皮肉な状況がある。

　こうした状況を作っている要因の 1 つが、別項で扱うような批判とは言えない政治家の差別的言動である。同時に、メディアの容認あるいは煽動的姿勢であると思われる。テレビやラジオでも、いわゆる保守派論客による毒舌を売りにする番組が人気を博しているが、地上波の読売テレビ（大阪）が放送する「そこまで言って委員会（現・そこまで言って委員会 NP、旧・たじかじんのそこまで言って委員会＝2003 年〜）」もその 1 つといってよかろう（先述の「ニュース女子」と同じ制作会社「BOY'S（ボーイズ）」の手による）。

　性の多様性（Gender/Sexual diversity）についても、一部自治体で同性カップルの権利を認めたパートナーシップ制度が導入されるなど、社会的な制度整備が進む一方、差別言動が残っている実態もある。そうしたなか 2019 年には、LGBT 法連合会（性的指向および性自認等により困難を抱えている当事者等に対する法整備のための全国連合会）から、『LGBT 報道ガイドライン〜性的指向・性自認の視点から』が刊行された。

　冊子では、記者向け、当事者向けに、それぞれの注意点や用語集などが掲載されており、「① LGBT や性の多様性に関する基礎知識を身につけましょう。②取材相手に以下のことを確認しましょう。③「性」に関する表記の仕方に注意しましょう。」とある。そこではたとえば、「『アウティング』はその人の居場所を奪ってしまいプライバシーを侵害してしまう恐れがあります。アウティングを防ぐために、取材対象者がどの範囲まで『カミングアウト』しているか確認しましょう」などの注意書きがなされている。

も増える傾向が続いている。その結果、ますます視聴者にはより極端な言説が広まり、それがさらにネット上で増幅していく状況が2010年以降に顕著だ。また、そうした威勢の良い言葉によって、相手を罵倒することや侮辱することについての社会の中の「閾値」がどんどん下がっている。

とりわけ、現職あるいは元政治家が、そうした強い言葉を発するほどに、世の中における日常的な言動においても、強い言動で相手をねじ伏せることに<ruby>躊躇<rt>ちゅうちょ</rt></ruby>がなくなるという循環だ。それは、人道的には極めて大きな問題を生じかねない。いわば、差別をする側がより「大きな声」となって、社会全体の言説を支配する関係が生まれ、少数者の意見どころか存在自身が脅かされることになるからである。

かつてフランス文学者の渡辺一夫は、「他人を窮地に陥れないようにするという倫理」に触れ、「犯罪を犯すような羽目に人間を追いこまぬこと、戦争の狂乱に陥らぬように人間を守ること、これを倫理の第一歩とせねばならず、『教養』とは、こうした倫理を事ごとに実践できる人間の精神的態度だろうと思っています」（要旨、現代仮名遣いに変更）と述べている。

これを敷衍するなら、ジャーナリストがその立場・思想が異なるにせよ、特定の市民を追い込まないだけでなく、あえていえば為政者たる首相であっても窮地に陥れるのでもなく、いかに世の中の対立の溝を埋めていくかが問われているということにならないか。

2　隣国・隣人批判とナショナリズム

こうした人道的（ヒューミニティ）な配慮の1つには、隣国・隣人に対する批判は節度をもって行うべきといわれることがある。これは、とりわけヨーロッパのジャーナリズムの世界でよく口にされる言葉でもある。その源泉は、キリスト教的な「隣人愛」にあるともいわれる。確かにそうした宗教観が関係していることも否定できないだろう。そもそも、倫理はこうした宗教性に大きな影響を受けるからだ。

あるいは、支配と服従の歴史を繰り返してきたヨーロッパにおいて、国境を接する隣国との関係を考える際、いかに平和裡に過ごすか、ものごとを進めていくかは、自らの命や生活を守る上でも必須である。そうした中で、当然のこととして、隣国と仲良くやっていくことが重要になってこよう。

このことを日本に置き換えてみると、島国であるがゆえに陸上で直接隣国と

　いわゆる「ヘイト本」が2014年前後に大きなブームになった。この状況に対し、自省の声もあがった。その1つが、大泉実成・木村元彦・梶田陽介・加藤直樹『さらば、ヘイト本！ 嫌韓反中本ブームの裏側』（ころから、2015年）であろう。同書ではヘイト本を、「よその国（韓国）を十把ひとからげにし、他民族を嘲笑したり、民族差別や排外主義を煽る本」と定義しているが、実際、今日の日本においてヘイトの対象が在日コリアン（韓国・朝鮮人）にほぼ集中しているのが大きな特徴であろう。そして、このヘイト言動の象徴がヘイトスピーチ・デモや集会とするならば、それらに火をつけ後押ししたのがヘイト本であるという関係性が浮かび上がる。

　ちなみに新聞報道での「嫌韓」の使われ方は、紙面に登場した1988年以降波はあるものの、2014年と2015年が突出しているという（嫌韓報道の分析をしたものの1つに、現在は東國大学教授のリ・ホンチョン「出版メディアと排外主義：嫌韓本の分析を中心に」『東京都市大学横浜キャンパス情報メディアジャーナル』第18号、2017. 4が参考になる）。また、同時期の嫌韓本の出版状況をみると、1988年から2016年で230冊あるうち、その約9割にあたる205冊が2005年以降であり、さらにいえば2011年以降急増していて2014年にピークを迎えていることがわかる。

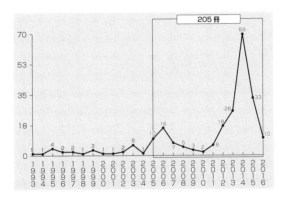

　ここでいう嫌韓本を出版した出版社は合計55で、そのトップ5は、宝島社、普遊舎、扶桑社、ワック、徳間書店、PHP研究所で、全体の4割以上を占める。このほかトップ10には、小学館、文藝春秋、新潮社といった大手出版社も名を連ねている。いわばブームに乗って、こぞって嫌韓本を手掛けた様子が推察される。

相対することはなく、それゆえ国境が見えづらいという特性がある。一方で、国境を接する、中国、ロシア、韓国とは、いずれも国境線（領土をめぐる主権）にかかる争いが続いている。20世紀末以降、第二次世界大戦前後の国境争いの中で未確定だった領土の画定作業が進んできた。しかし日本は一歩も進んでいないどころか、むしろ悪化している（後退している）といっても過言でない。

その中でも、韓国と中国に関しては泥沼化しているといえる。市民感情的にも嫌韓・反中の気持ちを持つ市民が増大したとの調査結果が示された。すべての隣国と、ことさら仲が悪いのが日本ということになる。こうした状況を作り出した最大の原因は政治にあるが、メディア（ここではあえて、ジャーナリズムを使わないが）の姿勢がこれらに拍車をかけている面がある。メジャー出版社からも嫌韓・反中本の刊行が相次いでいるからだ。

これに関し、編集者の意見は割れた。出版の自由がある以上、言論の多様性が歓迎されるから、嫌韓本が出されることに何ら問題はない。むしろ、嫌韓本を出したら、そのアンチテーゼとして親韓本を作ればよいだけの話である、という強い意見がある。実際、同じ編集者が、両極端の本を両方とも編集したという話も伝わってきた。

一方で、意図的に嫌悪感を煽るような本は許されないという考えだ。それは、違法な本の出版が許されないのと同様、倫理的に許されない内容であるならば、その刊行は自主的に控えるべきだという意見である。この時、控えるべきの理由は、侮辱的言説を控えるということともに、隣人にはより節度ある態度を取ること、といった倫理ルールをどこまで忠実に守るかという問題でもある。

そして関連して難しいのは、それらとナショナリズムが結びついた場合だ。ナショナリズムあるいは愛国心は、多くの人が多かれ少なかれ抱いている感情かもしれない。オリンピックで、自国の選手を応援するのと同じ問題である。同列ではないが、野球でもサッカーでも「贔屓（ひいき）のチーム」を応援するのと感情的には近いはずだ。

その時、オリンピックの心情的ナショナリズムと、戦争の時などに起こりやすい排他的（あるいは異物排除的）ナショナリズムとは、似て非なるものである。倫理上、後者のような特定対象を廃絶するような言動は、原則として許されないし、韓国や中国をことさらに（意図的に）蔑み（さげす）、好戦的な態度を取ることは倫理上認められない。

［参考文献］
〈ジャーナリズム研究の周縁の読み物〉門奈直樹『ジャーナリズムは再生できるか——激変する英国メディア』（岩波書店、2014 年）、水谷三公『イギリス王室とメディア——エドワード大衆王とその時代』（文藝春秋、2015 年）、チャールズ・E・マクレランド、望月幸男監訳『近代ドイツの専門職——官吏・弁護士・医師・聖職者・教師・技術者』（晃洋書房、1993 年）、フレッド・フレンドリー、岡本幸雄訳『やむをえぬ事情により……エドワード・マローと理想を追ったジャーナリストたち』（現代ジャーナリズム選書・早川書房、2006 年）、ゲイ・タリーズ、橋本直訳『王国と権力——ニューヨーク・タイムズをつくった人々 上・下』（早川書房、1991 年）、カール・バーンスタイン、ボブ・ウッドワード、常盤新平訳『新版 大統領の陰謀』（早川書房、2018 年）、石澤靖治『大統領とメディア』（文春新書、2001 年）、エドワード・W・サイード、浅井信雄・佐藤成文・岡真理訳『イスラム報道』（みすず書房、1996 年）、日本民間放送労働組合連合会運動史編纂委員会『民放労働運動の歴史 I〜VII』（1988〜2003 年）

〈ファクトチェック〉琉球新報社編集局『琉球新報が挑んだファクトチェック・フェイク監視』（高文研、2019 年）、沖縄タイムス社編集局「幻想のメディア」取材班編『SNS から見える沖縄 幻想のメディア』（高文研、2019 年）、清原聖子編『フェイクニュースに震撼する民主主義 日米間の国際比較研究』（大学教育出版、2019 年）、立岩陽太郎『ファクトチェック最前線 フェイクニュースに翻弄されない社会を目指して』（あけび書房、2019 年）、笹原和俊『フェイクニュースを科学する 拡散するデマ、陰謀論、プロパガンダのしくみ』（化学同人、2018 年）

〈メディア・ジャーナリズムの役割〉W・リップマン、掛川トミ子訳『世論 上/下』（岩波文庫、1987 年）、ウォルター・リップマン、河﨑吉紀訳『幻の公衆』（柏書房、2007 年）、ベネディクト・アンダーソン、白石隆・白石さや訳『定本 想像の共同体 ナショナリズムの起源と流行』（書籍工房早山、2007 年）、E・カッツ、P・F・ラザースフェルド、竹内郁郎訳『パーソナル・インフルエンス オピニオン・リーダーの人びとの意思決定』（培風館、1965 年）、E・ノエル＝ノイマン、池田謙一・安野智子訳『沈黙の螺旋理論 世論形成過程の社会心理学 改定復刻版』（北大路書房、2013 年）、ダニエル・J・ブーアスティン、星野郁美・後藤和彦訳『幻影（イメジ）の時代 マスコミが製造する事実』（現代社会科学叢書・東京創元社、1964 年）、シュラム編、学習院大学社会学研究室訳『新版 マスコミュニケーション マス・メディアの総合的研究』（現代社会科学叢書・東京創元社、1981 年）、F・S・シーバート、T・A・ピータスン、W・シュラム、内川芳美訳『マス・コミの自由に関する四理論』（現代社会科学叢書・東京創元社、1959 年）、デイヴィッド・リースマン、加藤英俊訳『孤独な群衆』（みすず書房、1964 年）、竹内郁郎『メディアの議題設定機能 マスコミ効果研究における理論と実証 増補版』（学文社、2008 年）、エーリッヒ・フロム、日高六郎訳『自由からの逃走』（現代社会科学叢書・東京創元社、1951 年）、松田哲夫編『はじける知恵 中学生までに読んでおきたい哲学 8』（あすなろ書房、2012 年）

第8講 透明性～記者クラブ

I 記者クラブの歴史と功罪

1 記者会見・番記者

　2020年のコロナ禍のもとでの取材で、大きく様変わりしたものの1つが記者会見だった。座席の間隔を広く取り、会見場に入れる人数を減らし、また自席で声を出すことを禁じて、「静かな会見」が実施されてきた。しかも、それ以前の2018年以来、とりわけ当時の菅義偉官房長官の会見で慣例化した、1社1問方式の会見スタイルが、多くの会見で採用されつつある。

　また、政府職員による司会進行で質問者も恣意的に選定されるほか、質問時間も厳しく制約し、首相会見の場合でいえば、質問時間は20分程度で終了するのが慣例化している。これにより、丁々発止のやり取りどころか、いつもの取り巻き記者との予定調和といったイメージが強くうかがわれるような会見が、テレビ等で生中継され、さらなるメディア不信の要因となっている。

　この「記者会見」なるものは、多くの国で一般的に行われている。たとえばアメリカ大統領の場合、ホワイトハウス詰めの記者が大統領からの指名で自席から容赦のない質問を浴びせかけているのは、よく知られた光景だ。中国では一般に外務大臣や報道官の広い会見場での記者との質疑応答がテレビで流れる。

　当然、その実施形態は少しずつ異なっており、たとえばホワイトハウスの場合は、大統領府の登録記者であれば原則だれでも会見場には入れるが、席はおおよそ決められており、さらに質問するには大統領の指名を受ける必要があることから、日本の特派員が指名されることは滅多にないとされる。

　お隣の韓国の場合でいえば、同じく大統領をはじめとした行政機関の記者会見は、その会見場に入るためには一定の資格が必要で、政府のセキュリティ上の審査を通過する必要があるものの、多くは生中継されているほか、ほぼ同時にテキスト化されてネット上で公開されている。

　日本の場合はこれらに比すと、形式的にはより記者と政府は対等な関係になる。すなわち、会見に入るためには「記者クラブ」の了解があれば一般に入ることが可能で（庁舎管理権を行使して、政府が拒否することができなくはない）、また記者会見は当該記者クラブと政府の「共催」である。そして便宜的に、政府職員が司会役を務めていて、進め方は原則、記者側との合意のもとで行われる（たとえば、会見の質疑応答の冒頭は「幹事社」が質問するなど）。

　内閣官房総理大臣官邸報道室長・上村秀紀名で、内閣記者会宛てに出された 2018 年 12 月 28 日付の A 4 用紙 1 枚ほどの文書がある（写真）。文書は、「東京新聞側に対し、これまでも累次にわたり、事実に基づかない質問は厳に慎んでいただくようお願いしてきました。……にもかかわらず、再び事実に反する質問が行われたことは極めて遺憾です」と質問に問題があるとする。「（国内外で閲覧可能な会見の）場で、正確でない質問に起因するやりとりが行われる場合、内外の幅広い層の視聴者に誤った事実認識を拡散させることになりかね（ない）」としている。そして最後に、「度重なる問題行為については……内閣広報室として深刻なものと捉えており、貴記者会に対し、このような問題意識の共有をお願い申し上げるととともに、問題提起させていただく」といった内容だ。

　菅義偉官房長官（当時）記者会見は、時の経過とともに制約が強くなり、かつての官房長官会見は事実上時間無制限で、「更問い」と呼ばれる 1 人が重ねて質問することも、当然許されていた。むしろ、記者会見である限り疑問があれば確認するのが当然である。記者クラブとして「質問は制限することはできない」と伝えているとされるが、結果として、1 社 1 回 1 問で、しかも質問を遮断するような妨害を繰り返し行う広報官の対応を受け入れてきた。そしてこの状況は、菅官房長官が首相になったことから 2020 年以降は、首相会見にも拡大した。さらに

コロナ禍のなかで 2020 年以降、会見への出席者数を限定した結果、各社 1 人に限定の上、席数を 30 以下に設定、従来は出席を認められていた地方紙を含む「非常駐社」の枠数を限定し、希望する多くの社・フリージャーナリストが事実上締め出される結果となった。2021 年 6 月には地方紙から出席要望が出されたものの、改善はまったく見られなかった。

　従来から、「番記者」は取材先の都合の悪いことを、「知っていて書かない」ことをよしとしてした慣習があるとされる。2000 年 6 月には、当時の森喜朗首相が「神の国」発言の釈明会見を開く前日に、官邸記者室内で首相あてとみられる「会見指南書」（質問をはぐらかせ、時間で強引に打ち切れ、などをアドバイスする内容）が見つかり、大きな社会問題となった。なお、その直後の会見は厳しく首相を追及するものではあった。

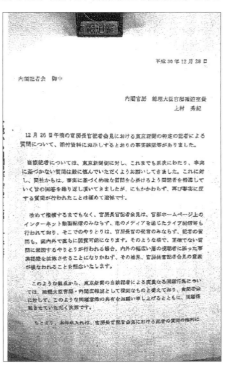

しかし実態としては、前述したとおり、政府が主導（主催）権を有しており、言われるとおりの進行を許す結果になっている。その結果、時間も、形式も、出席者も、政府に思うがままに操られているといった結果を生んでいる。本来の対等な関係ではなく、外形的には「陳情」型とも呼ぶべき会見スタイルが定着してしまっている。実際、2020から2021年の菅政権下の首相会見で、特定の新聞がまったく指名されないことが話題になった。

　会見をサービスと言い切る政治家に対抗するには、公人に対する取材を公的情報へのアクセス権と位置付け、表現の自由の具体的な請求権に高めていくことが求められている。そのためには、報道機関がタッグを組んで闘う必要がある。その点がはっきりしてくれば当然、庁舎管理権を盾に取った取材制限の多くは許されなくなるし、会見の主導権を政府や政治家に握られがちな現状も解決していくことだろう。ほかの大臣のように頻繁な定例会見を開催することまでは不要としても、報道機関側の要請に応じ、会見やインタビューに応じることを制度化することは早急に実現する必要がある。記者からの質問が出づらい国際会議や海外での会見で重要事項を発表するという事態が、好ましくないことは明らかである。

　会見以外でも、記者クラブについては、首相に四六時中帯同し、誕生日になるとプレゼントを渡す取材慣習や、接触が一部の既存大手メディアに限定されていることへの強い批判もある。こうした社会の雰囲気を巧みに利用して、大手メディアはオフレコの約束を勝手に破っているとか、揚げ足取りをするなら取材には応じないといった名目で、政府や政治家は情報コントロールをさらに強化しているようにも見える。

　ではいったい、政治家はじめ対公権力取材はどうあるべきなのか（記者クラブの法的位置付けや歴史的経緯については、**法ジャ52**参照）。日本の場合は、政治家が会見や取材に応じる必要がなく、情報公開制度も進行中の事柄については対応していない（意思決定過程情報は対象外）。記者の側には請求権的な権利はなく、したがって取材を受ける側に取材応諾義務がないということだ（**法ジャ38**参照）。したがって、政治家も会見はサービスと言い切ったり、海外と比較しても首相は随時会見で十分との考えが根強いように見受けられる（年頭や予算成立時などの節目会見は定例化している）。また、首相の取り扱う事柄は国家秘密でメディア露出はよくないとの考えもある。

　だからこそ、報道側としては日常的な「監視」を制度化していく必要がある。

　アワプラネットTV（代表・白石草）が国会記者会館屋上の利用を求めたところ、所有者の衆議院と管理者の記者クラブがそろって拒否、これに対して訴訟を提起した。同会館は一般にはなじみがないが、ちょうど官邸・国会議事堂・議員会館とともに、交差点を囲むように建つ4階建ての建物で、日本全国の新聞・放送各社が取材拠点として活用している。

　1969年3月に衆議院事務総長から国会記者会（いわゆる記者クラブ）代表者宛ての文書「国会記者事務所の使用について」が発信されている。そこでは「条件を付して使用を承認します」として、施工主の建設省から記者会に新しい会館が引き渡され、それまで使用していた国会記者会館から退去することが記録に残っている。そして使用条件として、使用料は無料とすること、光熱費や維持修繕費は記者会が負担することなどが定められ、建物と構内の管理は記者会が行うという現行ルールもこの時に定められたことがわかる。その後50年以上にわたり、特定の報道機関が任意団体としての記者クラブを構成し、施設を利用している。

　それからすると、撮影スポットの利用制限も、その趣旨に基づいて考えられるべきである。したがって、管理者である衆議院は、報道目的の正当な取材行為に対しては拒否することに合理的理由がなく許されないのであって、立ち入りの制限は認められないことになるだろう。あわせて記者会側においては、物理的制約から無制約に利用を許可することができないことはあるにせよ、少なくとも所属メディアの取材が著しく不利益を受ける場合を除いては認められる必要があろう。

　日本新聞協会編集委員会は、1995年、オフレコ取材内容が外部のメディアなどに流れ、問題となったことから、オフレコ取材のあり方を再検討し、同問題に対する見解をまとめ、その基本原則を確認した。

オフレコ問題に関する日本新聞協会編集委員会の見解（1996年2月14日）

　最近、閣僚や政府高官などの取材をめぐり、いわゆるオフレコの扱いが相次いで問題となり、とくに昨年末、江藤元総務庁長官のオフレコ発言の一部が外部の他メディアなどに漏らされたことは、取材記者の倫理的見地から極めて遺憾である。オフレコ（オフ・ザ・レコード）は、ニュースソース（取材源）側と取材記者側が相互に確認し、納得したうえで、外部に漏らさないことなど、一定の条件のもとに情報の提供を受ける取材方法で、取材源を相手の承諾なしに明らかにしない「取材源の秘匿」、取材上知り得た秘密を保持する「記者の証言拒絶権」と同次元のものであり、その約束には破られてはならない道義的責任がある。

　新聞・報道機関の取材活動は、もとより国民・読者の知る権利にこたえることを使命としている。オフレコ取材は、真実や事実の深層、実態に迫り、その背景を正確に把握するための有効な手法で、結果として国民の知る権利にこたえうる重要な手段である。ただし、これは乱用されてはならず、ニュースソース側に不当な選択権を与え、国民の知る権利を制約・制限する結果を招く安易なオフレコ取材は厳に慎むべきである。

　日本新聞協会編集委員会は、今回の事態を重く受けとめ、右記のオフレコ取材の基本原則を再確認するとともに、国民の知る権利にこたえるため、今後とも取材・報道の一層の充実に力を注ぐことを申し合わせる。

その１つは、多くの新聞で行っているように首相の動静を分刻みでウオッチして紙面化することだろう（地方で言えば首長）。あるいは、物理的に首相のすぐ脇で密着取材することを、SPや衛視に邪魔させない力関係を維持することで（「入会権」と表される）、たとえ鋭い取材ができない若手記者であっても、一挙手一投足を凝視し続けることだ。

　なぜなら、首相情報の肝は、政府方針ばかりでなく、だれに会ったか、未確定の個人的な思いは何かなどを探り、先を見通す材料にすることだからである。確かに、せっかくの番記者情報は紙面上ではせいぜい「政治ゴシップ」扱いしかならないものかもしれない。取材記者の重点配置が必要な今日において、コストパフォーマンスが悪い態勢の１つともいえよう。しかし、むしろそれは、日本風の地道な権力監視制度であることも忘れてはなるまい。

　関連してこうした「番記者」制度については、近年、「抱きつき取材」などと称され、取材先に過度に接近することの負の側面が目立ってきている。2020年に発覚した東京高検検事長と担当新聞記者との記者自宅での賭けマージャンなどがその一例だ。しかもこれらは、日本社会に根強く残る「男社会」の反映である側面も強い。

　むしろ、女性進出という面では最も遅れた職種・職域といえるだろう。そうした社内や取材先の男性同士の非公式なつながり（ボーイズクラブとも呼ばれている）も含めた「遅れ」が、女性記者の活躍の場を阻んだり、セクハラにつながっていることを否定しえない。

2　癒着・非公開

　東日本大震災以降、官邸や国会前ではさまざまな抗議行動やデモが行われている。とりわけ2011年から2012年にかけては脱原発の、その後、2015年には特定秘密保護法の、さらに2017年は安保法制に反対する大規模行動が行われ、1970年代の学生運動以来といわれる、国会前の公道が群衆で埋まった。国会前に比べると規模は小さいが、各国大使館前等でのデモや集会は珍しくない。

　そうした市民活動を伝えるメディアとして、新聞やテレビといった既存のいわばメインストリーム・マスメディア以上に時として活躍しているのが、ネット系メディア群である。先述の国会包囲行動の際も、非営利・オルタナティブメディアのアワープラネット・ティビー（OurPlanet-TV）はカンパでヘリを

　2011 年 11 月 29 日付琉球新報の紙面は、発言者が発言内容を理由に更迭されるという結果とともに、その報道の是非が大きな話題となった。田中聡・防衛省沖縄防衛局長（当時）が報道の前日 28 日夜、那覇市内で記者団と懇談した際の発言だ。返還が想定されている沖縄県の米軍普天間飛行場移設先の環境影響評価書の年内提出を、担当の一川保夫防衛相（当時）が断言しないことの理由を問われ、「（女性を）犯すときに『これから犯しますよ』と言うか」と発言した、と報じた。

　琉球新報はオフレコ懇談であったことを認めたうえで、「人権感覚を著しく欠く発言」であって、「公共性、公益性に照らし県民や読者に知らせるべきだと判断した」と説明した（11 月 30 日付紙面）。なお、その後、各報道機関も発言そのものについては批判的に報じ、防衛相は「弁解の余地はない」として局長を更迭するに至った。

　懇談は、オフレコの前提だったが、出席していた地元の琉球新報が発言を報じたところ、報道界の中でルール違反であるとの厳しい批判が起こった。在京紙では、読売新聞と産経新聞は社説やコラムで「オフレコ破り」を批判した。朝日新聞も、新聞協会見解を引いて批判の含みを残し、読者投稿欄でも「オフレコ破りは許されない」との投書を掲載した。一方、東京新聞は社説で支持を表明、毎日新聞は態度を明らかにしなかった。全体としては局長の発言に対し批判的であったといえ、オフレコを前提とした酒宴の発言を、そのまま記事化しては当事者との信義はもとより、取材先一般との信頼関係をも壊すことになり、報道界全体に悪い影響を与えかねないのであって、報道すべきではなかったという考え方である。

　懇談は、防衛局長の呼びかけに応じ市内居酒屋において会費制で行われたもので、この局長との懇談は初めての機会であったという。当日出席者は、局長と広報室長のほか、地元と本土の新聞・放送・通信 9 社 9 人とされている。この点から、広報室長まで出席した準公的な会合であって、記者であるゆえの接触機会であることは明らかだ。経費を社が負担していてもおかしくない事例で、税法上も取材費として認められると想定される。その点からも「取材」であることが外形的に認定されよう。もちろん、記者がまったくプライベートに政治家や役人と食事をすることはありうるだろうし、そうした可能性や機会を否定しないが、いわば赤提灯での世間話や愚痴話のレベルとは決定的に異なるのであって、2 人の間の私的会話を一方的に暴露したのとは異なるとの認識が必要である。

　一方で、記者は質問を離れた席から大きな声で局長に向かって投げかけたとされている。したがって、そのやりとりを他社の記者は十分知りうる環境にあったと推認できたこと、単なるワンフレーズではなく、全体としての文脈からその悪質性が明らかであることなどから、同席した記者が問題意識を持てば当然に同じ結論に達しておかしくなかったと想定できよう。報道しなかったのはオフレコ約束があったからではなく、記者の問題意識と社の方針の違いというべきではないかと思われる。それをオフレコの問題にすることは、むしろ発言者を擁護することに作用することになり、ジャーナリストの使命からすると疑問であるといわざるをえない。

　実際政府は、琉球新報からの報道の事前通告に対し、報道すれば事後の取材を拒否すると、"脅し"をかけてきた事実がある。同報道は新聞界内では否定的な意見が少なくないが、取材・報道の基本を忠実に実行したものであって問題がないばかりか、自身に降りかかるであろう将来的な不利益を超えて市民の知る権利に応えたものと考えられる。

チャーターして空撮を実施、音声での生中継を行った。しかし航空安全上の理由から、テレビ局が当たり前にやっている空からの映像生中継が、ネットメディアに許可されることは通常ない。そしてこうしたメディア間の「格差」は、地上においても起こっている。

　その1つは、官邸前抗議活動の全体像を撮影するのに最も適したスポットといわれる、国会記者会館屋上からの撮影をめぐる「事件」（国会記者会館使用拒否事件）で裁判にもなったが、司法の判断は合理的区別というものだった。これは、従来の記者クラブへの便宜供与を認める理屈と同じだ。

　第1に、報道機関に対する国からの便宜供与がどこまで、どういう場合に許されるかという問題がある。法制度上、取材の自由を最大限発揮し、国家情報にアクセスするため、特別な法的保障が与えられている国会取材でも同じだ（**法ジャ 66** 参照）。報道目的で行われる取材行為に対し、公権力が自らの情報を開示もしくは情報アクセスの環境を整備することは、市民の知る権利に応えることそのものであって、少なくとも合理的な理由なく拒否することは、表現の自由の不当な制約にあたり許されない。

　そうすると、第2の問題が、その対象となる記者（あるいはメディア）とはだれかということだ。この特別扱いの対象こそが、通常、記者クラブと呼ばれる「特定の」報道機関が組織する団体に所属する記者であって、それゆえにさまざまな取材局面において、記者クラブに属しているかどうかによって、行政側の対応が変わってくることがある。

　確かに、市民の知る権利の実質的な充足のため、便宜上、特定の者を特別扱いすることはありうる。情報の発信源としての行政の立場からは、効率性（発表したことが広く国民に伝播される確率の高さ）、一定の信頼感（報道の正確性）や実効性（実際に報道するであろう予測可能性の高さ）が吟味されうるからだ。しかしその選択が、恣意的であったり、実質的に特定の機関を排除するために利用されたりするのであれば問題である。

　だからこそ、その対象の範囲は、記者の側が自主的に決めることが望ましく、現状であれば、すでに存在する記者クラブがその判断主体になる場合も否定しえない。ただしその場合の判断基準は、正当な取材行為を行うものを可能な限り広く受け入れることが求められるのであって、既得権益の擁護のためや、競合他社を排斥するための行為は、倫理上問題であるばかりか競争法に抵触する可能性すらある。

　オフレコは、業界用語の1つで「オフ・ザ・レコード」の略、記録＝報道しないの意味で使用される。いわば「ここだけの話」で、通常はメモをとったりテープを回さないのが「礼儀」とされている。反対語は「オンレコ」で、すべてオープンということになる。

　オフレコであっても記者の側は、聞き流すのではなく、重要だと思ったことはすぐにトイレに駆け込んで、メモに起こすように教育されているという。したがって、報道しないの意味は、言ったことをそのままのかたちですぐに報道しないの意味であって、実際、オフレコ内容はさまざまなかたちで報道されている。その最たるものは、官房長官や党幹事長の発言で、政府首脳や党幹部といった名称でむしろ報道されることが前提で、単に情報源が明示されないという意味での「不報」である。あるいは報道内容の正確性を高めたり、価値の大きさ（たとえば発言内容の実現可能性）を判断するための材料として活用されることも一般的で、オフレコ懇談が背景説明（バックグラウンド・ブリーフィング）と呼ばれるのもこの理由からである。

　さらに完全オフレコ（完オフ）と称して、取材源を明示するしないにかかわらず発言内容を直接引用して報じてはいけないという「縛り」をかける場合もある。いわば、報道しないことを前提に内部事情を話しましょう、といったケースである。あるいは、懇親目的なので、お互い仕事のことは忘れましょう、という場合もあるとされる。しかし、立場を忘れて本音ベースで話し合いましょう、ということが「取材」である限り本当にあるか、という問題が残る。

　こうしたオン・オフと関係するのが、そもそも取材かどうかという問題だ。相手方が取材でないと思っている「私的な会話」を報道してよいのか、である。それには、偶然見てしまった・聞こえたしまった会話内容を開示（報道）することからはじまり、前述する琉球新報のケースのように「酒の場の話」を報じてよいのかということもあろう。

　取材である限りは、報道することが原則でなくてはならない。それは、記者が読者・市民の知る権利の代行者として、法・社会的に特別な地位を与えられ、それがために取材が可能になっているという制度上の特性から導かれる。したがって、オフレコを理由に報道機関が報道しない場合は、「正当な弁明」が必要だ。

　ジャーナリストたるもの24時間見るもの聞くものすべてが取材の対象であろうが、ここでは取材の自由の保護対象となる行為であって、職業倫理が問われる場合をさす。その判断基準としては、場所、態様、目的がある。相手が政治家・役人で、議会や庁舎内で行われた場合は、それが公式な記者会見であろうと、大臣室での非公式な懇談や廊下の立ち話であろうと、すべて取材と認定しうる。

　庁舎外の場合には、その接触機会が特恵的なものか、接触理由が報道目的かで分かれる。記者の立場を利用して接触したり、社が経費を負担している場合などが、一般に取材の範疇だ。逆に、送別会など最初から「懇親」のみを目的で集まった場合（支払いも個人が前提）などは、自動的に取材カテゴリーに入れるのはふさわしくない。これらの場合には、その場での発言を直接引用して報道することは倫理上許されないともいえ、あらためて「取材」によって言質をとるか、情報源を秘匿した上でその内容を記事の中に溶かし込ませる手法をとらざるをえまい。

　取材である限りは法的な権利・自由や職業上の責任・義務が発生するのであって、記者であるがゆえに特恵的な機会が与えられている場合に限定することで一定の区別が可能になろう。

そしてなにより、知る権利の拡大あるいは実効性の担保という目的から特別な権利が付与されている以上、その目的に反するような行為を自らが選択する余地がないことは明らかだ。さらに自明のこととして、取材先から金品の提供が受けることが許さないことも当然である。欧米のジャーナリストの場合、わかりやすいたとえでいえば、企業ノベルティ（販促品）としてのボールペンや帽子といった 1000 円程度（10 ドル）までは受け取るが、それ以上は一切受け取りを拒否するのが最低限のルールだ。

Ⅱ　オフレコ取材

1　オフレコの功罪

　政治家取材の形態としては大きく、記者会見、インタビュー、官庁や自宅での懇談、移動中のぶら下がり取材がある。首相に関してはこのうち、業界内（内閣記者会など）の取り決めとして、単独取材はテレビや雑誌は OK だが、新聞は複数社によるグループインタビューに限定している。さらに最近は、官邸の庁舎管理が厳しくなったり、議員宿舎がオートロックになって中に入ることはできなくなったために、車寄せから玄関ロビーに入るまでの間の「声掛け」接触に限定されている実態があるという。

　なお、すべての場合において聞いたことは原則、自由に報道することが可能だが、特定の政治家を追いかける「番記者」間で慣習上、メモ（記録）をとらない約束が成立している場合がある。その際はほぼ自動的に、直接引用はしない限定的オフレコ取材であると理解されている。こうした、阿吽（あうん）の取材ルールが成立する背景には、政治家取材には形式の定例化、機会の日常化、記者の固定化があり、それが癒着の温床と批判される一方で、信頼関係を醸成することにもなっている。また、政治家発言はその個人名にニュース価値があることが多く、したがって言う方も報ずる側もセンシティブにならざるをえない側面もあろう。

　ただし、取材先からオフレコを取材条件にされた場合も含め、発言内容などから報道することに公共性・公益性があり、政治家との信義を上回ると判断する場合は、情報源を明示して報道する場合があることはいうまでもない。なお、フリーランスを中心にオフレコを一切否定する動きもあるが、真実に近い情報

第8講　透明性〜記者クラブ

　情報の公表はもとよりメモを残すことも認めない本来の意味でのオフレコは、取材対象と記者が１対１で向き合うときは実効性が期待できよう。しかし記者が複数いては、完全に秘密が守られることはほぼありえないし、話す側もそうしたリスクは理解していると考えられる。したがって、多数の記者を相手に行われる記者懇談、その典型例である記者クラブ（担当記者）単位の集まりの場は、むしろ情報を提供する側にメディアを利用する情報操作の思惑が潜んでいると考えるのが自然だ。したがって、新聞協会見解のオフレコ取材には、そもそも記者クラブ単位で行うような懇談は含まれないとの解釈もありえよう。

　そうしたこともあって、オフレコ自体一切認められないという強い意見もある。こうしたオフレコ取材が一般的に、政治家等の「権力を持つ者」と、その取り巻きとみられがちな担当記者（しかも大手メディアの記者）との間で発生する、「特殊」な取材形態であるとの認識にスタートする。前述した「知ってて書かない大記者」批判とも通じるもので、とりわけフリージャーナリストからは“政報”癒着そのものとの厳しい言葉もある。

　海外でもアメリカの一般的な行動規範（倫理基準）として、現場での報道協定は原則として認められないということがあり、その中にはオフレコ取材も含まれる。勝手に現場記者が報道しないことを取材先と約束することを厳しく制約しているということだ。それはたとえば、ある記者が不正を暴く取材をしていた時に、それに気がついた取材先が自分と仲の良い別の記者と協定を結んだり、報じないことを約束したうえで核心を外した暴露話をすることで、あるべき報道を阻害する可能性があるからだ。

　いわば、当局の情報操作を徹底して警戒し、排除するという姿勢だ。そこで、現場での協定やオフレコ取材を受ける場合は、編集責任者の事前許可をとるなどのルールを作っている。あるいは「オフレコ」は例外中の例外で、「オンレコ（オン・ザ・レコード）」、情報源の地位などを明示できる「バックグラウンド・ブリーフィング（背景説明）」、内容のみを報じる「ディープ・バックグラウンド」、一切の報道を禁止しうる「オフレコ」と、より厳密な判断をし、誰が何を話したのかという「事実」を正確に報じる努力を行っている。

　一方で日本では取材先と記者クラブとの間で、「現場協定（黒板協定）」と呼ばれる解禁時間付きの「放送しない約束事」が結ばれることが少なくない。もっともルール化されているものは誘拐報道協定で、人質の安全が確保されるまでの間、報道機関は一切の取材・報道を控えることを約束、その代わりに警察は逐次情報を提供することが決まっている。ほかにも、白書などの統計資料の発表などは、読み込むのに時間がかかることもあって、十分な報道をするための時間を確保するという観点などから、情報提供から報道解禁まで時間を空けるのが一般的になっている。

　このように、やむをえない、あるいは合理的な理由がある場合も存在するものの、こうした「報じないこと」が一般化していることが、報じないことへの後ろめたい気持ちを減退させ、「安易なオフレコ取材」を生んでいる側面がないか検証が求められる。またこの問題は、前述の情報源の非開示とも深くかかわっている。明示原則があるにもかかわらず、オフレコ取材（懇談）であることを理由に、新聞・放送のきわめて多くの報道は、「関係者」「当局」といった、情報源をぼかした記事・番組になりがちだからだ。

を入手する手段としての有用性を全否定する必要はなかろう。市民にとっての受領情報の拡大につながるからだ。ただし、そうした関係が馴れ合いとなっては逆効果である。

　同時に、読者・視聴者＝有権者にとって有益な情報をより多く伝えるためには、知る権利の具体的な拡充にどうつなげることができるかも問われている。新聞協会が1996年2月14日に出した「オフレコ問題に関する日本新聞協会編集委員会の見解」では、「オフレコは、取材源を相手の承諾なしに明らかにしない『取材源の秘匿』、取材上知り得た秘密を保持する『記者の証言拒絶権』と同次元のものであり、その約束には破られてはならない道義的責任がある」と記されている（『取材と報道 2002』日本新聞協会、2002年）。ただし、見解のきっかけとその後の推移に多少の注意が必要である。

　この時の議論の端緒は、オフレコの内容が雑誌に流れたことであって、そうした「ズル」が政治家との信頼関係を失わしめるとしている。もう1つは、この見解が記者クラブに関わる一連の取り決めの1つであるという点だ。とりわけ2009年以降の記者会見開放化の動きの中で、一部の常駐記者だけを対象にするような懇談形式の非公式な集まりはよくないと指弾されるようになった。こうした流れを受けて2009年版の『取材と報道 改訂4版』では、記者クラブの項目が大幅に変更され、このオフレコ見解も姿を消している（廃止されたわけではなく、協会ウェブサイトには掲載されている）。それからすると、この見解をもってオフレコ順守を最上位の職業倫理というには違和感が残る。

　自らが定めた自主自律のルールを守ることを前提に、憲法上で表現の自由の保障が与えられ、さまざまな取材特権が与えられている。しかし一方で、「破る」という語感とは反対に、報道すること自体は原則に戻る行為であるということを忘れてはならない。読者の知る権利に応えるために、取材対象との信義則を超えるだけの大義があり、さらに将来にわたる不利益を引き受ける覚悟をもつことが前提ではあるが、報道側には常に報道する権利が留保されており、取材される側は公表の可能性があることを甘受せざるをえないのである。

2　取材源との距離

　それはいいかえると、政治とメディアの距離、政治家とジャーナリストの関係性についてである。その最もわかりやすい事例が、首相と経営陣の会食・会合といえるだろう。

　1990 年代当時、法令に基づく政府審議会だけでも 200 を超え、その大半に報道機関の役員や論説委員が参加していた。当時の調査では 150 を超えるとされている。同じ状況は地方にもあり、47 都道府県と 12 の政令指定都市のうち、回答のあった 36 都道府県と 10 の政令指定都市の審議会総数だけで 2812 にのぼり、そのうち 600 の会議体に延べ 904 人のマスコミ関係者が参加していたことが調査から明らかになっている（天野勝文「『取り込まれる』マスコミ人 全国版」『総合ジャーナリズム研究』144 号、1993 年。同誌 128 号（1989 年）にも関連論稿）。

　なお、これらは正式な審議会のみの数であって、今日ではより一般的になっている私的諮問機関としての懇談会や、研究会・検討会となると、さらに膨大な数の会議体が存在し、そこへのメディア関係者の参加は必須となっている。とりわけ通信・放送関係の会議体は、業界団体や関係者の参加が成立要件ともいえ、この場で業界の意向を吸い上げ、まさに共同して政策を作り上げていくかたちをとっているといってもよい状況だ。実際、インターネット規制の場合等は、審議会メンバーがそのまま自主規制機関の中心メンバーとなることも一般化している。

　これはメディア関係者のみならず、研究者においても、場合によっては問題となりうる状況（自身が作った制度で、自身が運用するという状況）であるが、それがメディア関係者であるとなれば、より問題は深刻ということだ。

　当時、大きな話題を呼んだ参加には、第 8 次選挙制度審議会がある。この選挙改革は国論を二分させる大きな議論を呼んだが、その重要な答申（1990 年）を出した審議会に、日本新聞協会の会長だった小林与三次（読売新聞社長）はじめ 8 人のメディア関係者（社長や論説委員長など）が参加し、その後の選挙改革の論調の方向性を決めてしまったといわれている。最近では、情報保全諮問会議や元号に関する懇談会をあげることができよう。

情報保全諮問会議：特定秘密保護法の運用をチェックする有識者会議。
渡邉恒雄（読売新聞グループ本社代表取締役主筆）→老川祥一（座長＝読売新聞グループ本社代表取締役会長・主筆代理、国際担当（The Japan News 主筆）、読売新聞東京本社取締役論説委員長）、塩入みほも（駒澤大学法学部教授）、清水勉（日本弁護士連合会情報問題対策委員会委員）、住田裕子（弁護士）、永野秀雄（主査＝法政大学人間環境学部教授）、南場智子（株式会社ディー・エヌ・エー代表取締役会長）、藤原靜雄（中央大学大学院法務研究科教授）

元号に関する懇談会：内閣官房長官は、各界の有識者の参集を得て、元号に関する懇談会を開催し、新元号の原案につき意見を求め、その結果を内閣総理大臣に報告すると定められている。
上田良一（日本放送協会会長）、久保好男（日本民間放送連盟会長）、白石興二郎（日本新聞協会会長）、鎌田薫（日本私立大学団体連合会会長）、榊原定征（日本経済団体連合会名誉会長）、寺田逸郎（前最高裁判所長官）、林真理子（作家）、宮崎緑（千葉商科大学国際教養学部長）、山中伸弥（京都大学 iPS 細胞研究所所長）

たとえば、安倍首相（当時）は政権発足から1年間で、延べ50人を超える
メディア関係者と、主として夜に高級レストランで会食を重ねていた。最も頻
繁に会っている読売から始まり、産経がそれに続き、以下は朝日、毎日、中日、
日経、共同、時事などが並ぶ。テレビ局も新聞系列に符節を合わせ、フジテレ
ビと日本テレビが回数としては多い。しかし多少の凹凸はあっても、総じて満
遍なく各社の経営陣が会っていることがわかる。また、論説・解説委員や政治
部長クラスとの会合も存在する。

　こうした首相と経営陣の会合は、過去にも政権によっては行われてきたこと
だ。多少性格は異なるものの、次節で触れる行政の各種会合体に新聞社の編集
委員クラスが構成員として参加することも、古くて新しい問題だ。より良き政
策の実現のために、見識がいかされるという見方もあれば、結局は取り込まれ
ているだけとの厳しい批判もある。実際、積極的に参加する社と、委員派遣は
一切しない社に分かれている現実が存在する。それに比べると、首相と経営・
編集幹部との会合は、実際に会食でどういう話がされたかは別として、一般読
者・視聴者からみて関係性が疑われる可能性があることは否定しえない。

　たとえば、渡辺恒雄読売新聞グループ会長は特定秘密保護法が参議院で強行
採決される前後に和食をともにし、その後、同氏は法制定に関連して設置され
た「第三者的機関」の1つである情報保全諮問会議の座長に就任した。百田尚
樹も首相と会った後、NHK経営委員に任命されている。

　記者が政治家に会って酒を酌み交わすことがあるように、首相と社長が会っ
て何が問題かという声もある。こうしたことが直接、紙誌面や番組に影響があ
るとは思えない、食事代は折半しているし、わざわざ首相から会おうというの
をむげに断るのは大人げない——ともいわれている。

　しかし、なぜこれだけ頻繁にメディア関係者が首相と、内容が表に出ない接
触を重ねる必要があるのかの道義的説明責任は、メディアの側にあるといえる。
これらに比して、沖縄メディアは官房長官と社長との懇談を、オープンで行い
記事化していることを、単に青臭いとして切り捨てることはできないはずだ。

　広告分野では、媒体責任やステマ（ステルスマーケティング）が法・倫理上、社会的問題になることが多い（**法ジャ 344** 参照）。広告と記事・番組との峻別は放送法上の規定でもあるが、実際にはその境界線は悩ましい場合が多く、BPO でも個別事例が問題となった。以下はその1つ、プロダクトプレイスメント（product placement＝PP）と称される広告についてである。広告主等の作り手が、テレビ番組・映画作品や、場合によっては報道の中に意図的に広告を潜り込ませる「溶け込まし広告」ともいえる手法だ。たとえば、人気の主人公の持ち物（衣装や携帯電話、車など）、シーンに配置される小道具（食品や家電など）に、実存する企業名や商品名を表示させる（悪役が使えば逆効果も生まれる＝アンチ・プロダクトプレイスメント）。

　もともとは、ハリウッド映画『理由なき反抗』（1955年）の中でジェームズ・ディーンが櫛で整髪するシーンを観た若者が、映画会社のワーナー・ブラザーズに問合せが殺到したことから、以後、映画会社が一般企業との「タイアップ」を始めたことにあるとされる。あるいはさらに前の 1940年代から、有名なダイヤモンド販売会社デビアス社のために出演者がダイヤモンドを身につけたり、贈り物に使うシーンを入れたことに始まる、ともいわれている。

　テレビでも、録画視聴が一般化して、CM が飛ばされる傾向があるため、番組内に商品を入れることが求められたり、ネット上ではむしろ、いかにコンテンツに無理なく組み込むかが広告の重要なポイントとなっていることから、PP 広告は拡大の傾向にあるといえる。また視聴者からも、「そういうものだ」との認識が広がることで、強い反発がないことも広がる要因とされる。日本の場合、古くは東宝映画「ゴジラ」シリーズでは、森永ミルクキャラメルが作品スポンサーとして劇中にも登場した。近年では、人気映画監督の新海誠作品「君の名は。」や「天気の子」で積極的に使用され話題になった。映画の場合は、1本あたりの PP 広告費が 100億円にものぼると報じられている。

　またテレビの場合の最も一般的な登場の仕方としては、航空会社がスポンサーの場合、飛行機が飛び立つシーンが挿入されたり、車や携帯電話の商品名がはっきりわかるかたちで利用されるなどがある。以前の「サザエさん」は1社提供番組であったこともあり、オープニングのシーンや登場する電化製品では「東芝」のロゴのコマ割があった。

　これらも含め、より広告の出し方も巧妙になり、また広告収入の落ち込みをカバーするためにより多くの広告を集稿するプレッシャーも強まる中で、広告考査の重要性は一層重要になっている。法律上も一般の表現規制に比してより多くの規定がある領域だが（**法ジャ 330** 参照）、ここでは自主規制に絞って確認しておく。広告は一般にメディアに掲載されることが前提で、その媒体は事前に内容を審査（考査）し、広告の掲載（放送）の可否を判断する。

　業界レベルでの取り組みとしては、広告審査協会と日本広告審査機構（JARO）がある。前者は主として事前審査で、媒体や広告会社からの依頼で実地調査を行う。なお、各媒体の広告掲載基準（倫理綱領）が存在し、事前審査の判断基準となっている（放送の場合、「児童向けコマーシャルに関する留意事項」といったものも定められている）。後者は事後審査で、消費者等からの苦情・問い合わせを受け審査を行う。これらによって、消費者の保護とともに、媒体価値の維持・向上を図っている。JARO の苦情受付件数はコロナ禍で急増しており、2020年上期では前年比137%の6000件超えになっている。なお苦情の媒体別内訳では、インターネットとテレビがほぼ同数で1・2位を占め、全体の8割を超えている。また内容については、「表現」を「表示」が大きく上回っていることがわかる。

1　節度

　先にあげた政治家との距離とは異なり、より明確に行政の意思決定過程への「取り込み」というということで議論になるのが、各種会議体への参加である。中央・地方にかかわりなく行政機関（政府）が設置する「審議会」等に、委員として参加することの是非についてである。あるいは、現職の報道関係者が、直接政府の要職に就くことについての倫理性が問われる場合もある。

　後者についての実例を挙げれば、長く慣例になっている、国家公安委員がある。5枠のうち1人は在京紙枠とされており、近年でいえば、産経新聞、読売新聞の論説委員クラスが就任することになっている（政治家が着任する委員長を含めると6人）。2010年には、読売新聞役員がスイス大使に任命されたことも話題になった。なお、東京2020オリンピック・パラリンピック競技大会組織委員会の「メディア委員会」は、フジテレビ相談役の日枝久をトップに、主として在京の放送局・新聞社・通信社の計39人から組織されている。

　さらに、2020年には、共同通信政治担当論説委員が官邸の首相補佐官に就任した。この件ではとりわけ、官邸の情報コントロールに携わる立場であることから、問題であると指摘がなされた経緯がある。もちろん、こうした記者と政府の関係は古くからの流れでもあり、そもそも戦時体制下の報道管制の責任者である内閣情報局総裁は、2代続けて朝日新聞社出身でもあった。

　職業選択の自由は憲法で保障された大切な基本的人権であり、本人意思が尊重されなくてはならない。実際これまでも、新聞記者や放送局職員（記者）は、政治家へのステップとして利用されてきた節もある。実際、現在の政治家の少なからずの数がメディア関係出身者だ。とりわけテレビ出演が、選挙で有利に働くであろうことは、知名度アップという点から否定しえない。しかしこうした個人的な「転職」と、「指定席」の違いはあろうし、現職から「横滑り」して政府要職や政治家になることの是非は問われてしかるべきだろう。

　その重要な基準は、ジャーナリズム（あるいはジャーナリスト）の独立性が十分に確保されていて、自身の行動を読者・視聴者に対し説明しきれるか、である。たとえば政治担当記者から政治家もしくは政府要職に就くことは、取材者から取材対象者に「転向」することを意味する。普通に考えれば、前職の記者

　テレビの場合、番組中で扱った商品・サービスを「広告」と認識して、たとえばエンドテロップで広告主表示をするかといった問題が生じることがある。その1つが前述のプロダクトプレイスメント（PP）広告だが、日本の場合は従来、製作者側の「忖度・配慮」でなされている場合も少なくなかった。海外では、クレジットを入れることを義務付けたり、視聴者への影響が大きい子ども向け番組でのPP広告を禁止するなどである。

　実際の番組を想定すると、季節ネタとしてリンゴ農家を訪れ、食レポで「おいしい！」ということと、スポンサーとしてリンゴを紹介することで、何がどう違うのかという課題がある。むしろ宣伝効果としては、前者の方が大きい場合もあり、そうなると広告費は払うけど、クレジットとは入れないでほしい、といったことが起こる余地を生む。その結果、医療機器メーカーが「隠れスポンサー」となって、高度先端医療によって難病を克服するというドキュメンタリータッチのニュース番組を放映するということが起こっている。

　なお、テレビゲームの場合は、むしろPP広告は一般的ともいえ、野球やサーキットゲームなどは、むしろ実在の球場や広告を載せることで、臨場感を高めている。ただしこうなると、広告なのかPRなのかという境界線も曖昧になってくる。たとえば、有名選手が特定メーカーと専属契約をして、ロゴ入りのウエアやシューズを履くのは極めて一般的で、典型的な商品（あるいはブランド）PRであるが、スポーツゲーム中の選手がロゴ付きウエアを着ているのは広告・PRのどちらか、ということである。

　PRの場合は一般に、企業が選手に契約料としての広告費を支払い、広告の場合は企業がメディア媒体に広告費を支払うことになる。テレビの場合、もしPRだとすれば、商品（ロゴ）が映ることは許容される。もちろん、競合スポンサーに配慮してボカシを入れたり、NHKのように神経質なほどに商品名を避けるということはあっても、事実としての映り込みはやむをえないということだ。たとえば、スキーの表彰台で板の商品ロゴをことさらわかるように立つ選手の、ロゴをぼかすことは一般にはしない。

　報道におけるスポンサーの存在が話題になったものに、東京2020オリンピック・パラリンピックがある。4種類あるスポンサー契約のうち、3番目にランクされるオフィシャルパートナー（協賛金は約60億円）として「読売新聞グループ本社」「朝日新聞社」「毎日新聞社」「日本経済新聞社」が、4番目のオフィシャルサポーター（同約15億円）になったのが「産業経済新聞社」「北海道新聞社」である。コロナ感染症の拡大の中での開催で、世論調査等では約8割の国民が開催に否定的であることに関係し、スポンサーであることが紙面作りに影響を与えているのではないかが問われることになった。新聞社が社説で「開催反対」を書いたこと自体が話題になったことにあらわれる（『週刊ポスト』（2021年5月24日発売号）のアンケートに関し、朝日、日経、産経、北海道は開催の是非を尋ねるアンケート調査の回答を拒否したことが伝えられた）。

時代に、転職のために手心を加えていたのではないかと思われても不思議はない。

　もしそうではないとすれば、それを証明（説明）することが必要であるが、実際は困難であることが想像される。そうであれば、疑念をいだかれるような「連続性」のある「関連するポジション」への転職はしないという選択肢ではないか。いわば「空白期間」を置くという考え方だ。あるいは、特定のポジションが報道関係者の「定席」として確保されていることについても、ジャーナリズムの独立性や信頼性に悖るのであれば、見直す時期にきているといえるだろう。

　さらに悩ましいのが審議会参加だ。多くの場合「有識者」枠で、新聞・放送関係者が参加している。政府審議会であれば、論説委員クラスから専門記者、地方の場合では出稿部の部長が肩書で選出されて入っている場合も少なくない。1980 年代に審議会の設置が一般化し、それに伴い、新聞を中心に放送局等からの委員就任が一気に増加したことから、これを問題視する指摘がなされた。

　しかしその後、それが定着するにつれ、一部の新聞社では原則として政府委員を辞退する慣行ができあがったものの（朝日新聞社や信濃毎日新聞社）、むしろ多くの新聞社ではそれを歓迎する中で広まっていったといえるだろう。その結果、たとえば元号選定の有識者会議には、報道界としての枠が設けられ、新聞・放送界の長がそれぞれの代表として構成員として参加している。

　たとえ形式的とはいえ、報道界を代表して政府の意思決定の過程の正式な会議であり、しかも完全な秘密会議において意見を表明することの是非である。同様に、多くの審議会の場合、政府（行政）の意思決定過程の一端を担い、その決定にコミットしている点で、報道の独立性を侵害していることは否定しえない。

　参加を表明する報道機関はその当初、参加することで情報を得られるメリットの大きさ、個人としての参加であって社としての意思表明ではないとの切り分け、審議会での意見表明が報道へは影響しない、などを理由として正当化していた。もしその意味で後ろめたさがないのであれば、読者・視聴者への説明責任として、自社の政府等への委員派遣の実態を年に一度でも公表するなどの透明性の確保が求められよう。

　先のオフレコ取材（あるいはオフレコを反故にする場合を含む）も同様であるが、報道に正当性が認められるためには、その公共性・公益性が読者・視聴者

◆ ハラスメント

　報道機関におけるハラスメントは、社内と社外に大別できる。とりわけ支局などの、比較的狭い職場環境の中での、しかも圧倒的な上下関係にある、支局長（あるいはデスク）と一線記者（あるいは支局スタッフ）間でのハラスメント（主としてパワーハラスメント）は深刻だ。組織対応によって解決をしなくてはいけないことは当然であって、一般企業と差異はない。

　ジェンダー等を理由とした差別についても同じだ。報道機関であるからこそ、社会の一足先を進むべきであるが、社会の最後尾であるのが実態だ。女性役員の少なさ、そもそも女性社員比率の低さ、あるいは障碍者雇用の立ち遅れなど、どれについても当てはまろう。近年は新入社員の数も男女ほぼ同数のところが多いし、女性への配慮という名の差別的処遇もほぼなくなってきたとされる（たとえば、支局において危険であるなどの理由で、女性記者には泊まり勤務が免除されるかわりに人事配置等で不利な扱いをされる時代もあった）。

　ここでは、女性記者と取材先の間で起こるハラスメント（主としてセクシャルハラスメント）を考える。とりわけ、取材記者にしてみれば、懐に入りたい、より濃密な信頼関係を得たい、と思うばかり、「多少」のハラスメントは我慢する状況が続いてきたとされる。それが一層、こうした「悪しき慣習」を固定化することにつながってきたという歴史的経緯がある。いわば、「男社会」の「紅一点」が我慢を強いられる構図だ。

　もちろんこれは、報道界だけの問題ではなく、社会全体にみられることで、その縮図にすぎないともいえる。近い事例では、東京 2020 オリンピック・パラリンピックの森喜朗会長辞任騒動が、日本を代表する組織で起こり、本人もその問題性を最後まで認識していないように思われたし、他の大臣級の政治家でも似たような状況である。しかしようやく、社会全体の問題是正と、報道界の中でも女性記者の数が絶対数として増えてきたこともあり、問題が表面化するようになってきた。たとえば、2019 年の財務事務次官によるセクハラ事件である。それでもなお、いまなお続く日本国内の圧倒的な男社会の中で、我慢を強いられる事態が続いている。とりわけ、警察と記者との間の問題は、現在進行形で続く問題だ。

　もちろんいまの時代、事件が表面化すればセクハラ主体はすぐに異動になる。しかし、「日常的な出来事」を「わざわざ事件化」するのかという状況があるのが現実といえる。いちいち言っていては「きりがない」という問題と、それを「大人げない」とみられるのではないかといった周囲の目を気にする意識だ。「問題化すればいいではないか」というのは外部だから気軽に言うことはできても、当事者にとっては大きな課題といえる。すなわち、会社のしかるべき組織に通告し、社組織の問題として表沙汰にする「大変さ」と「面倒くささ」といえるだろう。

　あと数年して、現在の「あたり前」の状況が変われば自然に消えるとの見方もある。たとえば、警察組織に女性幹部が増えれば、確実にセクハラは少なくなるだろう。記者の側も少なくとも一線の記者の過半が女性になる、あるいはデスククラスの過半が女性になれば、被害者の側が遠慮するといったねじれた関係はなくなり、問題解決が迅速に進むだろう。しかしそれでは、いま被害に苦しむ記者は救えないし、それがいやでジャーナリストのなり手がなくなるのでは遅い。これもジャーナリズムの倫理を実現するための喫緊課題である。

に理解されるとともに、前提となる取材行為の正当性についてもまた、取材者が市民社会に説明することで社会的支持を得られることが求められている。また、こうしたアカウンタビリティ（説明責任義務）は、取材・報道のみならず、扱う広告についても及ぶものである。

2　責任

　取材にあたっての違法性と不当性について先に述べたが、報道関係者にとって法での規定以上に厳しい制約を倫理的に受けるものがある。その1つが「株取引」だ。多くの報道機関では、「業務上知りえた公表されていない情報を利用して、株式売買するインサイダー取引は行いません」といった社内規定を設けているが、そもそもインサイダー取引は法で禁止されている。さらにそれを超えて、1990年代以降は株取引自体を「報道局員は禁止」「経済担当期間中は禁止、それ以外は自粛」などの制約を設けている場合も少なくない。

　これも転職同様、憲法で保障されている基本的人権の1つである財産権であって、むやみに規制ができるものではない。しかしながら、より厳密にしようとすると、報道にタッチする関連会社社員をどうするかなどの壁があり、また、個人年金を含め「自己責任」で利殖を推奨される社会情勢の中で、各人の良心に任せざるをえない領域であるともいえる。

　すなわち、一昔前なら、「株でも買って勉強しろ」ということで、社会も企業も容認していたのが、だんだん、「何で高給払っているのか（こそこそアルバイトするな）」という企業としての姿勢が生まれ、さらに「怪しまれることはするな」に代わることで、社会も企業も否認するように転じたという流れがある。しかも、「刺されるから気をつけろ」と、企業防衛としての姿勢も強まっている。いわば世の中（世間の目）が変わったということだ。

　そういう意味で、扱いが一時揺れていたのは社員のSNS発信である。社員記者個人がTwitter等で情報発信することについて、2010年以降一般化する中で社が禁止するところが多かった。もちろん、個人でアカウントを開設して、匿名（もしくはバンドル名、仮名）で発信している分には、社が把握しようもなく、自由ではある。しかし、業務で知りえた情報を個人アカウントで発信すること、あるいは、肩書（所属）を明らかにした上で自由に意見表明することについては、制約を設けることが一般的であったといえるだろう。

　その後、2020年前後から、こうした規制がむしろ少数派になりつつあるも

◆ ユニオンのありかた

　海外でいう「ユニオン」と称されるような有力な職能団体がない日本においては、最も近い働きをしているのが企業内労働組合であろう。新聞・出版・放送・広告などの各職域ごとに存在する全国横断的な組合連合体には、ジャーナリズム活動を検証する組織が存在し、日常的活動を行っている。新聞の場合は、新聞労連（日本新聞労働組合連合）が、全国の新聞関連産業の労組が加入する日本で唯一の産業別労働組合で、結成は 1950 年 6 月 30 日で、2020 年末現在、全国紙・ブロック紙・地方紙・専門紙・通信社や印刷・販売の関連会社の労組など 87 の組合、約 2 万人が加盟、新研（新聞研究）活動のほか顕彰活動も実施している。企業別組合の連合体だが、個人加盟のユニオンも傘下にある。

　具体的な活動内容としては、①春闘など賃金闘争時の加盟組合への情報提供、②各新聞社の労働条件などの情報交換、③合理化・技術革新などの情報交換と産業全体にわたる問題の分析、④組合員への共済活動（在職死亡弔慰金の支給、新聞業厚生年金への参画など）、⑤新聞研究活動（ジャーナリズム大賞やシンポジウムなど）、⑥記者養成講座、新聞業界をめざす学生への作文指導、がある。日本労働組合総連合会（連合）や全国労働組合総連合（全労連）などのナショナルセンターには属していない。

　1995 年に国際ジャーナリスト連盟（IFJ）やユニ・グローバル・ユニオン（UNI Global Union ＝UNI）に加盟した（UNI は、国際コミュニケーション労連（CI）、国際商業事務専門職技術労連（FIET）、国際製版印刷労連（IGF）、国際芸術・マスコミ・芸能・映画放送労連（MEI）が統合して、2000 年 1 月に設立（旧・Union Network International））。

〈メディア関連労働組合〉

日本マスコミ文化情報労組会議（MIC）
※各職域の労働組合の連合会・協議会で構成されており、1963 年に設立。
　日本新聞労働組合連合（新聞労連）
　日本民間放送労働組合連合会（民放労連）
　日本出版労働組合連合会（出版労連）
　全国印刷出版産業労働組合総連合会（全印総連）
　全国広告関連労働組合協議会（広告労協）
　日本音楽家ユニオン（音楽ユニオン）
　電算機関連労働組合協議会（電算労）
　映画演劇労働組合連合会（映演労連）

メディア・広告・映画演劇労働組合連合会（メディア労連）　2017. 10. 2
※連合（日本労働組合総連合会）傘下の産別労組で 2017 年に設立。
　NHK 関連労働組合連合会（NHK 労連）　1988. 7. 1
　　日本放送労働組合（日放労）　1948. 3. 2
　全国映画演劇労働組合（全映演）

のの、一定の制約を設けている社も多い。社としては企業メリットを考えつつ
も、職務上の秘密の暴露や紙面との齟齬、一部社員の自由すぎる振る舞いによ
る「ハレーション」を、危惧しているそうだ。

　メディアとして成長（拡大）すればするほど、注目度も社会的影響力も高ま
り、その分公共性も増し、より一層高い倫理性が要求されることになる。さら
に、近年のマスメディア批判によって、より自らを律する必要性に迫られてい
る。社会人としての常識（市民感覚）と、専門職業人としての知識（技術的専
門性）、これに公共的企業人としての社会代表性が加味されていることを、
ジャーナリスト個々人が意識することが必要である。

　ジャーナリズム活動の基礎が「個人」であることを勘案すれば、そもそも表
現活動を組織が規制すること自体無理があると思われる一方で、取材上知りえ
た情報を、その目的以外に利用することには、おのずと内在的制約が存在する
だろう。とりわけ、日本の場合は「名刺」で取材をすることが多い。すなわち
媒体であるテレビ局なり新聞社の名前での取材である。

　当然、取材を受けた側も、その媒体での報道を「期待」して話をし、そこに
は暗黙の了解が働いている。その中で、その媒体以外で勝手に使われることに
は、心情的な違和感が生まれてしかるべきだし、場合によっては法的な問題も
発生する余地があるだろう。この問題はSNSに限定した話ではなく、たとえ
ば取材データをもとに、当該記者が個人的に本を書く場合もそうだ。

　近年、多くの社では所属記者が取材データをもとに出版する場合、その許諾
権を社が有するとともに、著作権も社が所有するケースが生まれている。これ
はその対抗策の1つであろうし、それであれば取材された者も納得感が生まれ
やすいだろう（それでも、期待が裏切られていることは事実だ）。ただし記者の側
では、取材内容がすべて社に帰属することには強い抵抗感があるとされ、こう
した著作権（著作財産権）放棄を認めない記者も少なくないとも仄聞する（写
真の場合はかねてより、撮影した写真記者に著作権がある運用をしており、たとえ
ば個人として個展を開催したり写真集を出版する例がある）。

　日本の場合、たとえ署名記事であっても紙面になった記事は法人著作物とし
て社が責任を負い、番組でも同じだった。しかし、「勝手に」SNS上で流した
情報がもとで訴えられた場合まで社が責任を負うのは無理がある。これらは、
日本の社員ジャーナリストが中心であった社会の狭い慣習でもあり、ジャーナ
リストの独立度が高まれば、おのずと違った運用になるだろう。

[参考文献]

〈リテラシー〉鈴木みどり編『新版 メディア・リテラシー［入門編］』（リベルタ出版、2004
年）、鈴木みどり編『メディア・リテラシーを学ぶ人のために』（世界思想社、1997年）、菅谷
明子『メディアリテラシー 世界の現場から』（岩波新書、2000年）、林香里『メディア不信
何が問われているか』（岩波新書、2017年）、宮下芳明『コンテンツは民主化をめざす 表現
のためのメディア技術』（明治大学リバティブックス、2015年）、津田大介『情報戦争を生き
抜く』（朝日新書、2018年）、クリストファー・ワイリー、牧野洋訳『マインドハッキング
あなたの感情を支配し行動を操るソーシャルメディア』新潮社、2020年）、ユネスコ、永井道
雄訳『多くの声、1つの世界～コミュニケーションと社会、その現状と将来』（日本放送出版
協会、1980年）、J・A・バロン、清水英夫ほか訳『アクセス権——誰のための言論の自由か』
（日本評論社、1978年）、堀部政男『アクセス権とは何か』（岩波新書、1978年）、リチャー
ド・ワーマン、松岡正剛訳『情報選択の時代』（日本実業出版社、1993年）、ノルベルト・ボ
ルツ、村上淳一訳『世界コミュニケーション』（東京大学出版会、2002年）、第八次新聞法制
研究会編者『新聞の編集権 欧米と日本にみる構造と実態』（日本新聞協会、1986年）、川中
康弘『新聞の自由と責任』（南窓社、1972年）、内川芳美ほか編『講座／現代の社会とコミュ
ニケーション3 言論の自由』（東京大学出版会、1974年）、内川芳美ほか編『清水英夫教授還
暦記念論集／法とジャーナリズム』（日本評論社、1983年）、西原博史『良心の自由』（成文堂、
1995年）、芸能メディア研究会編『メディア・リテラシー 知とコミュニケーションの創発に
向けて』（静岡学術出版、2008年）

〈ジャーナリズムの課題〉大治朋子『アメリカ・メディア・ウォーズ ジャーナリズムの現
在』（講談社現代新書、2013年）、澤康臣『グローバル・ジャーナリズム 国際スクープの舞
台裏』（岩波新書、2017年）、藤田博司『アメリカのジャーナリズム』（岩波新書、1991年）、
今西光男『新聞 資本と経営の昭和史 朝日新聞筆政・緒方竹虎の苦悩』（朝日選書、2007年）、
今西光男『占領期の朝日新聞と戦争責任 村山長挙と緒方竹虎』（朝日選書、2008年）、里見
脩『ニュース・エージェーシー 同盟通信の興亡』（中央新書、2000年）、里見脩『新聞統合
戦時期におけるメディアと国家』（勁草書房、2011年）、今野勉『テレビの嘘を見破る』（新潮
新書、2004年）、松田浩『NHK新版 危機に立つ公共放送』（岩波新書、2014年）、山田健太
『3.11とメディア 徹底検証 新聞・テレビ・WEBは何をどう伝えたか』（トランスビュー、
2013年）、神戸新聞社編『大震災 問わずにいられない 神戸新聞報道記録 1995-99』（神戸
新聞総合出版センター、2000年）、藤井誠二『ネット時代の「取材学」』（IBCパブリッシング、
2017年）、吉岡忍『「事件」を見にゆく』（文春文庫、1992年）、安田浩一『沖縄の新聞は本当
に「偏向」しているのか』（朝日新聞出版、2016年）、沖縄タイムス社『報道圧力 時代を読
む／沖縄の声届ける』（沖縄タイムスブックレット、2015年）、臺宏士『報道圧力 官邸VS望
月衣塑子』（緑風出版、2020年）、田中拓道『リベラルとは何か 17世紀の自由主義から現代
日本まで』（中公新書、2020年）、荻上チキ『すべての新聞は「偏って」いる ホンネと数字
のメディア論』（扶桑社BOOKS、2017年）、青木理ほか『メディアは誰のものか 「本と新聞
の大学」講義録』（集英社新書、209年）、佐藤卓己・河崎吉紀編『近代日本のメディア議員
〈政治のメディア化〉の歴史社会学』（創元社、2018年）、北村肇『腐敗したメディア 新聞に
再生の道はあるのか』（現代人文社、1996年）、森達也『同調圧力メディア メディアが三流
なら社会も三流なのだ』（創出版、2017年）、ローリー・アン・フリーマン、橋場義之訳『記
者クラブ——情報カルテル』（緑風出版、2011年）

Ⅰ 言論公共空間

1 ジャーナリズムのかたち

　ジャーナリズムのかたちも変わってきている。旧来の事件事故報道型の報道（発生ものジャーナリズム）から1980年代に入り、シビック・ジャーナリズム（市民参加型ジャーナリズム）やインベスティゲーティブ・リポート（調査報道型・調査ジャーナリズム）が提唱されるようになったからである。それと並行して、事件・事故報道ほか報道の持つ課題をどう解決するかの議論もなされてきた。

　そこでの議論の中身はすでに触れてきたものも多いが、あらためて表にまとめてみると以下のようになるだろう。もちろん、きれいに分かれるとは限らず、とりわけ大きな事件・事故であれば一般に、事件・事故報道型から徐々に調査報道型に移行していく。

名称	事件・事故報道型	調査報道型
形態	発表ジャーナリズム	掘り起こしジャーナリズム
時間経過	速報	スローニュース
起点	発表・発生	掘り起こし
重要ポイント	スピード（速さ）	深さ
取材態様	定型的組織（記者クラブ）	アドホックな態勢（遊軍）
取材スタイル	夜討ち朝駆け	オープンデータ・情報公開
対象出来事	現在	過去
社会的役割	警察・検察・裁判官	裁判官・研究者
報道目的	事実伝達	問題発掘・提起・責任追及

　ただしこれらは総じて、問題提起型のジャーナリズム活動であった。社会的役割でいえば「炭鉱のカナリア」役といえるもので、社会に起こっている事象に対しアラームを鳴らし、再発を防止したり、事件事故を未然に防止したり、その結果、社会の中で議論が巻き起こり、問題が解決されていくというモデルだ。

　ジャーナリズムの機能としてかつてからいわれてきた議題設定機能を意識し

◆ ジャーナリズムの射程

　ジャーナリズムが意味するものは、時代によっても社会によっても、さらに言えば人によっても異なる。本書で扱う「ジャーナリズムの倫理」は、一般に言論報道活動と称されるものを中核に据えてはいるが、ニュース報道にとどまらず、ドキュメンタリーやノンフィクション、さらにはドラマやバラエティーも、その射程にしている。

　そうした〈非〉報道も、時代のなかで意味を持つものであって、いわゆるジャーナリスティックな要素が存在しないものはない、と言えよう。紅白歌合戦にも紅白ジャーナリズムは存在するし、お散歩番組の制作においても、放送人としての倫理は当然求められるからだ。

　したがって、たとえば本講で扱う公共性・公益性は、すべての新聞紙面、放送番組に当てはまるだけではなく、すべての出版物や写真や漫画にも、共通して求められるものであると考える。さらには、冒頭にあげたように、図書館や博物館活動、そして場合によっては音楽や舞台といったパフォーマンスにおけるプロフェッショナルとしての在り方を考える際にも、当てはめが可能であろう。

◆ 問題解決型ジャーナリズムのかたち

　海外のジャーナリズム研究でみられるジャーナリズムの類型化を、林香里は「明日のためのジャーナリズム（Journalism for Tomorrow）」として、以下のようにまとめていてわかりやすい（『Journalism』2020 年 7 月号 62 頁）。詳細は、清水麻子・林香里「建設的ジャーナリズムとは何か　ネガティブ性払拭へ　権力監視との共存必要」（『Journalism』2019 年 7 月号 58 頁）参照。

	速報ジャーナリズム	調査ジャーナリズム	建設的 / 解決型ジャーナリズム
タイムライン	今、現在	過去	未来
ゴール	スピード	責任、追及	インスピレーション
問い	何？　いつ？	誰？　なぜ？	それで？　どうする？
スタイル	ドラマチック	批判的	もっと知りたい
役割モデル	警察	裁判官	ファシリテーター
フォーカス	ドラマ、コンフリクト	隠蔽、犠牲者	解決法、ベスト・プラクティス

　そもそもの課題として、日本のジャーナリズムの後進性については、林香里『マスメディアの周縁、ジャーナリズムの核心』（新曜社、2002 年）、同『〈オンナ・コドモ〉のジャーナリズム──ケアの倫理とともに』（岩波書店、2011 年）参照。

たかたちで、社会に存在するさまざまな事象を可視化し、社会的議論を巻き起こし、意見（世論）を収斂させていくといった意思を持ったものであったといえるだろう。しかし実際は、言いっぱなしであることも多いし、両論併記といったかたちで確かに問題提起はするものの、問題解決に結びつかない事例が多く、ジャーナリズムの無力化が言われてきた。

そうした中で、主として2000年（あるいはより明確には2010年前後のSNS全盛時代）以降、ネット上に溢れる情報や多様な見解の発表に対抗し、ジャーナリズム機能をより明確に示すためには、もう一歩踏み込むことの重要性がいわれ始めている。問題解決型報道である。建設的（あるいは創造的）ジャーナリズムと称することも増えている。

これはあえていえば、〈カナリアからペンギンへ〉の移行ということになるだろう。いわば、「炭鉱のカナリア」の地位にとどまるのではなく、より積極的に「ファースト・ペンギン」として、実践的建設的な提言を報道の上で展開していくということだ。

もちろん、これらは進化段階とのみ捉えることは危険だ。なぜなら、報道（ジャーナリズム活動）の要素として、発生ものをより早く正確に伝えるという要素は、決してなくならない。災害報道に最も典型的なように、総力戦でより広範に多くの情報を収集し、より早く伝えることの意味は極めて大きい。一方でそういう場合であっても、たとえば戦争が起こって総力戦で政局を伝えるだけでは、結果的に戦争に加担することになった過去の歴史の繰り返しになってしまうだろう。

それからすると、事件・事故報道型でも調査型報道でも、さらにいえば解決型報道であっても、いわゆる「マッチョ型」といえる体力勝負の取材・報道をしてしまったのでは、同じ過ちに陥ることになる。いかに「考える」取材・報道をするかというのは進化も退化もないということだ。

2　強みの活かし方

報道機関の強みは、安定的継続的な取材網だ。それによって、過去・現在・未来を常に意識しつつ、世界中の現場に直接記者を派遣し最新のニュースを伝えることが可能になる。同時にこうした現場の取材を支え、あるいはリポートに厚みを加え、場合によっては補足するのが知識力だ。長い報道活動の歴史の中で育まれた経験や知識の蓄積が、常に番組や記事を裏打ちしているはずであ

◆ **手法と役割**

①ストレート記事（時事もの） 「速報」領域	②企画・特集記事（長尺もの） 「調査」領域
③フィーチャー記事（囲みもの） 「読み物」領域	④コラム記事（社説、論説を含む） 「論説」領域

　ジャーナリズムの手法や役割を、新聞を例にすると上の4つに分けて考えられよう。

　こうした区別は、現行の法制や司法判断の際にも使われている。たとえば著作権法では新聞記事に関しての特例として、社説や、事実の伝達にすぎない雑報および時事の報道は、許可なく自由に使用が可能だ。ただし理由付けは異なり、社説・論説は、著作権はあるが社会公共目的で無許可での転載が認められる。これに対し、死亡記事や火事などの短信は、オリジナリティーが認められず著作物としての保護を受けないとされている。

　あるいは、刑法の名誉毀損罪の適用においても、事実を報じる一般記事と、意見・論評は別枠での取り扱いになる。こうした背景には、客観記事か（執筆記者の主観をできる限り排した記事か）、主観記事か（むしろ記者の思いを強く反映した記事か）という違いがある。

　日本の新聞の記事は通常、主語を省略した文体を使用している。よく使用される「…とみられる」は、情報源をぼかして本当は特定の人物が語っている内容を地の文に溶け込ませることで、いわばごまかしている場合も少なくはないが、「私が思う」の「私」を、「一般的にみんなが」という主語に置き換えることで、客観性を醸し出しているものでもある。

　これに対し、とりわけ最近は、「私（一人称）」を明記した記事が増えてきた。これらは上記のカテゴリーでいえば、フィーチャー記事に当てはまるだろう。性格としては執筆記者の主観が色濃く反映した「私」記事ということになる。文体の主語は省略されている場合も多いが、執筆者を写真付きで紹介することで、いわば一般記事との違いを際立たせている。

　ただしこの主観と客観の境界は、少し曖昧になる傾向だ。名前を出すことで、記者の「顔」が見えやすくなり、新聞（記者）と読者の距離を縮める効果を狙ったり、記事の責任所在をはっきりさせる意味合いなどから、署名記事が増えている。

　それは、上記の4分類でいえば、①（あるいは②）と③の境界線が見えづらくなっているということでもある。あるいは、執筆者（記者）の主張を伝えるという意味では、①（あるいは②）と④の差も薄まる。この結果、①②③④が読者からみるとどう違うのか、その差がわからなくなってしまう側面がある。

　現在紙面化されている記事においても、表面的には①を装っていても、内容的には④と変わらないものがあるなど、あまり意識されていないのではないかと見受けられる。ただしこれは、署名化を進め、個々の記者が責任をもって記事を発信するという方向性をとる限り避けられないし、また、いまの時代の新聞紙面作りの手法として肯定的に捉えてもよいのかもしれない。今日の記事や番組が薄っぺらいと批判されるのは、こうした、現場力や知識力が不足していることを見透かされていたり、先に挙げたような過去・現在・未来の眼のいずれかが欠けていることの裏返しであろう。

る。ジャーナリズムは、総合的な内容と多様な切り口で、その時代を切り取り、記録し、後世に伝える機能を果たしてきている。その働きは4つに分けることができよう。

第1のカテゴリーは、「いま」起きていることをすぐに伝える、ジャーナリズムの基本動作の機能だ。インターネットに伝達スピードは劣るものの、いかに早く報ずるかという〈速報〉は、報道の命であることに変わりない。それには3つの理由がある。

1つは、新聞に代表される総合性や一覧性に支えられ、一般の読者・視聴者にとって多くのニュースは、報道で初めて接する実態があるからだ。自分の興味のある領域に関しては、ネットの方が早くて詳しいことは少なくないが、世界各地の情報も含め、広く手早く知るための手段としては新聞もテレビも健在である。また、時系列がはっきりしているのが紙メディアの特徴でもある。デジタル化された情報は、とりわけSNS上では新旧の順番に関係なく届くことになるが、新聞ではそうした錯誤は起こらない仕組みだ。

2つ目には、一定程度の真実性の担保があることだ。もちろん、新聞にもテレビ・ラジオにも誤りはある。しかし、幾重もの関門を通過して紙面化・番組化されたものは、正確であることの保証度が圧倒的に高い。その情報の信頼性こそが、コストの対価であるといえる。まさにフェイクニュースの時代において、ファクトチェックを日常的に行っているのが、報道機関たる新聞や放送の既存ジャーナリズムということになる。フラット化された情報の海の中で、受け手のリテラシーにより大きく依拠するのがインターネットといえるだろう。

そして3つ目が、総合性と価値付けのバランスである。マスメディアの強みは幅広い取材対象領域で、さまざまな「いま」をピックアップしていることだ。そうはいってもプロの目の選択によって価値付けされ、新聞であれば重要なものから大きな見出しと紙面配置でアピールする作り方をしている。

マスコミ批判の典型に、記者の押しつけはいらない、ありのままを伝えてくれればよい、というものがある。しかし、より多くの事案を一定の限られたスペースで紹介するために、編集作業は必ず必要で、そうした工夫の結果、短時間でさまざまなニュースを知ることができる。典型的なメディア批判に、「マスコミは自分の都合のように切り取っている」がある。しかしあえていえば、ジャーナリズムは切り取るのが仕事で、その切り取り方こそがプロの腕の見せ所ということになる。

　社会のマイノリティを伝える場合は、いかに「市民」の視点で社会が見られるか、自分とは違う立場の者を想像できるか、ということだ。一般に、とりわけ新聞・放送局の正社員記者は、「社会の勝ち組」であることが多い。地方の新聞や放送局は、その地域での一流企業である場合が少なくない。よくいわれるたとえ話であるが、1980年代以降、多くの放送局や新聞社は社屋の建て替えが行われた（新社屋建設である）。その結果、高層ビルの冷暖房完備の快適な部屋から、下界を見下ろすようになり、庶民の生活とはかけ離れてしまったといわれた。これはあながち、的はずれではないだろう（いまは斜陽産業といわれ、必ずしも地域のナンバーワン企業でなくなったがために状況が変わってきてはいるが）。

　しかも、移動はタクシー（場合によっては黒塗りハイヤー）で、記者はラッシュアワーを知らない、と揶揄された時代もあった。東日本大震災の時の被災地で、東京から黒塗りハイヤーで被災地に乗り込み、当時、食べるもの、着るものに困窮していた被災地の住民の顰蹙を買ったのは有名な話だ（今日のマスコミ呼ばわりされている状況に比べれば、まだ相手にされていただけましかもしれない）。あるいは記者クラブ詰めによって現場を知らない記者が首相に質問しても、聞く側も答える側もどちらも現場感が欠如していて、会見自体が市民感覚から遊離してしまうという現象も起こりがちだ。たとえば2020年はコロナ禍での首相会見でも、抽象的な「受け止め」や「ご認識」ばかりを聞くことになって、聞いている者は鼻白むことになった。

　もちろん、ジャーナリストがみな庶民的である必要はない、経験をすべて共有することは不可能だ。しかし、想像力を持つことが大切である。そうした環境は、社内における多様性や、内外の人的ネットワーク、そして知的好奇心の維持によって育まれる。これらは、単純な市民感覚ではない、いわば人権感覚でありジャーナリストとしての資質である。

　2020年に発表された日本マスコミ文化情報労組会議（MIC）の「メディアの女性管理職割合調査」によると、新聞・放送・出版のいずれも2割前後と、政府目標である3割に満たない状況であることがわかった。新聞労連、民放労連、出版労連、メディアで働く女性ネットワーク（WiMN）連名の2021年2月3日に公表された文書によると、主要業界団体における女性役員の数は、民放連45名中0人、新聞協会53人中0人、書協40人中1人、雑協21人中1人だった。2021年5月発表の民放連調査では、民放127社の役員1797人中、女性は40人（2.2％）、朝日新聞記事によると、在京キー5局のうち日本テレビとフジテレビの女性役員は0人、テレビ朝日とテレビ東京は1割超えていた。全社員中の女性の割合は22〜27%だった。在京新聞5社は、毎日、日経、産経が女性役員0人、社員女性比率17〜26%（産経と毎日は4分の1超）だった（2021年7月2日付）。なお首都圏でいえば、ニッポン放送社長は女性であるし、地方では沖縄タイムス社は編集局長と論説委員長の両トップがともに女性だ（2021年7月現在）。

　また、新聞労連が実施の「ジェンダー表現に関するアンケート」（2021年3月9日公表）によると、「編集業務で感じるジェンダー平等に関する違和感」では6割以上が「ある」と回答、性別では女性の場合「ある」が8割を超えた。その中身については、特に「女性らしさ、男性らしさを意識した『人もの』」や「若い女性を起用して商品紹介させて撮影した写真」、さらには「性的役割分業を意識した営業やイラスト」との回答が多くを占めた。

ジャーナリズムがもっている機能の第2には、「少し先」を見据えて調べる〈調査〉報道などと呼ばれるものがある。このためにはまず、取材者自身が問題意識をもつことが必要だ。その上で、一定の時間と労力を割くことの、組織決定がなくては、なかなか実現しない。昨今、調査報道の重要性が語られ認識されても、日常的な取材にプラスして、どこまで余計な力をかけられるかという現実の壁が、常に立ちはだかることになる。しかし当たり前ではあるが、こうした「投資」がなければ「資産」は増えない。

　取材先との信頼関係を構築し、時間をかけて取材を重ね、専門家の見解や現場の状況を調べ、それでも報じることができるかどうか悩ましい判断が続くものと推察できる。そこでは、警察ほかの「発表」もとに依拠することなく、自身ですべての責任を負わねばならないだけに、通常の報道以上に公共性・公益性はじめ注意深さが求められる場合もありえよう。

　こうしたハードルがあるだけに、今日的な状況からしても、1つのテーマにかかりきりになって取材を続けることができるというのは、よほどの「幸運」でもない限り難しい。それはフリーランスだけではなく、企業に属するジャーナリストでも同じ状況だ。それでも、さまざまな折り合いをつけながら、多くのすぐれた作品、そして報道が日々送り出されていることもまた事実である。

　次の第3は、〈フィーチャー〉と呼ばれる報じ手の主観を交じえた報道群だ。調査報道とも共通するが、社会の中で「忘れられがち」（あるいは、見えない、隠れがち）の、困っている人を助ける、あるいは光をあてる作業でもあろう。ジャーナリズムの基本は弱い人の側に立つことだといわれる。少し立ち位置を変えることで、いつもと違った、見えてくる世界がある。

　それは調査をするということではなく、「視点」を変えるということかもしれないし、もっというならばジャーナリスト個人の日常的な学びの反映であろう。こうした報道が、日常的な出来事を伝えるニュースとして報じられることも少なくないが、これらが単なるエッセーや論評と異なるのは、その土台に自らの足で稼いだ事実があることだろう。

　そして第4が〈論説〉や意見だ。「将来」の大きな夢を実現するために報じる、という重要な役割がある。「大所高所から」は机上の空論との批判を招きかねない。しかし言論報道機関が、時代の空気に流されることなく、毅然とものをいうことは必要だ。

　とりわけ、社会が1つの方向になびきがちな際に、抗えるかどうかで真価が

◆ テロップ

　今日のテレビにおいて「テロップ」は常態化し、番組制作上も必要不可欠の表現手法となっている。それらをあえて分類すると以下のようになろう。なお、視聴覚障碍者向けの字幕表示という側面からは、別の議論がありうる。たとえば、ナレーションやコメントの補助などは極めて有用だろう。さらにテロップではないが、L字（逆L字）でスーパーを流すのも一般的だ（たとえば、緊急事態宣言中や大規模災害が発生した場合など）。

番組上必須のもの

・番組タイトル（ニュースタイトルを含む）
・提供（広告主）表示
・権利関係等表示
・エンド（終了表示）

必要最小限のテロップ表示が一般的

視聴者サービス的なもの

・緊急速報（地震・警報等、臨時ニュース）
・内容説明、サイド
・告知・予告（ジャンクション、QカットなどのCMまたぎ予告を含む）
・コメント補助、ナレーション補助
・演出補助
・おことわり

過剰になる傾向

　とりわけ、現在日々「進化」しているのが内容、サイドや告知テロップである。前二者は、場所・時間、人名・固有名詞からはじまり、番組コーナーの説明や中継の概要（事件名）、そして番組で進行中の内容など、画面肩や脇のテロップ表示がない時間の方が少ないといってよい。後者は、次のシーンの説明、CMあけの予告などさまざまなパターンがあるが、視聴者をチャンネルにつなぎとめる工夫として欠かせない技でもある。あるいは擬制音を文字表示するなどの演出補助も増加している。これらは一般に、視聴者に対するわかりやすさと刺激を求めてのことと思われるが、テロップが画面に溢れることでの情報過多はともかく、誤導につながるようなことがないよう、現場での議論が常になされる必要がある。

◆ コタツ記事

　ネットニュースの一般化の中で広がったのが、いわゆる「炬燵（コタツ）記事」だ。現場に行くことなく、テレビ・ラジオやインターネットで流れくる情報をもとに、こたつに入りながらでも書けるという揶揄表現だ。2010年代以降、テレビ番組でのコメンテーターの言葉をいち早く記事風に仕立ててネット記事として投稿すると、ユーザーがそれを見るという循環ができあがった。そうした中で、新聞の記事でも、実際の現場の取材を行わず、ネットで集めた情報などをもとに書く状況が生まれてきた。講談では「見てきたように嘘を言い」というのは誉め言葉であるが、報道の場合、自分の眼耳に頼った一次情報に拠らない記事の危うさを十分に認識する必要がある。

問われる。そうした一大事にではなくても、実現すべきゴールを見据え、筋を通すことは大切だし、そうしたゴール設定がないと、社会は変わらないだろう。まさに「夢」を語ることが大切であって、見えない未来を言葉の力で可視化することができるのがジャーナリズムでもある。

　最初の1と2は、どちらかといえば「現場」力が試されるし、後の3と4は、「知識」力がより必要であると考えられる。さらにいえば、この4つが有機的に結びついていることが大切で、相互に関連し、あるいは同時進行で実行されることでより大きな力が発揮できるはずだ。

　現在の新聞・テレビ離れが、「ジャーナリズム離れ」であるとすれば、その大きな要因は「価値なし」である。なぜ金を払ってネットより程度の低い記事を読まなくてはいけないのか、番組を見せられ続けるのかという単純な問いに対し、応えきれていないことにある。それはまた、公共性・公益性に応えていないという意味では倫理上の欠陥でもある。日々のジャーナリズム活動は、豊かな多様な知識や情報の自由闊達な流通が担保された場としての、言論公共空間を社会に維持し続けていくことでもなくてはならない。

Ⅱ　特殊な取材

1　覆面・潜入取材

　かつて、覆面取材・潜入取材は新聞の調査報道、雑誌や書籍のノンフィクション系書き物の花形だった。大熊一夫の『ルポ・精神病棟』、鎌田慧の『自動車絶望工場』はその金字塔ともいってよい作品で、いまだに読み継がれている。しかし、1990年代に入り状況は変わる。写真週刊誌の潜入取材は「盗撮」「スキャンダリズム」と呼ばれ、厳しい批判の対象となった。

　たとえば、新潮社『フォーカス』は、隠しカメラの取材で次々とスクープをものにしたが、雑誌は売れ、雑誌界では評価されても、新聞は批判的だった。そのしっぺ返しを受けるかたちで、朝日新聞は談合現場の盗聴（レコーダーによる隠し録音）で厳しい社会的批判を浴び、記者は事実上の解雇となった。さらに朝日の受難は続く。2000年代に入り政治家取材において、そのやり取りを記事化した紙面の正否が問われる中で、承諾なしの録音があった事実を公表することなく、政治家に否定されて、紙面の正当性を失うことになった。隠し

◆ 壁耳取材

　取材に「壁耳」はつきものだ。いわゆる壁や扉に近づいて、部屋の中の様子を伺う取材行為だ。テレビニュースでも、国会内の部屋の前に記者が集まり、中の会議の様子に聞き耳を立てている様子が流れることがあるだろう。こうした普段の通常の取材行為が、違法性や不当性に問われることがある。壁耳行為は大きくは、①その場に立ち入ること自体が「無断侵入」で違法な建造物侵入にあたる、②部屋の中での会話をこっそりと聞く行為が「無断聴取」（盗聴）にあたる、③取材中の会話（会議）を録音することが「無断録音」にあたる、という議論だ。

　このうち①はすでに第４講で触れているが、壁耳のために公的機関や公共場所（例えばホテル）に立ち入り、廊下で取材（聞き耳を立てる）ことは一般に問題は生じない。ただし、一般の利用客に迷惑とか、人が集まり過ぎて危険、などの理由で立ち退きを求められた場合は、取材者間での調整が必要であろう。一方で過度な規制線や取材規制に対しては、取材の正当性を主張すべきであるし、公共性・公益性・緊急性などに鑑み、違法性リスクを負ったうえで「あえて従わない」選択肢もあるが、代替手段の可能性などを勘案し、謝罪のうえ引き下がるという選択も常に念頭に置く必要があろう。

　②については、もっぱら倫理上の問題だ。もちろん、盗聴器等を利用して、部屋の中の会話や通信内容を傍受する行為は違法行為であるし、聞いた内容を公表（報道）することで名誉毀損やプライバシー侵害に問われることはあり得る。しかし、こっそり聞くこと自体は刑事罰には当たらない。もっぱらそうした行為が、報道目的でその聴取対象に公共性・公益性があるかだ。しかもその証明には厳格性は有せず、一定の蓋然性（重要な話し合いがなされるであろうといった合理的な想定）があれば、倫理上問題はないし、法的にも正当な業務行為とみなされると考えられる。

　若干ややこしいのが③である。無断録音自体を禁ずる法規定はないし、今日においては取材メモ代わりの録音が常態化していよう。しかし、無許諾（隠し）録音が相手の感情を逆なでることは容易に想像できる。あるいは音源がそのまま開示された場合は、プライバシー侵害等の不法行為として民事上の問題に発展する可能性もある。とりわけ、相手方が禁止（拒否）したにもかかわらず録音した場合、それを手元メモ代わりに利用することはあっても、直接、報道において「言質」として利用することは、倫理上の問題も生じよう。

　倫理上も無断録音をしないことが一般ルールではあるが、対象が公人中の公人（たとえば政治家）であって、本人が話したことに重大な意味があり、その内容に十分な公共性・公益性がある場合など、無断録音を報道に利用することが認められる余地はある。たとえば、過去の経験則上、証言を覆す懸念が想定される場合である。

　ここからもわかるとおり、録音自体がＮＧというよりは、その使い方の問題でもある。公人の場合であれば、相手方も録音されているのは想定の範囲内ともいえる場合も多いだけに、必要があると判断すれば「あえて」無断であっても録音し、「記録」をしておくことは重要だ（要件としての「記録性」）。しかし一方で、録音内容だけに頼った報道ではなく、可能な限り裏付けとることは取材の基本だ。なお、ハラスメント対策として行うことが推奨される場合もあろう。

　関連して、話を聞くあるいは録音する（撮影する）ために、身分を隠し（偽って）接近するということもありえようが、原則は倫理上許されないし、法的責任を問われる可能性もある。誰でも入れる場所（例えば喫茶店や企業説明会）に、一般人（顧客）を装って近くに座り聞き耳を立てる（録音・録画する）が、許される境界線とされている。

録音を、取材行為として禁じていたからである。

　時代は移り、新聞やテレビの「だらしなさ」が批判の対象となる中で、2010年代に入り、雑誌の盗聴・盗撮が脚光を浴びる時代がやってきた。その代表格は"文春砲"である。文藝春秋『週刊文春』による潜入取材は「元気のあるジャーナリズム」の代表格として社会的にも認知され、社会を動かしていった。そして新聞やテレビも、その記事内容を自社の紙面や番組で引用・紹介する状況が生まれた。講談社『フライデー』も盗撮・盗聴によるスクープで社会を賑わせた。

　テレビの場合は以前から、そうしたスクープ記事による有名人・タレント行状を紹介することも多かったが、2021年のコロナ禍の中での政治家の夜遊びや、首相親族の高級官僚接待の暴露は、広くメディアに取り上げられるとともに、国会でも記事をもとにした議論が続いた。そこではまさに、盗聴・盗撮されたテープ音源の反訳や写真が、公的な議論の素材となったわけである。

　スチール（写真）にせよムービー（動画）にせよ、実際の取材・報道上で撮影の際に問題になるのは、肖像権であることが多い。これについて、いくつかのパターンで考えることができよう。実際、『週刊文春』も過去には、肖像権侵害で訴えられ、1000万円を超える高額賠償金を支払うという深い傷も負っている。『フォーカス』はこうした損害賠償請求訴訟の多発が、廃刊の理由の1つともいわれた（**法ジャ400** 参照）。

　グレーゾーンが、政治家の隠密入院や法廷での様子などである。場合によっては住居侵入や裁判所規則違反に問われることになろうが、肖像権侵害が成立するかどうかは微妙である。田中角栄元首相の自宅敷地内での療養写真も盗撮のカテゴリーに入るが、社会的批判は起こらなかったし訴訟にもならなかった。しかし、和歌山カレー事件の法廷写真の盗撮は、裁判所規則を破ったとして批判もされ、被告から訴えられ裁判所は肖像権の侵害を認めた（**法ジャ396** 参照）。

　ではいったい、その差はどこにあるのか、少し整理をして考えてみたい。一般に、写真の撮影は以下の状況が考えられる。

　第1は、盗撮である。本人の了解がないが、報道目的をもって故意に撮影を行う場合である。報道目的ではない盗み撮りは、ここでは考察の対象外であり、ジャーナリストの行為としては許されないことはいうまでもない。あとで詳しく扱う。

　第2は、故意ではないが、結果的に盗撮になる場合である。たとえば、一風

　戦争とメディアの関係は切っても切れない。一昔前だと、戦争は新聞ビジネスの好機であり、自社のPRの場であった。西南戦争に始まり日清・日露戦争や満州事変でも、当時の新聞は大きく部数を増やした。さらにいえば号外を発行し、それを恒常化させ、いまの朝夕刊セット販売体制ができた契機でもある。近年でも湾岸戦争では米CNNが、イラク戦争ではカタール・アルジャジーラが名を挙げた。

　そして戦争を煽ったのも、国民を騙したのもジャーナリズムだった。日露戦争でも、満州事変でも、そして第2次世界大戦の大本営発表においても、新聞は時に政府と一体化し、あるいは敵国を非難し国民感情を鼓舞する役割を担ってきた。いつもは監視力を発揮している米メディアも、湾岸戦争ではテレビ画面に国旗を常時たなびかせるなどの姿勢をみせた。2011年の9.11でも同じことがいえる。

　また政府の側もメディア・コントロールをより巧妙に行う状況になっている。たとえば米政府は、1991年の湾岸戦争では「プール（代表）取材」を実施し、自国を不利にする情報は厳しく制約された。制限された映像によって世界中の多くの視聴者は、米政府の検閲済み画面のなかに限って戦争と向き合うことになり、「ニンテンドー・ウォー」と呼ばれるテレビゲームもどきの戦争報道が常態化していくことになった。その後、2003年のイラク戦争で米政府は、「埋め込み（エンベッド）取材」方式に変更した。従軍取材スタイルで軍と一緒に現場に行きやすくなった半面、政府（軍）によるメディア選別がより進み、政府と記者の一体化の危惧が生じた。

　有事に限らず災害時にはわかりやすいかたちでメディアの役割が問われるし、ジャーナリズムの力が発揮される時だ。たとえば東日本大震災に伴う原発事故において、政府官邸＝保安院＝東電の発表に頼らざるをえない構図の中で、オルタナティブ（代替）な情報提供をなしえていない状況が続いた。海外メディアの報道がリアルタイムで入ってくる時代状況の中で、余計にその情報落差に読者が戸惑う事態が生まれた。政府発表に拠った安心安全報道は、まさに「国益」報道の象徴ともいえよう。本来、ジャーナリズムは可能な限り国（国家）から距離をおき、住民（国民）のための情報・知識の提供をすべきだと思う。にもかかわらずいまの状況はえてして、「想定外の一大事」であることを理由として、国家方針に沿った情報への統合が求められる傾向にある。

　スポーツイベントに関しては、自社事業として行う場合のほか、広告収入のためのキラー・コンテンツである場合も少なくなく、一体化が進みやすい傾向にある。たとえば代表チームに一方的に肩入れをして愛国主義（ナショナリズム）を煽ったり、都合の悪い情報は意識・無意識の中で報じられなくなりがちだ。それはステレオタイプの報道を生む要因ともなるし、選手に過度なプレッシャーを与えることにもつながりかねない。

　恒常的なものとしては、朝日新聞や毎日新聞が主催する春夏の高校野球や、毎日新聞が主催する都市対抗野球、あるいは中日新聞＝中日ドラゴンズ、読売新聞＝読売ジャイアンツだ。独占放映権を有する箱根駅伝の日本テレビや、大相撲のNHKも、主催者との関係でいえば持つ持たれつの関係性を有している。さらに五輪やワールドカップなどでは、莫大な放映権料とも絡み、必ず成功させなくてはならい対象として、主催者側に立った取材・報道になりがちである。そうなると、報道の独立性は極めて危うくならざるをえない。昨今社会問題とされ是正の方向が示された女性選手盗撮問題も、こうしたメディア・スポーツの商業化（商品化））と無縁ではなかろう。

景として公園内のカップルや、電車でうたた寝する会社員を撮る、などが考えられよう。

第3は、個別に本人の了解が取れない公共の場での撮影の場合である。たとえば、ラッシュ時のホームの情景、お祭りや事件・事故の時の見物客ややじ馬群衆などは、撮影者がそれらしい格好で撮影をしている場合（「プレス」の腕章をしている）、写真に写り込む可能性があることを認識している可能性が高いが、撮影者がいちいち許諾をとることも、写される側が断わるチャンスやタイミングもないのが一般的であろう。

第4は、本人の了解が取れる場合である。閉鎖空間であるか公開空間であるかの別なく、事前・事後に本人とコンタクトが可能な場合も少なくない。あるいはその了解には、書面のほか、声掛けや目視の合図もあるかもしれない。ショッピングの様子や歩行者天国でのそぞろ歩きが該当しよう。

第5は、最初から撮影を了解している場合で、公の講演会や撮影会などはその典型であろう。ファッションショーや自動車ショーなどのモデルや説明員も、最初から撮影され、その写真・動画公表されることを了解していると考えて差し支えない。主催者に確認することで念押しも可能だ。

そしてこれらについてそれぞれ、本人の了解が必要な場合、必要でない場合があると考えられる。その基準は、まず被撮影者が公人である（公共性がある）か、撮影目的に公益性があるか、手段が不正ではないか、が考えられる。逆にいえば、公人で公表に公益性があり、正当な手段で撮影された場合は、本人の許諾がなくても肖像権の侵害にはならないと考えられる。たとえば、選挙期間中の候補者であれば、いちいち撮影許可を求める必要がないことは容易に想像がつく。

私人の場合は原則、無許可の撮影は公共空間であっても許されないと整理した方がわかりやすい。例外的に撮影・公表が許される条件を、一部、上の例とオーバーラップするが以下に列挙してみよう。

・公開空間であること
・公的行事に参加していること、もしくは事件性があること
・緊急性があること
・撮影者が明示的な方法で撮影中であることを示していること
・本人にとって一般に公表が不快でないこと
・撮影目的に公共性があること

◆ 惨事ジャーナリズム

　主要報道機関にとって、災害報道における転機の1つは、長崎県島原市・雲仙普賢岳の火砕流による取材陣の犠牲とされている。1991年6月3日に発生した大火砕流によって、警戒中の消防団員、火山学者とともに報道関係者など計43人が亡くなった。そのうち報道関係が、毎日新聞3人（カメラマン、技師、運転手）、KTNテレビ長崎3人（カメラマン2人、運転手）、日本テレビ2人（カメラマン、ビデオエンジニア）、NHK2人（カメラマン、ライトマン）、KBC九州朝日放送2人（カメラマン、助手）、テレビ朝日1人（記者）、日本経済新聞1人（カメラマン）、読売新聞1人（カメラマン）、フォーカスカメラマン（毎日新聞OB）1人と、契約タクシー運転手4人（日テレ、テレ朝、日経、読売）の合計20人で、最も犠牲者が多かった。

　これをきっかけに大手メディアは、リスク回避のために危険地取材を自制するようになり、さらにイラク戦争下で2004年に民間人の拉致事件が相次いだことを受け、さらに抑制的になったとされる。イラクでは、政府からの取材制限要請を受け、取材中の記者（カメラ記者を含む）を一斉に引き上げさせた。こうして、紛争（戦争）現場に大手報道機関所属の記者が入ることは稀になり、危険度が高い戦争取材などをフリーランスに委ねる傾向が強まったとされている。

　一方で、現地取材の必要性が減じたわけではないため、戦争取材はもっぱらフリーのフォトジャーナリストらの取材に頼ることとなり、犠牲者ももっぱらフリージャーナリストである（後藤健二さん＝2015年・IS（イスラム国）、山本美香さん＝2012年・シリア、長井健司さん＝2007年・ミャンマー）。にもかかわらず日本の場合は、ジャーナリズム活動の社会的評価が高くないことに加え、ある種の「フリー」に対し低くみる社会感情が重なり、こうした戦争取材を「自分勝手に行く人たち」であって、何かあっても「自業自得だ」といった自己責任論が生まれやすい状況にある。

　とりわけ2004年のイラクでの人道支援活動家やジャーナリストの人質事件に際しては、避難勧告を無視してとどまった行動には自己責任があるとの非難を、政府のみならず報道機関も行うなど、帰国した3人には厳しい批判がなされた。同様の状況は上記のISによる拘束・殺害においても起きたし、紛争地取材をしてきたジャーナリストのパスポート没収命令に対する世論調査でも、大多数は「政府の措置は適切」「やむなし」であって、取材規制を疑問視する声はごく少数にとどまっている。それはまた、大手メディアの報道の反映の結果でもある。

　こうしたリスク回避のマスメディア対応は戦争取材に限ったことではなく、原発取材でも起こる。たとえば新聞協会は福島第一原発事故以前から取材原則を設けており、「被ばくを避けるため、住民の避難や屋内退避が勧告・指示される区域があり、取材者もこうした区域には不用意には近づかず、速やかに安全な場所に避難することが原則となります」（一部、事故後に修正）と定めている（日本新聞協会『取材と報道』2018年）。これからすると、爆発事故直後の30キロ圏内からの一斉退避指示は、ルール通りの行動ともいえる。

　あるいは2020年以降のコロナ取材にも当てはまる。たとえばレッドゾーンといわれるコロナ重症患者病棟の撮影は、病院関係者に機材を貸して撮影を依頼するか、フリージャーナリストに頼る状況が続いた。なお、危険地取材についての国際スタンダードを示してきている国際NGOのCPJ（ジャーナリスト保護委員会）は2020年5月、コロナ取材におけるリスクの回避についても手引書を公表している（サイトでは多くの関連情報を掲載しており、たとえば2021年4月の専門家による記事では、取材で利用する携帯機器の消毒方法等を伝えている）。

・報道価値があること

・報道目的と被写体の間に明確な連関性があって、これをだれもが容易に推察できること

　ただし一般的な講演会等で、観客をアップで写すようなことは一般に許されない。このような撮影を希望する場合は、あらかじめ主催者から事前アナウンス等をしてもらうことが必要だ。テレビ撮影や取材フォトグラファーが入る場合は、その旨のお断りをペーパーで配るか、繰り返し場内アナウンスで注意喚起をすることが必須条件となっていると考えるべきである。

　これからするとボーダーラインは、たとえば事故の被害者や、行楽地での様子、通勤風景であろう。悲惨な被災状況が、本人が特定されるかたちで報道されることは、本人や家族にとっては一般に好ましいことではなく、できる限り避けるべき事例と考える。日本の場合、死者の尊厳を守るといった観点から、遺体（死者）を明示的に報道することは控える傾向にあるが、同じことは生存者に対してもいえるはずだ。

　また、行楽地の撮影も本人が特定される場合は原則、許されないと考えた方がよい。ましてや、連休明けの通勤時の欠伸（あくび）や、強風時のスカートのめくれなどは、従来は許される範囲であったが、現在は必ずしも許されないといえる。すなわち、本人が恥ずかしいと思うものは報じないのが原則であり、ほかには裸（それに近い格好）のもの、目的外使用などがある。

　このほか、報道写真については、デジタル化をめぐる問題が指摘されている。具体的には、デジタル処理によって実在しない画像データの捏造や、他人の撮影したデータを無断使用することなどである。これらは必ずしも肖像権侵害に限らずフォトグラファーの報道倫理一般の問題である。

　だれでもがミスなく一定のレベルの撮影が可能で、その場で撮影結果の確認もしやすくなった。しかもそれを劣化させることなくコピー（複製）したり、簡単にどこからでもインターネット上で発信できるようになった今日的状況の中で、ジャーナリストはもとより一般市民の撮影、投稿モラルがより厳しく問われている。

　さて、盗撮の場合である。これには以下の場合分けが可能であろう。

①法廷内など法律もしくは公的なルールで撮影が禁止されている空間でこっそり撮る

②病室などの私的な空間に居るところをこっそり撮る

　2020年のコロナ禍では、一種のパニック状況も起こった。それが「自粛警察」や「帰省狩り」を巻き起こしたともいえる。そうしたときに一番危険なのは情報操作である。デマの発生も、多くは情報の不足からくる不安が拡散要因である場合も少なくない。しかしより問題は、最も情報を多く持っている公権力が意図的に情報の発表を遅らせたり、わかりづらくすることによって、誤った方向に市民行動が向かうことだ。

　そしてこうしたパニック状態を回避するのに大きな役割を果たすのが、日常から信頼感が高いメディアだ。これまでであればマスメディアたる新聞やテレビ・ラジオがそれに該当した。いまでも、メディア接触調査をすると、地震等の緊急事態に最も信頼できるメディアはという問いに「NHK」や「新聞」と答えるパーセンテージが高い。しかし、少なくとも後者の新聞については、より吟味が必要だ。

　まず、新聞を日常的に読んでいない（読んだことがない人）が単なるイメージで答えているにすぎない可能性が高く、実際にそういう時に新聞を手に取るかどうかはわからない上に、仮に手にしても読み方がわからない場合が多かろう（実際、大学生でも、新聞をどう読むか、たとえば「1面」の意味がわからない）。新聞といわれて、紙の新聞ではなくデジタル版であったり、場合によってはLINEニュースの新聞社提供ニュースをさしている場合も少なくない。そしてなによりも、そもそも新聞やNHKを信頼しているとは思えない。単なる見栄での回答ではないかと疑われる所以だ。

　そもそも現在の大学生の「ニュース」源は、TwitterやLINEの友達からの書き込み（投稿）であったり、せいぜいTwitterトレンドで世の中の出来事を知っているのであって、そこにはジャーナリズム活動が関わる余地がない。それは、パニックが起こりやすいし、起こった場合にそれを是正する（回復する）社会的な作用が弱まっているということになる。にもかかわらず、コロナ禍においても、圧倒的な信頼感を得られるような活動がみられていないことに大きな課題があるだろう。

　主として政治的課題に関し、新聞・通信・放送局により頻繁に「世論調査」が実施されている。その方法も、訪問、郵送、電話、メールと多種多様だ。選挙時には、通常のアンケート調査以外にも、「出口調査」といった投票所で投票を終えたばかりの有権者に対する投票行動調査も実施するなど、多額の予算と人手をかけての総力戦だ。これによって、事前の当落予想のほか開票時の速報（「当確」報道）、支持政党と投票行動の連関性などの傾向把握など、さまざまな面で報道に役立てている。

　これも含め、報道機関が「民意」を知る方法として従来より重視をしてきた手法であるが、本来的に有する世論調査の「政治性」とも関連し、調査手法、あるいは調査結果の報道は、時に批判の的となることがある。質問の構成が誘導的だ、世論調査が社会の空気を作っている、というものだ。前者は、設問にあたっての前提となる事実関係の提示が偏っているのではないか、回答の選択肢によって結果が操作されるのではないか、といったものだ。後者は、古典的な選挙時のアナウンス効果（報道内容と逆振れするような投票行動を誘引する可能性）にはじまり、一定の政治的結論を導くための調査ではないかとの批判だ。

③警察署や裁判所などの敷地内の様子を、公的な場所（公道）から撮る

　④自宅などの私的な空間に居るところを外（公道など公的な場所）から撮る

　⑤公道を歩行中など、公共空間に居るところを気づかれないようにこっそり撮る

　⑥お店などだれでも立ち入りが可能な場所に居るところをこっそり撮る

　現状では、このうち①②は違法性を問われる可能性があると判断し、盗撮をする場合には編集責任者の事前了解が必要なレベルであろう。本書で繰り返し確認しているとおり、「違法＝してはいけない」ではないことに注意が必要である。いわゆる潜入取材をする場合は、当然、その証拠となる写真や音源が必要な場合も多く、法に反する場合もあろうが、それを超えた公共性・公益性によって倫理上は許容されうることになる。

　一方で③④⑤は、現在、一般的に行われているのが実態だ。ただし、被撮影者から肖像権侵害で訴えられる法的リスクを負う必要がある。したがって、報道機関であるならばあらかじめ社内でガイドラインを定め、ルール化しておくことが必要だろう。たとえば、逮捕間近な被疑者の姿を事前に撮影し、逮捕と同時に報道することはよくあるパターンだが、これは「報道のタイミング」で違法性を回避する「工夫」の１つではある。

　⑥は現在、司法の場で厳しい目が向けられている場面だ。たとえば、新幹線車内でのうたた寝、レストランでの食事風景、書店での立ち読み、これらはあえていえばだれでもが目にすることが可能であって、公共の目にさらされているシーンである。従来は、対象が公人であって、報じる内容に公共性があれば許容されるとされていたものの、世間の目も、司法の判断もより厳格性を求めている。

　一方で冒頭に述べたように、昨今の週刊誌の報道の多くはこのパターンであって、それが社会的に容認されている状況だ。それは、報道目的や内容に公共性・公益性・緊急性があれば、社会的には許される範囲が拡大するということを示している。さらにいえば広い意味での盗撮・盗聴であっても、事実確認のために他に代替手段がない、身分や取材目的を明かしては真実に迫れないことが明白である、取材方法が大きく法を逸脱していない、などの条件を満たしている場合には、報道上の工夫が必要だとしても取材自体は許されることもあるということだ。

　こうした「前例」を積み重ねることで、一時は自制圧力が強かった盗撮・盗

◆ ヤクザ・暴力団

　2009年秋、福岡県警から福岡県コンビニエンスストア等防犯協議会に対し、暴力団を美化・擁護するような書籍・雑誌等を撤去するよう要請があった。青少年に暴力団に対する誤った認識を抱かせるなどの悪影響を懸念して、福岡県警本部刑事部組織犯罪対策局組織犯罪対策課がコンビニに対し懸念を伝えるとともに、コンビニにおける防犯等の事務を担当する同本部生活安全部生活安全総務課から協議会とともにコンビニ各社宛てに、口頭および文書による撤去要請を行ったとされる。同協議会は各県に設置されている県警と県内主要コンビニで構成する警察行政への協力団体で、たとえば共催で犯罪防止キャンペーン等を実施している。

　そこで県警が作成した一覧表にはコミック73タイトル（すべて竹書房）と雑誌3誌（いずれもメディアボーイ発行）が挙げられており、施行間近だった暴排条例に触れつつ「青少年が多数来店するコンビニ店舗から暴力団関係書籍、雑誌等の撤去を検討すべき」とし、「適切な措置」をとるように求めている。なお、同時に行った口頭申し入れにおいて、当該措置は店頭からの撤去であるとし、これを受けてローソン、ファミリーマート、ポプラ、デイリーヤマザキなどの各店舗において、リストアップされた書籍等の販売を中止することとなった。こうした事実は、一連の要請によって自著を原作としたコミックの撤去を余儀なくされた宮崎学が訴訟を提起したことで一般に知られるところになった。

　この訴訟は、著作活動に対する妨害への慰謝料として550万円の支払いを福岡県に求めたもので、判決では表現の自由に関し、撤去は要請にとどまり強制性はなく、対応はコンビニ各社の自主的判断に委ねられていると指摘。出版社が結果的に原告作品の出版を拒否することになっても、それは要請の直接的影響とはいえず事実上の影響にすぎない、とした。また、人格的利益については、一覧表がコミックのタイトルにすぎず原作者名を明記したものでないため、一般人にとって関連性は明らかでなく名誉を毀損しないとするほか、県警から干渉されることなくコンビニで原告作品を販売する利益は、表現の自由の核心部分から遠く保護の必要性は低いとした。一方で、暴排という社会的利益の保護は正当で必要性が高いとし、いずれも原告の訴えを退けた（2010年6月13日福岡地裁）。

　こうした動きは、自治体のほかコンビニ業界（日本フランチャイズ協会）との間での話し合いの結果に基づき、中身が見えないようにシール止めしたり、成人雑誌コーナーで区分陳列をしてきた、自主ルール作りの努力にも反するものでもあった（ただし、成人雑誌コーナー自体も東京2020オリパラ開催のための「おもてなし」名目で撤去されることになった。**法ジャ311**参照）。

　いまやもっぱら、社会から完全に「排除」することのみに、国も、そして市民社会全体も流れている。しかしかつて「テキヤ（的屋）」を題材とした、テレビドキュメンタリー「祭りばやしが聞こえる」（RKB毎日放送、木村英文）があった。最近では、暴力団の人権を扱ったテレビドキュメンタリー「ヤクザと憲法」（東海テレビ、阿武野勝彦）もある。こうした番組が、自由な発想で制作されることで、その社会的問題性も課題も見えてくるし、なによりもその時代を写し取ることになるだろう。

聴に関しては、たとえば政治家や高級官僚などの公権力が対象で、しかも職務上の権能に関わる事態を報じる目的の場合においては、倫理上問題はないことを確認した上で、違法性についても阻却されるような判例を積み重ねていく必要があるだろう。

2 反社会的勢力

　企業は「反社会的勢力」との関係を絶つことを求められ、新聞やテレビを含むマスメディアも、執筆者や出演者に誓約書を提出させるなど、新たにコンプライアンスの強化を実施している。ではいったい、そうした暴力団を表現の対象として扱うことは「社会悪」なのか考えておきたい。

　30年前に施行された暴力団対策法は、一定の要件を満たす暴力団を指定暴力団とし、その構成員が行う不当な要求行為を規制するものだ。暴力団の活動の変化に対応するかたちで、数次の改正を経て今日にいたっている。さらに、2009年3月の佐賀県を皮切りに、2012年3月までにすべての都道府県において、暴力団排除（暴排）条例が制定されるに至った。

　これに先立つ2007年6月19日には政府の犯罪対策閣僚会議の幹事会申し合わせとして「企業が反社会的勢力による被害を防止するための指針」を策定、契約書等への暴力団排除条項の導入など、暴力団等の反社会的勢力と企業の遮断を図るものとなっている。その後も2010年12月には、「企業活動からの暴力団排除の取組について」をまとめ、フォローアップを行った。いまや、ちょっとした市中の契約書にも、反社会的勢力ではないことを確認する条項が入るまでに一般化している。

　暴力団をはじめとする組織犯罪の取り締まりが、法的正当性を持つ場合があることはいうまでもない。しかし、暴力団を扱ったようないわゆるヤクザ雑誌やコミックスが、同様の判断基準で社会から一方的に排除されることには問題があるだろう。なぜなら、NHKスペシャルの「ヤクザマネー」（2007年11月放映）は警察に推奨される一方、同じく暴力団のいまを別の角度から報じるヤクザ雑誌がなぜ許されないのかの線引きが、難しいからにほかならない。

　青少年条例が最初に制定された1950年以来、グレーゾーン誌と呼ばれる「有害」図書規制については多くの議論が積み重ねられてきた。にもかかわらず、暴排条例には直接的な表現規制条項がないことから、青少年条例でヤクザ雑誌がほぼ自動的に「有害」図書指定され、販売ルートから排除される事態が

◆ 天皇・皇室報道

　皇室報道は表面上、極めて自由だ。秋篠宮家に関する婚約報道などをみると、むしろ一般人以上にセンセーショナルな報道がなされているといってもよい。一方、天皇に関する報道は昭和天皇の死去、そして平成から令和の代替わりと、天皇交代（改元）時に量的な拡大がみられるものの、総じて抑制的な報道といえるだろう。

　イギリスでは昔から大衆紙の話題は、王室、軍（軍事的紛争を含む）、有名人といわれ続けてきたが、日本の場合も週刊誌やテレビの情報系番組の関心事はほぼ同じだ。有名人スキャンダル、嫌韓反中に代表される隣国への言いがかり、そして眞子さん結婚報道などの皇室ものであるからだ。ただし天皇・皇室の報道に関しては、「象徴」としての地位からの逸脱がないことが求められよう。それは民主主義社会を守る根源的なジャーナリズム倫理でもある。

　象徴からの逸脱とは何をさすのかであるが、第１は、戦前の主権者たる地位ではない以上、元首化や神聖化につながる報道は慎む必要がある。政権党において、象徴から元首への改憲が企図される昨今ではあるが、こうした議論に現行憲法下での報道スタンスが影響を受けることがあってはなるまい。

　第２は、これと関連しての天皇の「政治利用」を監視する目である。いうまでもなく天皇の行為は限定列挙で憲法に定められている。こうした国事行為以外にも実際には公的行事があるが、これらと私的な行為は峻別される必要があり、この境界線が曖昧になることや、時の政権の都合によって天皇の行為を左右することはあってはならない。これは元首化につながる可能性もあるからだ。

　さらに関連して第３は、政教分離の厳格な適用である。これには２つの側面があって、１つは天皇家の私的な宗教行事と公的行事の峻別だ。これは前に述べた境界線の曖昧さにも深く関係している。もう１つは、一般の市民の信教の自由が不当に制約されるような、内心の強制があってはならない。この基準からの逸脱およびその危険性に対し、報道機関は常に憲法を守る立場から監視の目を光らせねばならない。

　第４は、それに関連して国事行為や元号に関する「議論」に制約を設けないことだ。代替わりに関するさまざまな皇室行事については、結局十分な議論がなされないまま莫大な国費支出がなされ続けている。元号使用の強制性も度が増してきている。これらの空気感の醸成にメディアの報道が関係しているとの指摘は多い。

　そして最後に第５には、天皇や天皇制に関する議論・批判は、自由かつ多角的に行われなくてはならない、という当たり前の確認である。皇位継承権を含む皇室典範の見直し議論もそうだが、より大きくは、天皇制も含む国の〈緩やかな合意〉をめざすことは、ジャーナリズムの大切な役割だ。戦前の天皇の国から、戦後の「平和を希求する国」へと国体が変わったとの指摘も含め、天皇および天皇制にまつわる事柄について、情報量が少ないがために「なんとなく」そんなものなのかと思ってしまいがちだ。一般の事象であれば、その情報ソースはさまざまだし、報じるメディアも、今ではネットを通じて真偽の別はあるにせよ、多様な知見が紹介されている。しかし、こと天皇に関してはその蛇口である宮内庁（政府）の段階で情報がストップすると、真相を知るチャンスは一気に狭まるという傾向があるからだ。

広がった。もしヤクザ雑誌の内容に何らかの問題があるとしても、出版倫理協議会や出版ゾーニング委員会といった、出版業界の自主規制機関の活動を無に帰す危険性がある。

　公権力たる警察が表現者である著者や出版社を飛び越えて、自らの力の行使が及びやすい、流通過程のコンビニエンスストアをピンポイントで狙ったかたちで事実上の出版規制を行う形態は、憲法が保障する出版の自由を骨抜きにするものにほかならない。しかも、事実上の拘束力を持つ撤去リストを現場の警察が一方的に作成し提示する行為や、出版社自身の自主規制等の取り組みを待つことなく、強力かつ直接的な効果を有する公的規制に頼る姿勢は、これまで築いてきた社会的慣行に反する。現場判断による撤去が既成事実として先行し、表現活動全般が狭まることには強い警戒が必要だ。

　そしてなにより、こうした「暴力団＝絶対悪」のイメージが先行すると、たとえばその取り締まり方法や処遇に問題が生じていても、それを社会的に見て見ぬふりをしてしまうことになりかねない。あるいは、そもそも記者が暴力団関係者に接触すること自体を色眼鏡で見たり、さらにいえば問題視してしまえば、必要な取材にはじめから限界を設けてしまうことになるだろう。

　法を厳格に適用すると、一緒に喫茶店は入りコーヒーをご馳走することも、便宜供与を図ったとして刑事罰の対象になる可能性を否定できないことから、当然、通常の取材以上の事前の準備が必要であろう。先の潜入取材や盗撮同様、少なくとも事後的に報道段階においては取材過程の説明責任を果たす必要もある。関連して、報道機関として実行する場合は、組織的な事前了解が必要な場合もあるだろう。

　しかし初めから忌避するのではなく、取材先として当然に含まれるということからスタートすることが大切な事案である。この問題は、記者が萎縮すればするほど、社会の多様な見方は減少するだけに、本書の冒頭にあるように、自由のための倫理の発揮が求められる一例でもある。

　ジャーナリストという職業は、ほかの職業と少しだけ異なることがある。それは、直接、憲法に存在意義（レゾンデートル）を見出すことができる点だ。本書の冒頭で確認したとおり、その定義も身分も多義的であるが、憲法21条の「表現の自由」に拠って立つ職業であることは間違いない。アメリカには「修正1条弁護士」といえば、表現の自由を専門にする弁護士で、ある種のリスペクトも含め呼ばれている。日本でいえば近いものに「人権派弁護士」があるが、これは、声高に人権ばかりを主張するうるさ型のリベラル系弁護士という揶揄した呼称に成り下がってしまっている。

　あるいはイギリスには「アーティクル・ナインティーン（Article 19）」という有名なNGOがある。国際自由権規約の表現の自由の条項が第19条であることに由来した団体名で、表現の自由擁護のための活動を行っている。国連NGOとしても、あるいは欧州人権裁判所で争われる主要な裁判に関与しているほか、国内はじめヨーロッパ全域において民主主義の護り手として高い評価を受けている。

　それでいえばまさに、日本のジャーナリストも本来であれば〈21条〉を正面に掲げて自らのレゾンデートルをアピールすべきだが、弁護士同様、それを主張すればするほど、うさん臭く思われ、煙たい存在になってしまうのが現状のように思われる。あるいは日本には、市民社会で広く認知されているような表現の自由の擁護団体は残念ながら存在しない。だからこそ、それを自信をもっていえるようにするためのものがジャーナリズム倫理の確立であろう。

　ジャーナリズムとは憲法の具現化そのものであって、言論報道機関は憲法メディアそのものとみなせるということだ。「21条ジャーナリズム」が、憲法で保障される表現の自由をより強固とし、それがジャーナリズムをより豊かにしていくことにつながっていくと思われる。

　同じような文脈で、ジャーナリズムが憲法を強くするという意味でいえば〈9条〉も近い。ジャーナリズムの究極の役割の1つは戦争をしないということにあるとされてきた。いま、その前提が揺らぎつつあり、政府も「戦争ができる国」をめざしているし（敵地の先制攻撃も「防衛」の一形態になってしまった）、市民社会もこの間、緊急事態を積極的に受け入れて「有事体制」への抵抗感はほとんどない。

　そうした中で、具体的な条文の変更問題はいったん横におくとしても、観念的な「9条ジャーナリズム」をめざすこと自体は、いわばジャーナリズム倫理の1つとしていまだ存在しているのではないかと思われる。実際、少なくとも新聞社のほとんど、放送局の多くは、「8月ジャーナリズム」を通してみる限り「平和憲法」との考え方を維持しているように思われる。そうした中で共同通信社専務理事・編集主幹だった原壽雄は、「問題は、"9条ジャーナリスト"と呼べるほどの反戦に徹した報道人がどれほど生まれ育ったか」（『ジャーナリズムの可能性』）と自問し、「戦争を基本的に肯定している『普通の国の普通の報道人』とあまり変わらないのでないか」と嘆いている。

　しかしこれまた21条同様に、戦後のジャーナリズム活動が、日本の国の表現の自由状況や平和の維持に貢献してきたと思い、今後も基本的な倫理観を継続していくしかなかろう。「わが国」を使わない（『ジャーナリズムの思想』）は、生前の原の口癖であったが、まずはそこから始めていくことが、いまあらためて求められていよう。

1 危険地取材・報道

　「どんなに優しくて使命感が高かったとしても、真の勇気でなく『蛮勇』というべきものだった」。これは、高村正彦自民党副総裁（当時）がISによるフリーランス・ジャーナリストの後藤健二さん殺害を受けて2015年2月4日に語ったとされる言葉だ。それ以前の1月21日には、外務省から日本の主たる新聞・放送・通信社が加盟する日本新聞協会あてに、シリア渡航自粛要請が出され大手メディアがそれに従っている事態も明らかになった。

　その後には、渡航を予定していたフリージャーナリストから旅券を返納させたり、旅券の再発給を認めないなどの恣意的な運用による、物理的な出国拒否措置が相次いで取られた（安田純平旅券発給拒否事件）。2020年度のコロナ禍において出入国の制限が一般化した中で、自由な移動（出入国）の原則が国権によって簡単に制限されることが一般化し、少しだけこの問題が見えづらくはなっているものの、これは行政権限による取材の大きな制限である。しかも、政府が行ってほしくない国への入国を、恣意的に止めるということで、戦争地等の取材が物理的に大きな制約を受けることになっている。

　ここから、取材活動に対する政府やメディア等の姿勢がよくわかる。それは、①一般的な退避勧告を超え、特定地域への取材禁止要請を報道界全体に行っていること、②それを無視して行った報道機関（取材者）が事件・事故にあった場合は無責任な行為とみなされること、③さらには生命保護を理由として旅券を返納させ、事実上の出国禁止措置までとっていること、④こうした政府の要請を当然として、取材を続ける他社を批判する大手新聞社があること、⑤ネット上ではいわゆる自己責任論と合わせ、政府の姿勢を支持する意見が相当程度強いこと——である。

　さらに同時期、外務省はテレビ朝日「報道ステーション」の報道内容が、「国民に無用の誤解を与えるのみならず、テロリストを利することにもつながりかねないものであり、極めて遺憾と言わざるを得ません。当該報道に関し強く抗議するとともに、本日の番組の中で速やかに訂正されるよう強く求めます」との申し入れを行っている（2015年2月3日）。

　ジャーナリズムの最大の役割は事実の伝達であり、そのためには「現場」を

　多くの国ではジャーナリズムの質の向上、ジャーナリストの養成、ジャーナリズム倫理の向上・滋養のため、さまざまな活動がなされている。それらは大きく、一般市民・大学や学校におけるジャーナリズム教育、教育機関やユニオンなどの職能集団などが主催するジャーナリスト研修（リカレント教育）、さまざまな団体が行うジャーナリズム活動に対する顕彰がある。日本でも、義務教育過程に「情報」単元が設置されたり、大学・大学院にも200を超えるメディア系学部・学科や研究科・専攻が存在し、一部ではジャーナリズム学士・ジャーナリズム修士号を付与してきている（日本で唯一の「ジャーナリズム学科」が2019年に専修大学に設置された）。また、業界団体による研修会が実施されているものの、これまでは現場ジャーナリストが「学ぶ」機会はそれほど多くなかった（そのなかで「報道実務家フォーラム」は新しい注目される動きだ）。

　顕彰活動もこれまでは業界団体中心だったものが、近年、徐々にその数を増やしてきている。以下では、一般にあまり知られていないそれら活動を一覧してみる。

◆ ジャーナリズム顕彰活動①

　ジャーナリズム活動を表彰する制度が数多く存在する。その意義は、すぐれた作品（あるいは取材・報道活動）を広く社会に知らせることで、ほかの多くのジャーナリストが励みとして、その質の向上が期待できること、当該記者の頑張りを認めることでその後の記者活動に勇気を与えてよき作品の再生産に結びつくこと、などが挙げられる。したがって、さまざまな基準によって、さまざまな作品が受賞するような状況が望ましいと考えられる。

　世界で最も有名なジャーナリズム賞は「ピュリツァー賞」であると思われるが、アメリカにはほかにも電子媒体のための表彰活動として「ピーボディ賞」があるなど、300を超えるともいわれる数多くの顕彰がなされている。日本でも戦後、「新聞協会賞」「民間放送連盟賞」のほか、1960年代以降は「ギャラクシー賞」などの表彰活動が始まったものの、受賞作品が広く世の中で公開される機会などが少ないため、業界内の内輪の祝い的な色彩が強くなりがちである。

ピュリツァー賞

　センセーショナルな報道でビジネスとしての新聞業を成功に導いたジョセフ・ピュリツァーが、新聞の向上に資するためコロンビア大学に寄付、同大はこれを原資として1912年にジャーナリズムスクールを発足させ、1917年にピュリツァー賞を創設した。2009年度からは、従来の「米国内で発行される日刊または週刊の紙媒体による新聞」との限定を外し、オンラインメディアのエントリーを認め、2010年には調査報道部門でオンラインニュースサイト「プロパブリカ」がネットメディアとして初受賞した。

ピーボディ賞（ジョージ・フェスタ・ピーボディ賞）

　電子媒体対象で、篤志家のジョージ・F・ピーボディの寄付によって1941年に創設。最も古くからあるメディア関連の表彰活動とされる。教育、娯楽など幅広いジャンルを設定し、当初のラジオから、テレビ放送を始め、オンライン上のウェブキャスト等にも対象を拡大してきた。ジョージア大学ジャーナリズム・マスコミュニケーション学部に選奨事務局をおく。

直接取材することが鉄則だ。その現場は時に危険でもあるし、一般人が立ち入りを制限されている区域であることも往々にしてありうる。場合によっては取材行為が法に反する場合もないとはいえないが、その場合は自らの責任と覚悟で、取材の可否を判断することになる。それこそが高い経験と職業意識に裏付けられた報道倫理である。念のために付け加えるならば、ここでいう責任とは、いま巷間でいわれる自己責任とはまったく異なり、ジャーナリズムに課された役割を果たすという意味での社会的「責任」である。

　実際、東日本大震災でも放射線量が高い地域に多くのジャーナリスト（とりわけフォトグラファー）が入ったし、そもそも政府が決めた「危険地域」が、のちに間違っていたこともわかった。一方で当時、大多数の新聞・放送局は政府の決め事に従い、いまだその地で住民が生活しているにもかかわらず、一斉に記者を引き上げた。建前上は、政府にいわれたからではなく、自らの判断として記者の健康に影響があると考えたからと判断を正当化したが、取材をしない大手メディアの姿勢に問題があった。

　放射能という見えない恐怖やリスク回避から、一定の制約がかかることはいうまでもない。企業ジャーナリストの場合、危険地に入ることにつき一方的な業務命令ではなく、本人の意思が尊重されることも必要だ。しかし政府が行くなといえば一斉に従うというメディアの姿勢は、ジャーナリズムの基本的態度とは相容れない。さらに、政府の取材自粛要請の背景に国の意思が絡むと、取材しないことを正当化するメディアがあり、それに反した同業他社やジャーナリストを批判する状況すらある。ネット世論は、むしろ積極的に政府要請を支持もしている。そこには、「国益」という魔物がいるのではないか。

　これと同じことはまさに沖縄で日常的に起きている。辺野古新基地建設をめぐる住民の反対運動取材に関してだ。ここでも政府は、海上の安全保持を旗印に、そして法に基づき立ち入りを禁止していることを理由として、記者の取材を当初から一貫して妨害した。しかも、実際に記者に手をかけるなど、実力を行使して取材を妨害する事態も発生した。形式的には取材行為自体が違法であり、また違法な住民活動を伝えることが好ましくないという論理であるが、ここで政府は「国益」を守るため、都合の悪い事実を隠そうとしている可能性が高い。残念ながら、同じことが東京で起きれば大きな問題になるところだが、「沖縄は特別」という無意識の差別感からかほとんど問題化しない。

　このように、政府が見せたくないもの、見たくないもの、知らせてほしくな

〈新聞・出版系〉

新聞協会賞（新聞協会）1957 年
・新聞全体の信用と権威を高める活動を促進するため、優れた報道の担い手を表彰。2020 年度に改称。ほかに、新聞経営賞、新聞技術賞。まったく別枠で、新聞文化賞や、新聞広告賞（新聞広告活動）、地域貢献大賞（新聞販売店の貢献活動）などがある。
・審査機関：新聞協会編集委員会（各社の報道責任者クラス）で選考し理事会で決定。

日本記者クラブ賞（記者クラブ）1974 年
・記者クラブ加盟社に属する個人が対象。2012 年から、非会員を含めたジャーナリズム活動全般を対象とした「特別賞」を創設。
・審査：記者クラブ内の審査委員会。

ボーン・上田記念国際記者賞（新聞通信調査会）1950 年
・優れた国際報道活動によって国際理解の促進に顕著な貢献があった日本新聞協会加盟社所属の個人が対象。「ボーン国際記者賞」から 1978 年に改称。
・審査機関：ボーン・上田記念国際記者賞委員会。

新聞労連ジャーナリズム大賞／優秀賞／特別賞／専門紙賞／疋田桂一郎賞（新聞労連）1996 年
・平和・民主主義の発展、言論・報道の自由の確立、人権擁護に貢献した記事・企画・キャンペーンを評価しジャーナリストを奨励する。
・審査委員：外部委員＝安田菜津紀（フォトジャーナリスト）、浜田敬子（BUSINESS INSIDER JAPAN 統括編集長・元 AERA 編集長）、青木理（ジャーナリスト・元共同通信記者）、臺宏士（元毎日新聞記者・『放送レポート』編集委員）。

日本雑誌写真記者会賞（日本雑誌写真記者会）1981 年
・会員間の相互理解を深め、技術を高めあうことを目的に創設。
・審査：幹事会で 36 点の入賞作品を選考。その中から会員および関係委員会、写真記者会 OB、協力会社・関係団体の投票により決定。

名取洋之助写真賞・笹本恒子写真賞（日本写真家協会）2005 年
・主としてドキュメンタリー分野で活動する新進写真家発掘と活動の奨励を目的とする名取賞、実績ある写真家の活動を支援する笹本賞。
・審査：会員および外部委員。
※写真賞はほかに、木村伊兵衛写真賞＝朝日新聞社（1975 年）、土門拳賞＝毎日新聞社（1975 年）、伊奈信男賞＝ニコン（1976 年）などがある。

編集者が選ぶ雑誌ジャーナリズム賞（編集者有志）1995 年
・新潮社・講談社・文藝春秋など出版 7 社の雑誌編集者が世話人となり創設。雑誌体において発表された記事・企画などに対して贈られる。
・審査：編集者が参加費 1 万円を払い、1 月から 12 月の間に雑誌に掲載された特集記事や連載企画、手記などの中から部門ごとに投票、得票数の上位 2 作を受賞作とする。編集者は、自分が属する媒体には投票できない。

いもの、そして何かが起こった場合、責任をとりたくないことについて、それ
を阻害しようとする力が強く働いていることがみえてくる。それはたとえば、
琉球新報が報じた先島への自衛隊基地建設の記事に関し、防衛省が当該社とと
もに新聞協会に抗議を行ったことでもよくわかる。あるいは2021年6月に起
きた沖縄で活躍するアクティビストに対する威力業務妨害罪での家宅捜索や、
交通違反取り締まりは、日常的な表現活動に対する「見せしめ」行為とみられ
ている。在沖米軍基地や政府の基地対応への批判が、こうした県警対応のきっ
かけになっていると思われるからだ。

　こと戦争に関しては、ジャーナリストが現場の事実を伝えなければ、当事者
国の都合のよい情報だけが「事実」として喧伝されることになる。自称「イス
ラム国」はインターネットを使って直接世界中に自己PRする術に長けており、
実際、相手方からの一方的情報に右往左往することになりがちだった。だから
こそ、多くの国では戦争報道はジャーナリズムの重要な任務であり義務であり、
それは民主主義を支える活動であると理解されている。

　もちろん、自由な報道が政府の利益を損ねると時の政権が考えることも一方
の現実で、ベトナム戦争の「反省」からその後、アメリカでも自国の戦争に関
しては強い取材・報道制限をかけている。それでも、湾岸戦争で米軍がバグ
ダッドを空爆するさまを、現地で生中継したのは紛れもなくアメリカの放送局
CNNやABCであった。そしてアメリカ政府もそして市民もそれを当然のこ
ととして受け止めてきた。

　2021年のイスラエルのパレスチナ・ガザ地区に対する攻撃では、AP通信社
が入るビルを事前予告のうえ空爆し、第三国の報道陣も含め取材の継続が一時
的に困難になった。それによって、現地の「事実」は伝わらず、一方的に両当
事者、しかも圧倒的な物量で凌駕するイスラエルの情報のみが、事実として世
界に流れる可能性を生む。ちょうど同時期、ミャンマーでも国軍がクーデター
によって政権を奪還し民集を弾圧していたが、現地からの情報発信が続いてい
るおかげで、私たちは何が起きているかを知ることができていた。

　先の、後藤さん殺害に際しオバマ大統領は、彼の過去の戦地報道を賞賛する
コメントを発表した。一方で日本政府や社会の態度は、明らかにそれとは異な
るもので、戦地・紛争地を取材すること自体を批判している。さらにいえるの
が、国家の手が届かない活動をするNGO活動やジャーナリズム活動に対する、
日本社会全体の決定的なリスペクトのなさが図らずも現れたともいえる。

〈放送・映像・ネット系〉

日本民間放送連盟賞 グランプリほか（民放連）1953年

・質の高い番組がより多く制作・放送されることを促すとともに、CM制作や技術開発の質的向上と、放送による社会貢献活動等のより一層の発展を図ることを目的。ほかに、日本放送文化大賞など。

・審査：外部委員による選考を経て視聴者・聴取者選考で決定。

ギャラクシー賞（放送批評懇談会）1963年

・日本の放送文化の質的な向上を願い、優秀番組・個人・団体を顕彰するため創設。テレビ、ラジオ、CMの各部門のほか、2002年度から報道活動部門を設置。

・審査：放送批評懇談会内の選奨委員会。

放送文化基金賞（公益財団法人放送文化基金）1975年

・視聴者に感銘を与え、放送文化の発展と向上に寄与した優れた放送番組、放送文化、放送技術の分野での顕著な業績を対象に表彰。テレビドキュメンタリー番組などの番組表彰などがある。

・審査：専門委員会で審査・選考し理事会で決定。

創作ドラマ大賞（放送文化基金）1972年

・テレビ・ラジオドラマの創作脚本を全国から懸賞公募して新人を発掘し、次代の放送を支える作家を育成する事業。日本放送作家協会とNHKが実施。

審査：日本放送作家協会。

地方の時代映像祭 グランプリほか部門賞（地方の時代映像祭実行委員会）1980年

・NHK、民放連、開催自治体の共同の、映像作品を対象としたコンクールで、学生作品も対象。神奈川県・川崎市で始まったが、2020年現在は関西大学を中心に開催。

・審査：実行委員会が委嘱した審査委員＝和田省一（朝日放送）、河野尚行（NHK）、境真理子（大学教員）、佐藤友美子（大学教員）、辻一郎（ジャーナリスト）、橋本佳子（プロデューサー）、森達也（映画監督）、結城登美雄（研究者）ほか。

※ほかに、FNSドキュメンタリー大賞など放送局ネットワーク内での表彰活動、各地方で開催されている映画祭の表彰活動がある。

放送ウーマン賞（日本女性放送者懇談会）1973年→1996年（名称変更）

・放送界で活躍し優れた功績をあげた女性2人（団体）を顕彰。

・選考：会の内外からの推薦を基に日本女性放送者懇談会が選出。

Internet Media Awards（インターネットメディア協会）2021年

・日本のインターネットメディアの質的向上、認知獲得、業界のさらなる発展をめざす目的で、卓越した創造性、アイディア、イノベーションをもたらしているクリエーター、メディアおよびメディア運営を顕彰。「テキスト・コンテンツ」「ビジュアル・コンテンツ」「スポンサード・コンテンツ」「メディア・イノベーション」「メディア・ビジネス」「ソーシャル・インパクト」の6部門と「選考委員特別賞」の計7部門からなる。

・選考委員＝櫻田潤（ニューズピックス）、篠田真貴子（エール株式会社）、治部れんげ（東京大学大学院研究員）、瀬尾傑（インターネットメディア協会代表理事）、関治之（コード・フォー・ジャパン）、原野守弘（株式会社もり）、米良はるか（READYFOR株式会社）、森健（ジャーナリスト）

政府がいう人道支援の具体的なかたちとして、紛争地の食糧・医療支援の多くは民間の国際NGOによって支えられている。こうしたNGOの活動、その前提の現地の状況をきちんと伝えることも、政府にはできない部分を埋めるいわば「パブリック」な活動だ。こうした公共的な仕事は、政府が社会の先頭に立って尊重し、支える必要があるにもかかわらず、そのまったく逆の状況を作っている。それは、日本の安全保障政策の貧困とともに、ジャーナリズムへの無理解を露呈し、いわば民主主義の基礎を否定したことになる。

　社会的認識の課題は、多くの報道機関においても共通の問題だ。現場に行かなければ間違いなく「リスクゼロ」に近づく。しかしそれでは現場で起きている事実を報じることはできない。その回避策として、自社のリスクを回避してフリージャーナリストにリスクを負わせる現在のメディア構造については、改めて議論が必要だ。さらにいえば、そもそも「リスクゼロ」を目指す取材・報道とは何かも考える必要がある。もともと、ジャーナリズム活動の本質からしても、それとは反対のベクトルを有するもののはずだからである。

2　国益と緩やかな合意

　「8月ジャーナリズム」という言い方がある。日本の多くのマスメディアが第二次世界大戦の敗戦（終戦）日である8月15日、あるいは広島・長崎の原爆投下に合わせて、戦争・平和に関わる特集記事や番組を数多く報じる現象をさす総称だ。どちらかといえば、12月の開戦でもなければ、各地の大空襲でもなく、もっぱら8月に「のみ」こうした特集が組まれることを、揶揄する意味合いが強いともいえる。この〈戦争〉を伝える「節目」報道の意義は何か、その意味は果たされているか。

　国や自治体主催の追悼式を含め、8月には公式・非公式のさまざまな行事が行われることから、それを報じるのは必要なことだ。そして、大きな事件・事故や行事をきっかけとして企画が組まれることもよくあることだろう。似たような「きっかけ」記事としては、裁判の判決を機に、あらためて当該事件を振りかえり、問題を整理するということがある。しかもそうした時に、ストレートな事実（判決内容）だけではなく、その裁判の背景や歴史的経緯、原告＝被害者の現状や心情、さらには同様の事例との比較など、多層的に報ずることで、より当該裁判の実相が伝わることになる。

　いわば、縦（歴史）と横（比較）によって、読者に理解を深めてもらう大き

〈個別・独立系〉

JCJ賞（日本ジャーナリスト会議）1958年
・新聞・放送・出版などにおける優れたジャーナリズムの仕事を顕彰するもの。
・選考委員：諌山修（ジャーナリスト）、石川旺（上智大学名誉教授）、伊藤洋子（元東海大学教授）、酒井憲太郎（フォトジャーナリスト）、鈴木耕（編集者）、藤森研（元朝日新聞論説委員）。

石橋湛山記念早稲田ジャーナリスト大賞（早稲田大学）2000年
・社会に貢献したジャーナリストの活動を顕彰。優れた言論人の育成と自由かつ開かれた言論環境の形成への寄与を目的。公共奉仕部門、草の根民主主義部門、文化貢献部門の3つ。
・審査：選考委員会＝早稲田大学教授のほか学外の作家やジャーナリスト（吉岡忍（作家）武田徹（大学教員）、中村美恵子（大学教員）ほか）。

調査報道大賞（報道実務家フォーラム）2021年
・調査報道の「よい仕事」をたたえ、皆で注目する場を作る。
・審査委員：外部委員＝江川紹子（ジャーナリスト）、塩田武士（作家）、長野智子（ジャーナリスト）西田亮介（大学教員）三木由希子（情報公開クリアリングハウス）。

PEPジャーナリズム大賞（一般財団法人アジア・パシフィック・イニシアティブ）2021年
・インターネット上に掲載された報道記事・コラム等が対象。
・選考委員：林香里（委員長・東京大学教授）、治部れんげ（ジャーナリスト）、竹中治堅（政策研究大学院大学教授）、西田亮介（東京工業大学准教授）、山脇岳志（スマートニュース　メディア研究所　研究主幹）、船橋洋一（アジア・パシフィック・イニシアティブ理事長）

菊池寛賞（日本文学振興会＝文藝春秋社）1938 → 1953年（変更）
・文学、映画・演劇、新聞、放送、出版、その他文化活動一般において、1年間に最も清新かつ創造的な業績をあげた人・団体、もしくは永年に亘り多大な貢献をした人・団体に贈られる。
・選考：選考顧問＝阿川佐和子、池上彰、保阪正康、養老孟司。

坂田記念ジャーナリスト賞（公益財団法人坂田記念ジャーナリズム振興財団）1993年
・ジャーナリズムの発展に賭けた故人の遺志を末永く継承していく道として、新聞、放送を含め優れた報道活動とそれを担ったジャーナリストたちを顕彰、関西のジャーナリズムを発展させるため創設。
・審査：選考委員会（5人）。

平和・協同ジャーナリスト基金賞（平和・協同ジャーナリスト基金）1995年
・「平和」と「協同」に関する優れた作品を発表したり、業績を残したジャーナリストを顕彰。
・審査委員：太田直子（映像ディレクター）、鎌倉悦男（プロデューサー・ディレクター）、高原孝生（明治学院大学教授）、鶴文乃（フリーライター）、前田哲男（軍事ジャーナリスト）、本間健太郎（芸能クリエーター）、森田邦彦（翻訳家）。

貧困ジャーナリズム大賞（反貧困ネットワーク）2007年
・貧困問題への理解と意識を持ち、正確にかつ継続的に報道するなど、顕著な報道活動を行ったジャーナリスト個人を対象として表彰。あわせて、報道の成果である「記事」や「映像作品」などに一般の人たちが触れ、貧困報道への関心を高める機会にすることもこの賞の目的。
・審査：反貧困ネットワーク世話人＝宇都宮健児、雨宮処凛、白石孝ほか。

な効果があるからだ。たとえば、沖縄県で続いている米軍基地にまつわる嘉手納爆音訴訟がある。神奈川県においても、厚木で同様の訴訟が提起されたこともあり、首都圏の住民にとっても「他人事」ではない身近な話題である。その際、受忍限度を超えた騒音があり損害賠償が認められたという内容では、基地に疎遠な読者にとっては、自宅前の幹線道路の騒音との違いが伝わらない。

そもそも、戦闘機の飛行経路や時間が、日米間の取り決めに反していることや、さらにその前提となる日米地位協定のあり方を、訴訟をきっかけに伝える絶好の機会でもある。そして沖縄県内の米軍基地を考える際には外せない視点が、沖縄地上戦とその後の四半世紀に及ぶ米軍施政下の占領である。あるいは沖縄の場合、平和教育の前提となる学ぶ場の確保自体が、経済的貧困の拡大の中で危ぶまれている。それもまた、現在の県内の一等地を米軍基地が占め、全国の米軍専用施設の7割以上が集中する、過去から続く沖縄の状況と無縁ではない。

単純な「騒音」問題ではなく、戦争と地続きの犠牲が続いているとの視点を、書き手である記者が持ちうるかが問われている。しかも裁判記事は、突発的な事故とは違い「準備」が可能であるだけに、新人記者も含め読者レベルで新たに勉強し直し、先輩記者に過去の経緯を尋ね、その経験を共有する絶好の機会でもある。こうした「継承」作業を、紙面上のみならず、社内でどこまでできるかが大切だ。

このことは、すでにいわれて久しい、「戦争」を伝えることの難しさに直結する。大戦終結から80年近くが経過し、その体験者は極端に先細りの状況だ。2020年段階で全国戦没者追悼式典の参列者遺族のうち戦後生まれが3割を超えている。それは、戦争を直接知る人が急速に減少しているということであり、戦地に赴いた体験者の大半が90歳代となって、実際に話を聞く機会も極めて限定的になっている。いわゆる「語り部」としての活動の中核は、いまや直接体験者ではなく、次の世代に移行しつつある現状もある。

あるいはあえて話を広げるならば、経済界のトップである経団連も同友会も、代表は戦後生まれ世代となった。IT事業者に限らず、その多くは戦争の「影」を持たない勝ち組として存在する。同様のことは政界においても世代代わりが進み、交戦論が繰り返し語られる事態をも生んでいる。社会として、「戦争」は特別に意識しないと、消え去り忘れ去られ、時に肯定される存在となる。2010年の広島市教育委員会の調査で、原爆投下日を答えられた小学校高学年

日本医学ジャーナリスト協会賞（日本医学ジャーナリスト協会）2012 年
・質の高い医学・医療ジャーナリズムが日本に根付くことを願って創設。
・審査：協会内の選考委員会。

科学ジャーナリスト賞（日本科学技術ジャーナリスト会議）2006 年
・科学技術に関する報道や出版、映像などで優れた成果をあげた人を表彰。
・審査：推薦された作品の中から JASTJ 会員で構成する小委員会が 10 作品程度に絞り、それらを最終候補として JASTJ 会員および同数の外部識者（村上陽一郎ほか）で構成する選考委員会で審議。

農業ジャーナリスト賞（農政ジャーナリストの会）1986 年
・出版、放送された農林水産業、食料問題ならびに農山漁村の地域や環境等に関する報道（ルポルタージュ、新聞などの連載企画、出版物、放送番組等）を通じて顕著な業績をあげたジャーナリストを表彰。
・審査委員：小田切徳美（大学教員）、甲斐良治（農村漁村文化協会）ほか 6 人。

山本美香記念国際ジャーナリスト賞（山本美香記念財団）2014 年
・山本美香のジャーナリスト精神を引き継ぎ、果敢かつ誠実な国際報道につとめた個人を表彰。
・審査：候補作は山本美香記念財団理事会・評議員会によって選定し、授賞作は選考委員会によって決定。委員は、高山文彦（作家）、岡村隆（編集者）、笠井千晶（ドキュメンタリー監督）、河合香織（作家）。

日隅一雄・情報流通促進基金賞（一般社団法人日隅一雄・情報流通促進基金）2013 年
・「市民が主人公になる社会」の実現に向けて活動する個人や団体を顕彰し、支援を行うことを目的に創設。表現の自由、情報公開、国民主権などに関する幅広い活動を対象。
・審査委員：選考委員会＝落合恵子（作家）、岩崎貞明（メディア総合研究所）、三木由希子（情報公開クリアリングハウス）。東京共同法律事務所が事務局。

日本ジャーナリスト協会賞（日本ジャーナリスト協会）2012 年
・取材、報道あるいは評論活動などを通じて、ジャーナリストとして顕著な業績をあげ、ジャーナリズムの信用と権威を高めた作品を顕彰する。
審査機関：日本ジャーナリスト協会役員、運営委員を中心とする選考委員会。

※ほかに、大佛次郎論壇賞、文藝春秋読者賞、大宅壮一ノンフィクション賞、開高健ノンフィクション賞、新潮ドキュメント賞、講談社ノンフィクション賞、小学館ノンフィクション賞、本屋大賞、サントリー文芸賞など、多くの文学賞が存在する。クリオ賞などの広告関連の表彰活動も多岐にわたる。
※評論活動、研究活動を対象とした表彰は除く。
日本マス・コミュニケーション学会賞／内川芳美記念学会賞（日本メディア学会、旧・日本マス・コミュニケーション学会）
日本出版学会賞／清水英夫賞（出版学会）

は33%、中学生でも55%にすぎなかった。こうしたこともあり、広島カープは当日、選手全員の背番号に「86」をつけて試合を行っていることは有名な話だ。

　こうした状況に抗（あらが）う力の１つがジャーナリズムの活動であって、いかに当事者の話を聞き、それを可能な限り事実検証し、点の記憶を面として記録し、戦争の全体像を後世に継承していけるかであろう。もちろんこうした作業は、マスメディアだけによって可能になるものではない。博物館も含めて研究者も、そしてなによりも教育現場での、地道な積み重ねの結果、初めて社会的な継承が実現する。まさに、とりわけ若い世代に、戦争の実相をどう伝えるか、社会全体で考える重要なテーマであるに違いない。

　あるいは、過去の戦争を「自分事」として捉えることも重要だ。「自由は戦争の最初の犠牲者」といわれるように、確かに新聞は戦争中、大本営発表を強いられ、報道の自由という手足をもぎ取られた「被害者」に違いない。しかし一方で、その報道によって国威を鼓舞し、戦争への道を駆り立てた張本人であり、さらにいえば軍部と一体化してプロパガンダに加担した「加害者」でもある。そうした歴史をきちんと理解してこそ、同じ過ちを繰り返さないという理念が、初めて現実のものとして力を持ちうる。

　先に「８月ジャーナリズム」は否定的に使用されると書いた。しかし改元によって、戦争の時代であった〈昭和〉は一段と遠ざかり、昭和史が同時代史から過去の歴史に移行しつつある。それだけに、つい80年弱前に日本が経験した戦争を、ジャーナリズムが時間と労力をかけて取り組むべき最重要課題の１つと再認識すべき時でもあろう。こうした明確な意識化が、伝えることの意味を高め、時期を問わず日々のニュースにおいても、歴史的視点が育まれることにつながろう。

　むしろ基幹メディアにおける硬派のドキュメンタリーや解説記事だけではなく、「お茶の間メディア」としてのテレビや、より身近な「掌（てのひら）メディア」としてのスマートフォンでの動画配信にこそ、こうした意識が期待される。その結果、読者を通じ社会全体に「戦争は嫌だ」といった「緩やかな合意」が生まれることになると期待したい。それが、いま日本国内でも大きく揺らいでいる、自由と民主主義を維持する、一番大切な基盤だからだ。

[参考文献]

〈戦争報道・フォトジャーナリズム〉危険地取材を考えるジャーナリストの会編『ジャーナリストはなぜ「戦場」へ行くのか　取材現場からの自己検証』（集英社新書、2015年）、吉岡逸夫『なぜ記者は戦場に行くのか　現場からのメディアリテラシー』（現代人文社、2002年）、フィリップ・ナイトリー『戦争報道の内幕』（時事通信社、1987年）、デイビッド・ハルバースタム、筑紫哲也訳『戦争ゲーム』（講談社、1991年）、ピーター・アーネット、沼澤洽治訳『戦争特派員　CNN名物記者の自伝』（新潮社、1995年）、蓑葉信弘『BBC　イギリス放送協会　パブリックサービス放送の伝統』（東信堂、2003年）、武田徹『戦争報道』（ちくま新書、2003年）、高木徹『ドキュメント戦争広告代理店　情報操作とボスニア紛争』（講談社文庫、2005年）、橋田信介『戦場特派員』（実業之日本社、2001年）、山本武利『ブラック・プロパガンダ　策略のラジオ』（岩波書店、2002年）、フィリップ・ナイトリー、芳地昌三訳『戦争報道の内幕　隠された真実』（中公文庫、2004年）、朝日新聞「新聞と戦争」取材班『新聞と戦争　上・下』（朝日新聞文庫、2011年）、前坂俊之『太平洋戦争と新聞』（講談社学術文庫、2007年）、辻田真佐憲『大本営発表　改竄・隠蔽・捏造の太平洋戦争』（幻冬舎新書、2016年）、門奈直樹『現代の戦争報道』（岩波新書、2004年）、白井久夫『幻の声　NHK広島8月6日』（岩波新書、1992年）、桜井均『テレビは戦争をどう描いてきたか　映像と記憶のアーカイブズ』（岩波書店、2005年）、木下和寛『メディアは戦争にどうかかわってきたか　日露戦争から対テロ戦争まで』（朝日選書、2005年）、石川文洋『戦場カメラマン』（朝日文庫、1986年）、加藤哲郎『戦争写真家ロバート・キャパ』（ちくま新書、2004年）、沢田サタ『泥まみれの死──沢田教一ベトナム写真集』（講談社文庫、1985年）、一ノ瀬泰三『地雷を踏んだらサヨウナラ──一ノ瀬泰造写真・書簡集』（講談社、1978年）、ラッセル・ミラー『マグナム──報道写真半世紀の証言』（白水社、1999年）、加藤陽子『それでも、日本人は「戦争」を選んだ』（朝日出版社、2009年）、宇野重規『民主主義とは何か』（講談社現代新書、2020年）

〈困難な取材〉森達也『「A」　マスコミが報道しなかったオウムの素顔』（角川文庫）、河北新報社『河北新報のいちばん長い日　震災下の地元紙』（文藝春秋、2014年）、石巻日日新聞社『6枚の壁新聞　石巻日日新聞・東日本大震災後7日間の記録』（角川SSC新書、2011年）、神戸新聞社・鎌田慧ほか『神戸新聞の100日』（角川ソフィア文庫、1999年）、上丸洋一『原発とメディア──新聞ジャーナリズム2度目の敗北』（朝日新聞出版、2012年）、朝日新聞社「原発とメディア」取材班『原発とメディア2──3.11責任のありか』（朝日新聞出版、2013年）、武田徹『原発報道とメディア』（講談社現代新書、2011年）、JNN『オムニバス・ドキュメンタリー　3.11大震災　記者たちの眼差し』（TBSサービス、2012年）、上丸洋一『新聞と憲法9条』（朝日新聞出版、2016年）、東海テレビ取材班『ヤクザと憲法──「暴排条例」は何を守るのか』（岩波書店、2016年）、朝日新聞社116号事件取材班『新聞社襲撃──テロリズムと対峙した15年』（岩波書店、2002年）、武田徹『「隔離」という病い〜近代日本の医療空間』（中公文庫、1997年）、須田桃子『捏造の科学者　STAP細胞事件』（文春文庫、2018年）、NHK　ETV特集取材班『ホットスポット　ネットワークでつくる放射能汚染地図』（講談社、2012年）、朝日新聞「検証・昭和報道」取材班『新聞と昭和』（朝日新聞出版、2010年）、『検証天皇報道』（総合特集シリーズ・日本評論社、1989年）、角南圭祐『ヘイトスピーチと対抗報道』（集英社新書、2020年）、北野隆一『朝日新聞の慰安婦報道と裁判』（朝日選書、2020年）、森田浩之『スポーツニュースは恐い　刷り込まれる〈日本人〉』（日本放送出版協会、2007年）

謝辞

　本書は、2021年春に勁草書房より刊行された『法とジャーナリズム　第4版』の姉妹本であり、あわせて活用いただくことで、いわゆる言論法領域の法と倫理の両面について理解できるよう構成されている。前著の初版は2004年の刊行であるから、遅れること17年で少し時間がかかりすぎたが、これでようやく車の両輪が揃ったと思う。

　もともと『法ジャ』初版には、本書で扱っている倫理問題が含まれていた。しかし、表現の自由領域の法的課題が増え、版を重ねる中で、倫理領域の項目は割愛をせざるをえなくなった経緯がある。したがって当時の読者・ユーザーからは、倫理問題を軽視しているとのお叱りもいただいてきた経緯があり、ようやく肩の荷も下りた感がある。

　2020年初頭あるいはその前から始まったコロナ禍は、2021年夏現在でも終息が見通せない。そうした中で、東京2020オリンピック・パラリンピックが開催され、この準備・実行の経緯で日本社会は大きく振り回されることになった。国民の多くは開催に懐疑的であったものの、いざ始まるとそれなりの盛り上がりを見せた。その旗振り役は、オリンピック組織委員会に多額の協賛金や放映権料を支払い、IOC同様「開催してもらわなければ困る」立場であった新聞やテレビといったマスメディアであったという見方も否定しえない。

　さらにいえば、この間の各種のコロナ報道においても、ジャーナリズムが政治の無策を戒めることができたのか、社会の改善に役に立てたのか、いま振り返っても心もとないことが多い。こうした検証はこれからの仕事であるが、まずはそのベースとなる「ジャーナリズムの倫理」を議論する際の基礎を提示できたのではないかと思いたい。

　ちょうどこの1年は、勤務校から研究に専念できる機会を得、京都大学大学院法学研究科に籍を置かせていただいた。実際は新型コロナウイルス感染症蔓延もあり、当初の研究計画は開始前から御破算になってしまった面もあるが、巣籠もり生活は基本に立ち返って考えるには良い期間であった。その意味で、本書自体が「2020（令和2）年度 専修大学長期在外研究〈言論公共空間の再構築〉」の成果の一部である。

　そして本書を活用しつつ、これまでの、あえて「ジャーナリズム」にこだ

わってタイトルにしてきた刊行物（刊行順に、『ジャーナリズムの行方』『言論の自由——拡大するメディアと縮むジャーナリズム』『現代ジャーナリズム事典』『沖縄報道——日本のジャーナリズムの現在』、そして『法とジャーナリズム』）をさらにバージョンアップしたかたちで、勤務先の〈ジャーナリズム学科〉で実践的な教育・研究活動を続けていきたい。

本書執筆にあたっては、過去の発表原稿を下地にしたものも少なくない。ただし、1対1で対応しているとは限らないため、その1つ1つをあげることは省略するが、多くの執筆の機会を与えていただいた各紙誌にはあらためて感謝したい。

紙面批評（神奈川新聞1992〜1993年／2019〜2020年、沖縄タイムス2007〜2008年、東京新聞2009〜2010年）、メディア時評（琉球新報2008年〜、毎日新聞2011〜2018年、東京新聞2018〜2021年）、『BAN』『月報司法書士』『調査情報』『部落解放』『季論21』『月刊民放』（民放）『GALAC』『総合ジャーナリズム研究』『創』『放送レポート』『出版ニュース』『住民と自治』『世界』『生活経済政策』『Journalism』「民間放送」「新文化」が、それら掲載媒体の一部である。

最後に、本書の執筆にあたっては、とりわけ日本国内の新聞・放送・通信・出版・インターネットの各メディア関係者の皆さんからの数々の教えがなければ成立しえなかったことはいうまでもない。また、本書版面については一体感を出すために、前著『法とジャーナリズム』をおおよそ踏襲している。

はや20年近く前になるが、左右ページ割のページデザインを含め、足立寛・野村浩（N/TWORKS）両氏の協力なくしては生まれなかったことを、この場でお名前を記し改めて感謝いたします。あわせて、勁草書房取締役で編集者の鈴木クニエさんには前著に引き続き、ひとかたならぬご苦労をおかけし、完成に導いていただいたことを心よりお礼申し上げます。

2021年9月

索　引

著者略歴 1959 年、京都生まれ。専修大学文学部ジャーナリズム学科教授。専門は、言論法、ジャーナリズム研究。放送批評懇談会理事、情報公開クリアリングハウス理事等を務める。BPO（放送倫理・番組向上機構）放送人権委員会委員、日本ペンクラブ専務理事、自由人権協会理事・事務局長など歴任。日本新聞協会職員、日本新聞博物館学芸員、英国エセックス大学国際人権法研究所訪問研究員を経て、2006 年より専修大学。主著に、『法とジャーナリズム 第 4 版』（勁草書房、2021 年）、『愚かな風』（田畑書店、2020 年）、『沖縄報道』（ちくま新書、2018 年）、『見張塔からずっと』（田畑書店、2016 年）、『放送法と権力』（田畑書店、2016 年）、『3・11 とメディア』（トランスビュー、2013 年）、『言論の自由』（ミネルヴァ書房、2012 年）、『ジャーナリズムの行方』（三省堂、2011 年）。共編書に、『現代ジャーナリズム事典』（三省堂、2014 年）ほか多数。

ジャーナリズムの倫理

2021 年 9 月 20 日　第 1 版第 1 刷発行

著　者　山　田　健　太
やま　だ　けん　た

発行者　井　村　寿　人

発行所　株式会社　勁　草　書　房
けい　そう

112-0005 東京都文京区水道 2-1-1　振替 00150-2-175253
（編集）電話 03-3815-5277／FAX 03-3814-6968
（営業）電話 03-3814-6861／FAX 03-3814-6854
三秀舎・中永製本

©YAMADA Kenta　2021

ISBN978-4-326-60340-4　Printed in Japan

＊落丁本・乱丁本はお取り替えいたします。
https://www.keisoshobo.co.jp

山田健太
法とジャーナリズム〈第4版〉　　　　　　　Ａ5判　3,300 円

畑仲哲雄
ジャーナリズムの道徳的ジレンマ　　　　　Ａ5判　2,530 円

カリン・ウォール＝ヨルゲンセン／三谷文栄・山腰修三訳
メディアと感情の政治学　　　　　　　　　四六判　3,850 円

山口　仁
メディアがつくる現実、メディアをめぐる現実　Ａ5判　4,950 円
ジャーナリズムと社会問題の構築

成原　慧
表現の自由とアーキテクチャ　　　　　　　Ａ5判　5,720 円

樋口陽一
六訂　憲 法 入 門　　　　　　　　　　　　四六判　1,980 円

松尾剛行・山田悠一郎
最新判例にみるインターネット上の　　　　Ａ5判　6,050 円
名誉毀損の理論と実務［第2版］

――――――――――――――――――――勁草書房刊

＊表示価格は 2021 年 9 月現在。消費税 10％ が含まれております。